시골의사의
아름다운 동행
①

일러두기
이 책에 사용된 사진들은 실제 내용과는 무관함을 밝혀둡니다.

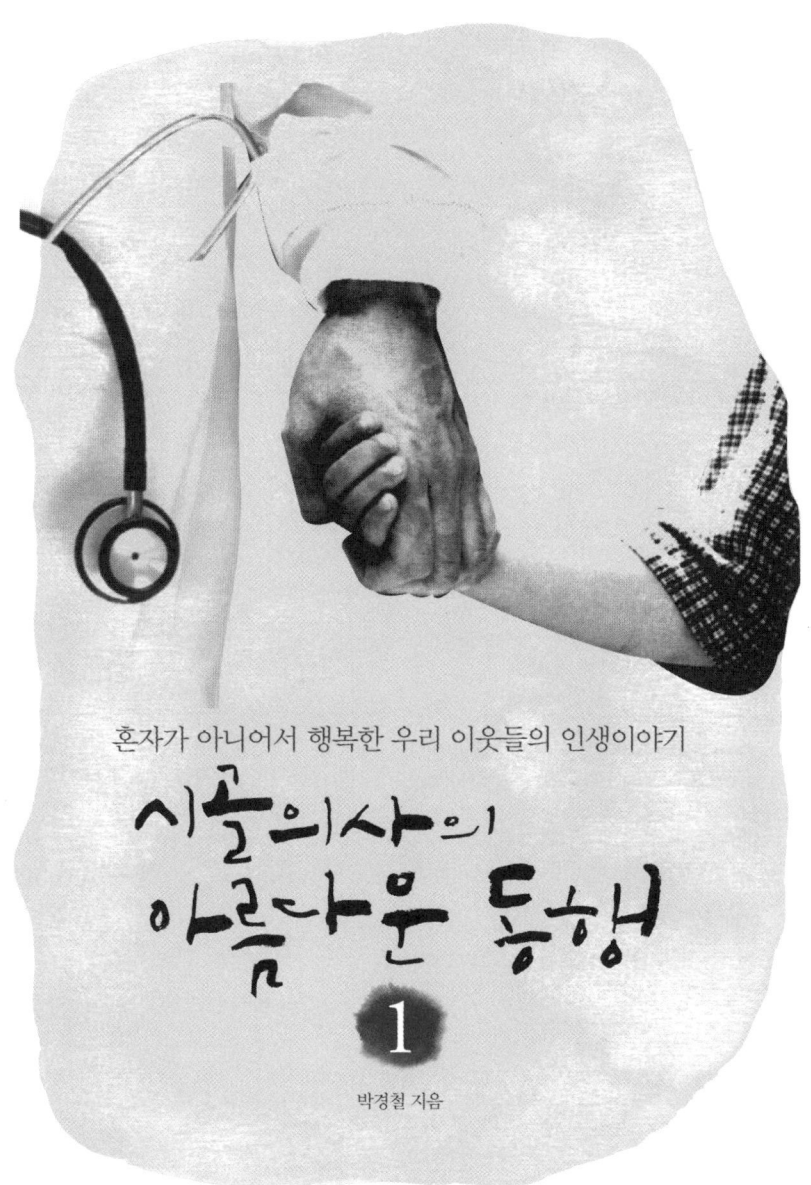

혼자가 아니어서 행복한 우리 이웃들의 인생이야기

시골의사의 아름다운 동행 1

박경철 지음

리더스북

시골의사의 아름다운 동행 1

초 판 1쇄 발행 2005년 4월 1일
개정판 35쇄 발행 2025년 4월 21일

지은이 박경철

발행인 윤승현
단행본사업본부장 신동해 **편집장** 김예원
마케팅 최혜진 강효경 **홍보** 반여진 허지호 송임선
국제업무 김은정 김지민 **제작** 정석훈

브랜드 리더스북
주소 경기도 파주시 회동길 20
문의전화 031-956-7352(편집) 031-956-7088(마케팅)
홈페이지 www.wjbooks.co.kr
인스타그램 www.instagram.com/woongjin_readers
페이스북 www.facebook.com/woongjinreaders
블로그 blog.naver.com/wj_booking

발행처 ㈜웅진씽크빅
출판신고 1980년 3월 29일 제406-2007-000046호

© 2005 박경철

ISBN 978-89-01-13120-7 04810
     978-89-01-13119-1 세트

리더스북은 ㈜웅진씽크빅 단행본사업본부의 브랜드입니다.
이 책은 저작권법에 의해 한국 내에서 보호를 받는 저작물이므로 무단전재와 무단복제를 금합니다.
이 책 내용의 전부 또는 일부를 이용하려면 반드시 저작권자와 ㈜웅진씽크빅의 서면 동의를 받아야 합니다.

※ 책값은 뒤표지에 있습니다.
※ 잘못된 책은 구입하신 곳에서 바꾸어드립니다.

프롤로그

시퍼렇게 살아 있어야 할 '양심'의 이야기

우리는 대개 무엇을 얼마나 더 가질 수 있느냐의 관점에서 생각하고 행동한다. 그리고 그 갈망이 실제로 채워지지 않았을 경우엔 절망하고 분노한다. 그래서일까. 대부분의 사람들은 바라는 것을 손에 넣기 위해 끊임없이 고군분투하며 앞만 보고 내달린다. 자신이 차지하고 있는 부나 명성만큼 다른 누군가는 그 결핍에 고통받고 힘들어할 수도 있다는 생각을 애써 외면한 채 말이다.

몇 년 전, 김근태 보건복지부 장관이 구 민주당 경선을 끝내고 정산을 해보니 법정 선거비용보다 더 많은 비용을 썼다며 양심선언을 한 적이 있었다. 정치인 스스로 자신이 불법행위를 했음을 알리고 검찰에 불려가서 조사를 받고 재판에까지 회부되는 것을 지켜보면서 솔직히 나는 적잖은 충격을 받았다. 그리고 그러한 모습을 보면서 "과연 '양심'이란 무엇인가?"라는 생각을 해보게 되었다. 그러다 또 생각했다. 양심은 정치인에게만 적용되어야 할 덕목인가? 멀리서 예를 찾을 것도 없이 "사람의 생명을 담보로 하는 의사의 한 사람으로서 나는 지켜야 할 양심을 지키며 살아왔는가?"라는 물음을 던진 것이다.

나는 그 질문에 스스로 당당하지도 자유롭지도 못하다는 사실을 깨달았다. 하늘을 우러러 떳떳하던 때가 한 번이라도 있었는지……. 참으로 부끄러웠다. 의사로서 지켜야 할 양심의 가치는 무엇인지 진정으로 고민해보고 싶었다. 그리하여 네이버 블로그라는 작은 공간에 나의 이야기나 혹은 동료, 선후배들이 경험했던 이야기를 하나 둘씩 적어나가기 시작했다. 그리고 우연찮은 기회에 블로그에 실었던 사연들을 부끄럽지만 책 한 권으로 엮게 되었다.

사실 지난 몇 년간 우리 의사들은 사회로부터 많은 꾸짖음과 걱정을 들었다. 마땅한 꾸짖음과 걱정은 제일 먼저 우리 의사들이 반성해야 할 일이다. 하지만 그래도 시골의사인 나는 지금 이 순간에도 누군가의 생명을 구하기 위해 밤잠을 자지 못하고 질병과 투쟁하는 동료와 선후배들의 양심적인 헌신도 있음을 알리고 싶다.

여기 실린 이야기 속에 등장하는 '나'는 이 글을 쓴 '나'일 수도 있지만 그렇지 않을 수도 있다. 또 이 글에 등장하는 에피소드들 역시 전부가 사실이지만 또 전부 사실이 아닐 수도 있다. 그러나 분명한 것은 이야기 속에 등장하는 많은 사람들의 마음만은 모두 진실이라는 것이다. 또 이야기 속에 내가 전하는 내용들은 좁게는 나와 내 친구들 그리고 동료들의 이야기면서 넓게는 모든 우리 의사들의 가슴속에 살아 있고 또 앞으로 시퍼렇게 살아 있어야 할 양심의 이야기이기도 한 것이다.

이 책을 통해 사람들의 아픔과 고통이 내 몫이 될 수도 있다는 것을 이해한다면, 지금 우리가 우리의 이웃에게 따뜻한 손길을 내미는 데에 주저하지 않을 것이다. 그리고 언젠가는 이웃에게 내민 그 손이 나에게 되돌아올 수 있음을 깨달을 수 있다고 생각한다. 그것이 사람답게 살아가는 데 반드시 필요한 '양심'이라는 데에 공감할 수 있으리라 믿는다. 때문에 이 책은 책을 위한 글들이 아니다.

그래서 나는 이 책이 누군가의 아픔을 안주삼아 얄팍한 호기심을 충족시키는 도구가 되기를 바라지 않는다. 이 책에 실린 이야기들을 통해, '내'가 '그'가 될 수 있음을 기억하고 싶었고, 우리가 말하는 '그들'이 곧 '우리들'의 이야기가 될 수도 있음을 공감하고 싶었다.

마지막으로 이 책이 묶이는 데에 가장 중요한 모티브가 되어준 아름다운 도시 안동, 그리고 사랑하는 가족들과 소중한 친구 박진상 군에게 깊은 감사의 마음을 전하고 싶다. 또 지난 몇 년간 아낌없는 애정을 베풀어주신 팬 클럽 〈시골 이야기〉 멤버와, 블로그와 온라인 매체들을 통해 저와 인연을 맺으셨던 많은 이웃들께 이 기회를 빌어 깊은 감사의 인사를 드리고 싶다.

차례

프롤로그 시퍼렇게 살아 있어야 할 '양심'의 이야기 · 5

의사짓을 제대로 한다는 일 · 11
고귀한 희생 · 18
사명과 신념 사이에서 · 28
두 아비의 동병상련 · 43
잊어야 한다는 마음으로 · 51
아버지의 눈물 · 61
적반하장도 유분수지 · 69
참혹한, 너무도 참혹한 · 85
사랑이 깊으면 외로움도 깊어라 · 92
자장면과 야반도주 · 104
어느 노부부의 이야기 · 121
이 진짜 문둥이들아 · 136
할매 시스터즈 · 156
비정한 모성 · 162
태극기 휘날리며 · 173
그녀의 미니스커트 · 178
내 마음을 다시 두드린 이름 · 190

새옹지마? 새옹지우! · 196
우식이의 꿈 · 199
지상에서의 마지막 인사 · 204
아름다운 라뽀 · 212
농담 같은 이야기들 · 223
바깥 세상으로의 여행 · 228
업장을 쌓는 일 · 236
밥벌이의 고통 · 242
나는 지금 부끄럽다 · 249
일월산 달구백숙 · 259
정미와 송이버섯 · 268
애달픈 내 딸아 · 272
행복의 총량 · 280
훌러덩 할머님들 · 284
두주불사 스승님 · 289
아버지에게 진 빚 · 296
나의 고모, 박애노파 수녀님 · 302
봉정사 세 스님들 · 308

에필로그 아침 안개가 걷히길 기다리며 · 314

나는 의업에 몸담고 있는 사람으로서, 사람이 살면서 겪는 희로애락의 과정을
지면이 허락하는 한 많이 풀어놓고 이야기해주고 싶다.
그래서 그 이야기들이 일반 사람들이 미처 생각지 못했던 또 다른 삶의 이면 속에서
어떻게 기쁨이 되고 슬픔이 되었는지를 간접적으로나마 경험하게 해주고 싶은 마음이다.

의사짓을 제대로 한다는 일

대학 시절 존경하던 은사님은 평소에 이런 말씀을 하셨다.

"평생에 걸쳐 나 때문에 죽은 환자가 한 명이라면, 나 때문에 산 환자가 백 명쯤 되어야 그래도 의사짓 제대로 했다고 할 만하다."

그 말씀은 참으로 의미가 깊어 오랫동안 내 안에 각인되어 있다.

나는 해마다 10월이면 두 분의 죽음을 기억한다. 그 중 한 분은 대학 시절 돌아가신 선친이고, 다른 한 분은 의대를 갓 졸업하고 의사생활을 할 때 나로 인해 유명을 달리하신 분이다.

내가 의과대학을 졸업하고 인턴 과정을 밟고 있을 때였다. 물론 지금도 그렇지만 당시에는 지방병원마다 응급실을 맡을 의사가 없어서, 대학병원들과 자매결연을 맺고 대학병원 전공의들의 도움을 받아 응급실을 운영하는 곳이 많았다.

사실 인턴 입장에서는 종합병원에서 내내 시달리다가 지방 응급실 근무로 한 달 정도 파견을 나가면 마치 휴가를 떠나는 기분이 된다. 종합병원에서 인턴은 '먹는 데 걸신, 자는 데 귀신, 일 못하는 등신'이라는 삼신 취급을 받지만, 지방병원에 파견을 나가면 그야말로 선생님 대접에 절로 어깨가 으쓱거려진다.

그러나 정작 문제는 진료 능력이다. 인턴이란 문자 그대로 수습의사다. 법적으로 의사임은 분명하지만 사실 해낼 수 있는 일은 별로 없다. 기껏해야 감기 환자들 약 처방이나 하고, 응급실에서 봉합이나 하는 게 의사로서의 일이고, 나머지는 대부분 잡일에 시달린다.

그리고 그런 능력으로 지방 종합병원 응급실 야간 당직근무를 나가면, 기껏해야 다음날 아침까지 환자가 무사할지 아닐지를 판단해서, 무사할 것이라 생각되면 간단한 처치를 해서 입원시키거나 처방을 해서 보내고(환자에게 정규진료 시간에 담당 의사를 만나러 다시 나오라고 하고), 아무래도 문제가 있을 것으로 생각되면 해당 파트의 전문의를 호출하는 교통정리 역할을 하는 것이 고작이다.

내가 모 지방병원의 응급실에 파견을 나간 지 사흘째 되던 날이었다. 교통사고 환자가 급히 실려 들어왔다. 환자는 호흡이 가빴고 얼굴과 입술이 검붉게 변해 있었다. 게다가 가슴 부위에는 심한 타박상을 입은 상태였다. 얼른 보기에도 당장 몇 분 안에 조치를 취하지 않으면 생명을 담보할 수 없어 보였다.

신출내기 초급 의사였던 나는 손이 덜덜 떨리고 심장이 두근거리기 시작했다. 청진기를 대고 호흡을 측정해본 결과 '외상성 기흉'이 의심되었다. 이 경우라면 흉부외과 전문의가 가슴에 작은 호스 하나만 집어넣으면 바로 회생할 수 있었다. 나는 일단 간호사에게 빨리 외과 담당 전문의를 호출하라고 지시했다.

그런데 환자를 보고 있자니 순간적인 갈등이 일어났다. 흉관 삽관을 할 수 있는 의사는 도착하는 데 빨라도 20분 정도는 걸린다. 그러나 환자의 상태로 봤을 때 만약 기흉이 맞다면 아무리 늦게 잡아도 10분 안에 사망하게 된다. 기흉을 확진하기 위해서는 가슴사진을 찍고 현상하는 과정만도 10분 이상은 걸리기 때문에 경험이 있는 의사라면 방사선 촬영을 포기하고 청진만으로 상태를 판단하고 일단 삽관을 시도할 것이다.

그러나 나는 내 진단이 맞는지 틀리는지 확신조차 없었다. 만약 진단을 제대로 내렸더라도 삽관 능력은 더더욱 없었기 때문에 초조하고 혼란스러웠다. 그런데 그 순간 대학 시절 흉부외과 강의시간에 외국의 사례를 들어 말씀하시던 교수님의 강의가 떠올랐다. 기흉일 경우, 삽관할 상황이 안 되면 일단 주삿바늘이라도 가슴에 찔러넣고 링거 줄을 바늘에 연결해서 병에 담그면 우선 급한 위기는 넘길 수 있다는 이야기를 하시면서, 비행기 안에서 어느 의사가 그렇게 해서 기흉 환자를 살렸다는 것이다.

이마에는 식은땀이 흐르고, 나는 이러지도 저러지도 못해 우왕좌왕하고 있었다. 내 속에서는 '기흉이 맞든 틀리든 이 환자는 사망확률이 높다. 설령 기흉이 아니더라도 의사로서 해볼 수 있는 데까지는 해봐야 하는 게 아닐까. 우선 바늘로 가슴을 찔러서 공기를 빼내보자. 어차피 그냥 둬도 죽는다.'라는 절박함과 '아니다. 그럴 경우 의료사고가 발생할 수 있다. 일단 정확한 진단이 필수다. 게다가 나는 인턴이 아닌가. 만약 바늘로 가슴을 찌른 후에 환자가 사망하면, 어차피 사망했을 환자가 사망하더라도 보호자들은 내가 가슴을 찔러서 환자가 사망했다고 내 멱살을 잡을 것이다. 자칫 잘못하면 나는 평생 의료사고의 오명을 뒤집어쓰고 신세를 망칠지도 모른다.'라는 두려움이 교차했다.

'기흉일 가능성이 크다. 의사라면 죽든 살든 무슨 처치든 해봐야 한다.' '아니다. 아직 정맥주사도 제대로 놓을 줄 모르는 주제에 그런 엄청난 짓을 하다가 잘못되면 나는 끝장이다. 게다가 지금 이 환자가 기흉이 아니고 만약 심장손상이나 폐손상으로 이런 증상을 보이는 것이라면 오히려 바늘로 찌르는 것이 환자를 죽이는 것이 된다. 그러니 진단이 우선이다.'

이렇게 갈피를 못 잡고 우왕좌왕하는 사이에 환자는 방사선 촬영을 위해 엑스선실로 옮겨졌고, 그로부터 약 2~3분 후 결국 사망하고 말았다. 엑스선 사진이 막 현상되어 나오는 순간에, 호출을 받은 외과의사가 응급실로 들어섰지만 환자는 불과 그 5분 정도의 시간 차이 때문에 운명을 달리하고 말았다. 그리고 환자가 사망한 다음 현상된 엑스선 사진은 외상성 폐기흉이었다.

늦게 도착한 외과 의사는 허탈해하는 내 등을 두드리며 "만약 그 순간에 청진만으로 가슴에 바늘을 찔렀다면 설령 그 순간 운 좋게 한 사람의 목숨을 구했을지는 몰라도 앞으로 그런 객기 때문에 멀쩡한 사람 백 명은 죽이게 될 것"이라며 위로를 했다. 그러나 내가 좀더 적극적인 처치를 했더라면 살릴 수 있었을 환자에 대한 미안함이 아직도 가슴속 앙금으로 남아 있다.

그 일이 있은 후, 나는 나로 인해 살아난 환자를 카운트하는 습관이 생겨버렸다. 그런데 아무리 생각해도 그런 환자가 백 명은 고사하고 채 열 명도 되지 않는 것 같다. 앞으로 의사로서의 역할을 할 수 있는 시간은 길어야 20년인데 그 사이에 내가 꼭 살릴 수 있는 환자는 과연 몇이나 될까?

어쨌거나 그 환자가 유명을 달리한 10월 2일은 선친의 기일인 10월 4일과 함께 안타까운 기억으로 남아 있다. 그동안 세월이 참 많이도 흘렀건만 어찌된 일인지 그때의 아픈 기억들은 해가 갈수록 점점 더 또렷해지며 감당하기 어려운 무게로 다가온다.

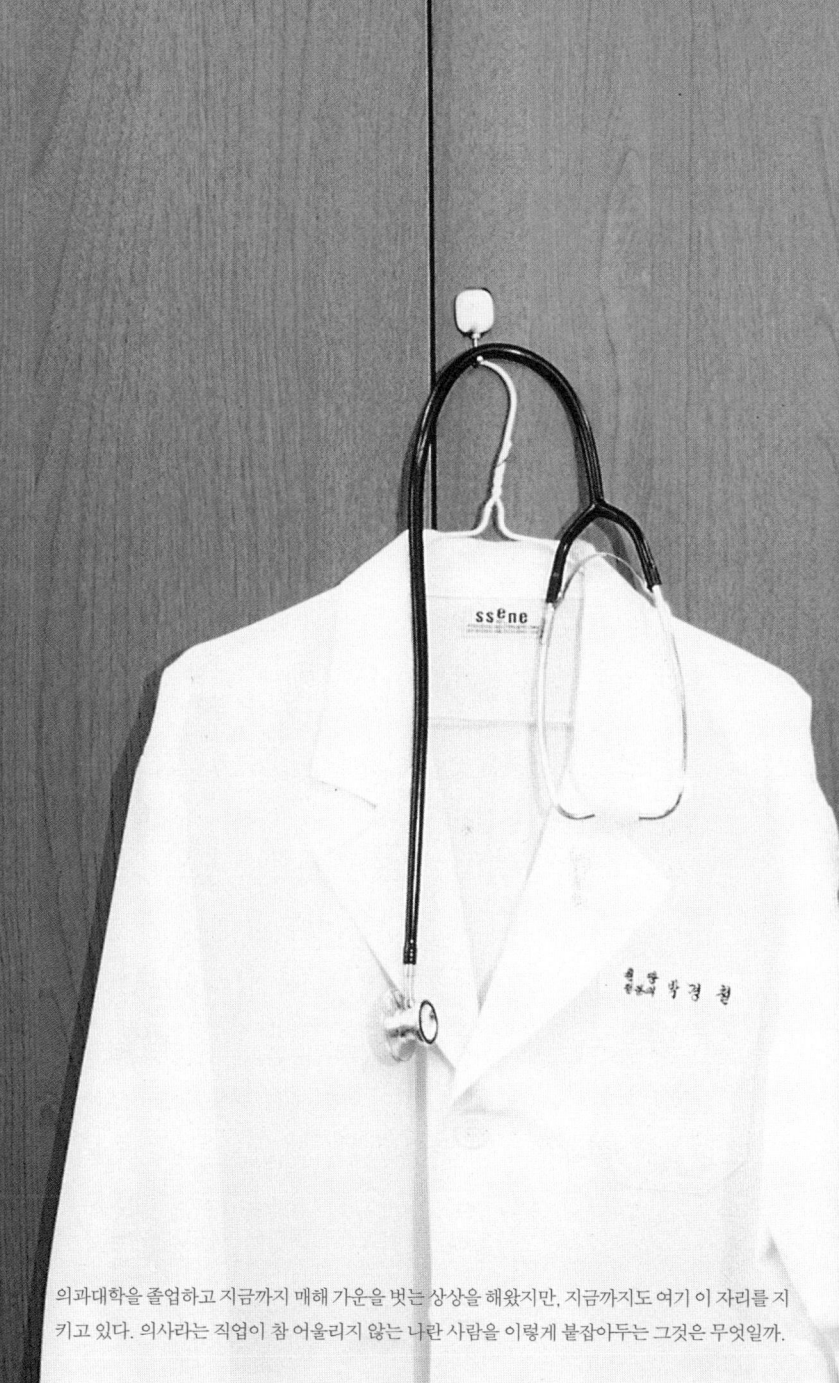

의과대학을 졸업하고 지금까지 매해 가운을 벗는 상상을 해왔지만, 지금까지도 여기 이 자리를 지키고 있다. 의사라는 직업이 참 어울리지 않는 나란 사람을 이렇게 붙잡아두는 그것은 무엇일까.

고귀한 희생

　　칠십이 넘은 할머니께서 세상을 떠나면서 의과대학에 시신을 기증하셨다. 쉽지 않은 일이다. 의과대학의 본과 1학년 과정은 해부학 실습에서 시작한다. 의학은 사람의 몸을 다루는 학문이다. 그래서 사람의 몸을 알지 못하고서는 어떤 의학 지식도 모두 무용지물이다. 사람의 몸에서 자란 종양을 제거하고 사람의 몸에서 생긴 병을 진단하려면 사람의 몸이 어떻게 생겼는지를 알아야 하는 것은 너무나 당연한 일이다.

　　그런데 요즘은 이 당연한 일이 당연하지 않게 되었다. 과거 20년 전만 해도 의과대학 해부학 실습실에는 무연고자나 행려병자 혹은 다른 경로로 마련된 해부실습용 사체들이 준비되어 있었지만 요즘은 그렇지 못하기 때문이다.

몇 년 전의 일이다. 40대 여자분이 응급실로 들어왔다. 처음 응급실에 도착했을 때 이미 수축기 혈압이 70이었고, 얼굴과 결막은 창백했고, 팔다리에는 축축하게 땀이 나 있었다. 전형적인 출혈성 쇼크 상태를 의미했지만 그래도 다행히 환자의 의식은 명료했다. 더욱이 환자의 얼굴에는 생명이 경각에 달린 사람의 그것과 달리 어떤 말할 수 없는 평온함 같은 것이 있었다.

환자는 힘겹게 호흡곤란과 가슴의 통증을 호소하였고 복부도 상당히 부풀어 있었다. 환자의 중심정맥압은 상당히 낮았으므로 다른 곳에서 대량의 출혈이 의심되는 상황이었다. 엑스레이 사진은 우측 가슴에 상당량의 피가 고인 것을 암시했다. 나는 즉시 흉부외과팀에게 연락해서 먼저 가슴에 흉관을 삽관해볼 것을 제안했다. 흉부외과에서도 같은 생각이었다.

불행하게도 삽입된 흉관을 통해 흘러나온 피는 무려 2000cc에 가까웠다. 이것은 심각한 손상이 있음을 의미했다. 흉관을 통해 흘러나온 피가 1000cc를 넘으면 그것은 단순한 출혈이 아니라 심장에 손상을 입었거나, 다른 대혈관이 터졌거나, 중요한 장기가 파손된 경우에 해당한다. 흉부외과 스태프는 중심정맥압이 낮은 것으로 봐서 심장손상은 아닌 것 같은데 가슴으로 2000cc나 되는 피가 나오는 것은 드문 일이라고 했다.

그 길로 응급수술에 들어갔다. 다행히 보호자가 빨리 연락이 되어서 친오빠 되시는 분이 수술 동의서를 작성했고 환자는 신속하게 수술실로 옮겨졌다. 환자가 수술실로 들어간 지 40분 정도가 지나서 내게 수술실로 빨리 올라오라는 연락이 왔다. 수술실에 올라가 보니 흉부외과 스태프의 말이, 가슴 부분에는 폐가 약간 찢어진 것 외에는 특별한 손상이 없고 오히려 환자의 좌측 횡경막이 터져 있어 그쪽에서 대량의 피가 가슴으로 역류되고 있다는 것이었다.

그때부터 바로 외과에서 수술을 인계받았다. 나는 레지던트가 복부를 소독액으로 닦는 동안 잠시 마음을 가라앉혔다. 환자의 혈압이 마취과에서 빠른 속도로 수혈을 하고 있음에도 80~90 수준을 넘어서지 못하고 있었지만, 혈압이 올라가기를 기다릴 수 없어서 바로 수술에 들어갔다. 우선 환자의 명치에서 배꼽 아래까지 길게 절개하고 드러난 복막을 조심스럽게 열었다. 그러자 배 안에 고여 있던 피가 폭포수처럼 솟구쳤다. 그야말로 온 사방이 피바다가 될 정도로 엄청난 양의 피가 쏟아졌다.

환자 옆에서 수술을 하던 수술팀의 수술복은 하의까지 금세 피로 물들었다. 대개 외과 의사들은 사람의 몸에서 금방 쏟아진 뜨뜻한 느낌의 피가 수술복을 적시고 속옷까지 스며들어 살아 있는 생명의 느낌이 전달되면 차분해진다. 어떻게든 환자를 살리겠다는 강력한 동기가 부여되는 것이다.

우리는 빠른 속도로 복부를 절개한 다음 석선기로 고인 피를 모두 제거했지만 어디선가 계속 피가 올라오고 있었다. 소장과 대장을 모두 밖으로 끄집어내고, 비장과 좌우측 간을 살펴보았지만 출혈이 되는 곳이 없었다. 출혈이 되는 곳은 장이 아니었다. 장이 대동맥과 연결되는 후복막 쪽에서 피가 계속 올라오고 있었다.

후복막에서 일어난 출혈. 우리는 최악의 경우를 맞은 것이다. 후복막에는 신장 외에 특별한 장기가 없다. 만약 신장이 손상을 입어 출혈이 되는 것이라면 소변이 피로 물들어 있어야 하는데 소변에는 문제가 없었다.

수술팀들은 의견을 교환했다. 혼자서는 판단을 내릴 수가 없었다. 그러나 피가 올라오는 부위를 거즈로 누른 다음 다른 스태프들에게 의견을 구했지만 달리 방법이 없었다. 후복막 뒤에서 출혈을 하는 경우 후복막을 열게 되면 거의 심각한 상황을 맞게 되기 때문이다. 원래 지혈이란 어디에서 출혈이 일어나고 있는지 아는 상황에서 이루어지는 것인데, 후복막을 열게 되면 불어난 피 때문에 출혈 부위를 찾을 확률이 거의 없고 오히려 환자의 상태를 더 나쁘게 하는 경우가 많다. 다양한 경험을 가진 많은 수의 의사들이 고민했지만 결국 그대로 닫기로 했다. 인체의 혈액응고 기능으로 저절로 출혈이 멈추어주기를 바랄 수밖에 없었다.

수술 후 환자의 의식은 곧 돌아왔다. 상태가 나빴음에도 불구하고 환자는 응급실에서부터 수술실에 들어가기까지 의식을 유지하고 있었고 수술이 끝나고도 금방 의식을 되찾았다. 혈압이 줄곧 80 내외를 오르내리는 상황에서 의식이 그렇게 빨리 회복된 것은 기적이었지만, 마취할 때 환자의 기관지에 넣었던 인공호흡기는 그대로 유지했다. 만약 상태가 나빠지면 즉시 응급조치를 하거나 인공호흡을 하기 위해서였다. 하지만 의식이 있는 환자가 인공호흡기를 끼고 있다는 것은 매우 괴로운 일이었다. 그런데도 환자는 상황을 잘 이겨냈다.

중환자실은 온갖 생명유지 장치들과 약물투입기와 인공호흡기들이 뿜어내는 소리, 그리고 의사와 간호사들이 주고받는 긴박한 대화들이 섞여 그야말로 하루종일 숨이 막힐 듯이 팽팽한 긴장감에 사로잡혀 있는 곳이다.

그곳은 또 하루에도 두어 명씩 심장마비가 나기도 하고, 즉석에서 심폐소생술이 이루어지기도 하고, 시간이 너무 촉박해서 중환자실 침대 위에서 바로 가슴이나 복부가 절개되기도 하는 곳이다. 매일매일 누군가가 사망하고 또 누군가가 그 자리로 새로 들어오는, 그런 곳에 누워 있는 환자의 마음은 어떨까.

우리는 그 옆에서 드레인 호스를 통해 흘러내리는 출혈량을 체크하면서 가슴을 졸였다. 양쪽 경정맥을 통해 흘러 들어가는 혈액의 양은 이미 20파인트를 넘고 있었다. 그 정도 양이면 자기 몸의 혈액의 총량보다도 많은 혈액이 수혈된 셈이다. 환자의 몸은 계속 피를 내보내고 우리는 계속 수혈을 통해 피를 흘려 넣으면서 부디 후복막에서 흘러나오는 피가 기적처럼 멈추어주기만을 바랐다.

나는 환자를 중환자실에 옮기고도 몇 번이나 재수술을 시도하고 싶은 충동을 눌러야 했다. 어차피 저렇게 흘러나오는 피라면 이제 조만간 한계에 도달할 텐데, 어차피 구할 수 없는 생명이라면 차라리 수술대 위에서 사망을 하더라도 수술을 시도해야 하지 않겠는가 하는 생각이 나를 괴롭혔다. 그러나 다른 의사들이 반대할 때는 그만한 이유가 있는 법이다.

사실 "수술을 시도해서 후복막을 절개하면 무조건 사망할 텐데, 굳이 수술을 하는 것보다는 일말의 기적을 기다리는 것이 낫지 않은가?"라고 말했던 다른 스태프의 의견이 훨씬 논리적이고 타당할 수 있다. 그러나 환자의 생명이 서서히 꺼져가는데 의사가 속수무책으로 꺼져가는 촛불을 지켜보고만 있어야 한다는 것은 고통스러운 일이었다.

환자가 중환자실에서 사투를 벌이는 동안 우리는 그 환자의 내력에 대해서 알게 되었다. 환자의 오빠 되는 분이 우리 병원 직원이면 누구나 알고 있는 유명한 목사님이셨기 때문이다. 여기서 유명하다는 것은 세속적인 유명세를 말하는 것이 아니다. 목사님은 오래전부터 인근 시골마을에서 농아들을 헌신적으로 돌보시는 분이었다. 목사님은 돌보는 농아들이 아프거나 병이 들면 친자식 같은 눈길로 그들을 보듬고 하나하나 손수 병원에 데려와서 치료를 받게 하시던 성자 같은 분이라 어지간한 직원들은 이미 그 목사님을 알고 있었다. 더욱이 목사님의 부인도 수화를 가르치는 분이어서, 농아들을 위해 텔레비전의 화면 하단에 수화로 통역을 하는 모습을 자주 보여주시던 분이었다. 두 분은 그야말로 천사 같은 분들이었다.

사람은 대개 일생 동안 어떤 마음을 가지고 사는지에 따라 얼굴에 그에 맞는 나이테가 그려지게 된다. 그래서인지 처음 본 사람이라도 누구나 이분들을 보면 저절로 고개가 숙여질 정도로 따뜻하고 인자한 인상을 가지고 계셨다.

그런데 이 목사님의 여동생이 사고를 당한 것이었다. 그뿐만이 아니었다. 사고를 당한 환자의 사연은 더욱 눈물겨웠다. 그녀는 40대 중반이 되도록 결혼을 하지 않았다. 스스로 헐벗고 모자라고 굶주린 사람들과 결혼을 했다고 생각하는 분이었다. 대학을 졸업한 해부터 내내 독거노인과 소녀가장들을 돌보면서, 남을 위한 헌신을 천명으로 알고 사신 분이었다. 사고가 나던 날도 티코를 몰고 중풍에 걸려 혼자 사시는 노인을 찾아가다가, 맞은편의 차를 피하느라 길 아래 난간으로 떨어졌다고 한다.

나는 목사님께 환자의 상황을 설명해드렸다. 의학적으로 거의 가능성이 없고 현재로서는 기도를 하는 것 말고는 아무것도 할 수 있는 일이 없다고 설명을 드리자, 그 인자하신 노 목사님의 손이 가늘게 떨렸다. 잠시 후 그분의 눈에서는 굵은 눈물이 흘러내렸다. 목사님 내외분은 그 자리에서 서로의 거친 두 손을 마주잡은 채 조용히 눈을 감고 기도했다.

환자의 상태는 점점 더 나빠졌다. 드레인으로 흘러나오는 출혈량이 조금도 줄어들지 않았고 수혈량도 그만큼 늘어났다. 나중에는 수혈량의 과다로 수혈 자체가 불러오는 출혈반응 때문에 있는 대로 혈소판을 투여하고, 그것도 모자라 병원 내에 있는 신선혈이라는 신선혈은 모두 투여했다. 그리고 마지막에는 신선혈을 구하기 위해 목사님과 병원 직원들 몇 사람이 팔을 걷어붙였다.

그러나 역부족이었다. 의사도, 가족도, 환자 스스로도 그 점을 알고 있었다. 나는 담당 의사로서 환자에게 상태가 조금씩 좋아지고 있으니 곧 회복될 것이라는 상투적인 거짓말을 해야 했다. 하지만 목사님이

면회시간에 들어오셔서 그분의 손을 꼭 잡고 "이제 하느님 곁으로 떠날 준비를 해야 할 것 같다."라고 차분하게 진실을 말씀하셨다. 그녀는 아직 의식이 명료한 상태에서 오빠의 말에 고개를 두어 번 힘들게 움직였다. 자신의 죽음을 담담하게 받아들이고 있는 것이었다.

그날 저녁에 환자가 필담을 요청했다. 나는 유언을 남기시려는 것으로 생각하고 가족들을 중환자실 내로 모두 불렀다. 그런데 인공호흡기가 달린 채 환자가 팔을 움직여 겨우 힘들게 쓴 글자는 '시신기증'이라는 네 글자였다.

주변에 있던 의사들과 간호사, 그리고 목사님 내외까지 모든 사람들의 가슴이 뜨거워졌다. 그녀가 마지막으로 쓴 네 글자에 담긴 깊은 사랑은 그 자리에 있던 모든 사람들의 마음을 부끄럽게 했다. 목사님과 부인은 가만히 그녀의 손을 잡고 기도를 시작했고, 우리들은 가슴이 무너지는 뜨거운 감정에 복받쳐 그 자리에서 한 발자국도 움직일 수가 없었다. 아마 그 자리에 있던 모두는 각자의 종교가 무엇이든 간에 같은 마음으로 기도를 했을 것이다.

그날 밤, 그녀는 당신을 사랑하는 사람들과 당신이 사랑하던 사람들을 이 땅에 남겨두고 그렇게 소망하던 하느님의 나라로 떠나갔다. 내가 할 수 있는 일은 고작 그녀의 뜻을 온전히 받드는 것뿐이었다. 외상으로 상태가 좋지 않아 다른 장기기증은 불가능했지만, 늘 따뜻하게 세상을 바라보던 소중한 눈은 다른 누군가의 눈이 되어 지금 이 시간에도 세상을 여는 소중한 창이 되어주고 있을 것이다.

수술실에서 조심스럽게 각막추출 작업이 끝나고 한 세상을 아름답게 살다간 그 숭고한 몸은 다시 다른 곳으로 옮겨졌다. 본인의 뜻에 따라 의과대학 해부실습용 사체로 기증된 것이다. 목사님 내외와 떠나신 분은 모두 평소 신념에 따라 자신이 사망할 경우 미션계열의 모 의과대학에 시신을 기증하기로 약속이 되어 있었다.

시신을 기증받기로 한 의과대학의 앰뷸런스가 병원 앞에 대기하고 있었다. 가시는 분의 몸은 곧 수술실을 나와 영안실 쪽 통로를 거쳐 입구에 대기중인 앰뷸런스에 실렸다. 의료진들과 중환자실 식구들, 병원장과 학장, 그리고 그쪽 대학의 학장과 해부학교실 주임교수, 원목까지 많은 분들이 함께 모여서 그녀의 고귀한 몸을 맞아들였다.

곧 앰뷸런스의 문이 닫히고 그녀는 자신을 맞으러 온 사람들과 함께 떠났다. 그리고 우리 모두는 그녀가 세상을 비추던 한줄기 빛을 보았다.

매일매일 누군가가 사망하고 또 누군가가 그 자리로 새로 들어오는, 그런 곳에 누워 있는 환자의 마음은 어떨까. 죽음의 길을 떠나면서 자신의 육체를 나눠주고 가는 분들의 마음은 또 어떤 것일까.

사명과 신념 사이에서

신념을 위해 죽음을 선택할 수 있는 것은 자연계에서는 오로지 인간만이 할 수 있는 일이다. 그 중에서도 특히 종교에 관한 신념은 곧잘 죽음의 형태로 발현되곤 한다.

최근에 단식을 시도했던 지율스님이나 기독교 세력에 맞서는 이슬람의 지하드와 같은 공세적 죽음에서부터 예수의 죽음이나 이차돈의 죽음 같은 수세적 죽음에 이르기까지, 종교적 죽음은 결과적으로 삶 자체를 신념과 맞바꿀 수 있다는 점에서는 종교 간에 큰 차이가 없다.

그러나 이런 죽음도 역사적 이슈 앞에서 이루어질 때는 의사의 입장에서 차라리 입장정리가 쉽다. 예를 들어 온몸에 폭탄을 두르고 자살공격을 감행하는 팔레스타인 소년의 죽음에 의사의 견해로 간섭할 수 있는 여지는 전혀 없다. 그것은 죽음이라는 행위가 하나의 상징체계를 형성하면서 한 인간의 생명가치보다는 죽음의 가치가 더 돋보여지는 비정상적인 상황이기 때문이다.

그러나 만약 21세기의 서울 한복판에서, 신념을 위해 자신의 생명을 죽음과 맞바꾸려는 일들이 일상적으로 일어나고 있다면 우리는 그것을 어떻게 받아들여야 할까.

벌써 몇 년이 지난 일이다. 어느 지방 종합병원에 파견을 나가 있는데 어느 날 응급실로 피투성이가 된 환자가 실려 왔다. 그는 늘 다니던 산으로 등산을 하던 중에 그를 멧돼지로 오인한 사냥꾼의 총격을 받아 온몸에 산탄이 박혔던 것이다. 수십 발의 탄환은 그의 배와 가슴을 뚫고 후복벽과 신장, 폐 등에 박혔고, 탄환이 지나간 자리에서는 압박으로는 도저히 감당할 수 없는 양의 출혈이 계속되었다.

이럴 때는 뒤돌아볼 것도 없이 환자를 대학병원으로 옮겨야 한다. 괜히 어설프게 치료하면서 시간을 끌면 회생가능성만 낮아지기 때문이다. 나는 환자의 양팔에 급히 수액을 달고 응급약을 투여한 후 수혈을 시작하면서 앰뷸런스로 환자를 옮겼다. 환자의 상황이 워낙 급박해서 나도 외래를 비워둔 채 앰뷸런스 옆자리에 탔고 파견 나온 인턴 선생은 환자 가족과 함께 뒷자리에 탔다. 그리고 앰뷸런스 안에는 만약의 경우를 대비해 병원에 준비되어 있던 피라는 피는 모두 실어놓았다.

대학병원으로 가면서 나는 뒷자리에 있던 인턴 선생에게 10분마다 환자의 혈압과 맥박을 체크하고 혈액팩이 비면 새로운 수혈팩으로 교체할 것을 지시했다. 그런데 대학병원에 전화를 걸어 환자의 상태를 설명하고 집도를 부탁할 스태프를 수배하느라 정신이 없는데 뒷자리의 보호자가 "이렇게 피가 안 들어가도 괜찮아요?" 하고 인턴 선생에게 질문하는 소리가 얼핏 들렸다.

무슨 소린가 해서 뒤를 돌아보니, 환자의 양팔에 달린 혈액팩이 비었는데도 인턴 선생이 교체를 하지 않고 있었다.

"뭐해! 빨리 혈액 교체하지 않고!"

인턴 선생에게 큰소리로 고함을 질렀지만, 요란한 경광등 소리 때문인지 인턴 선생은 계속 링거액만 바꾸고 있었다.

나는 할 수 없이 고속도로 갓길에 차를 세운 뒤 뒷자리의 문을 열고 환자가 있는 곳으로 들어갔다. 여자 인턴 선생은 당황한 때문인지 두 눈에 닭똥 같은 눈물을 줄줄 흘리면서 혈액이 들어가야 할 주사관으로 계속 링거액만 주입하고 있었다.

나는 일단 급한 마음에 인턴 선생을 옆으로 밀어내고 수액병을 얼른 혈액팩으로 교체하고 대학병원에 도착할 때까지 직접 환자 옆을 지켰다. 산탄에 맞은 자리에서 계속 피가 흘러내려 이미 피바다가 되어버린 앰뷸런스 안의 모습이 어린 여자 인턴 선생에게는 감당하기 힘들 수도 있다고 생각했기 때문이다.

우여곡절 끝에 출혈하는 만큼 수혈이 이루어졌고, 미리 연락을 받은 대학에서는 우리가 도착할 때쯤 이미 수술준비까지 끝내고 있었기 때문에 다행히 환자의 생명에는 지장이 없었다.

나는 환자가 수술실로 들어가는 것을 보고 후배들이 있는 의사휴게실에 잠시 들러 앰뷸런스 안에서 인턴 선생이 패닉 상태에 빠져서 수혈을 제대로 하지 못하는 바람에 위험할 뻔했다는 얘기를 했다. 그러자 후배 하나가 아주 난감한 표정을 짓더니 이렇게 말했다.

"형…… 그 친구 ○○○의 ○○ 신도예요."

나는 순간 머리가 아득해졌다.

환자의 수혈관에 피 대신 흘러들어가고 있던 식염수가 생각났고, 수혈관을 잡고 우물쭈물하면서 눈물을 흘리던 인턴 선생의 얼굴이 생각났다. 그리고 그 순간에도 남편의 손을 잡고 간절히 회생을 기도하던 환자 아내의 얼굴이 겹쳐졌다.

나는 그날 태어나서 처음이자 마지막으로 여자의 뺨에 손을 댔다. 물론 아무리 급박한 상황이라 하더라도 여자 후배에게 손찌검을 한 행위가 정당한 일일 수는 없었다. 그러나 내가 빼앗아 든 인턴 선생의 수첩에는 'NO BLOOD. NO TRANSFUSION!'이라는 글씨가 커다랗게 씌어 있었다.

다음날 아무리 생각해도 그냥 넘어갈 수는 없는 문제 같아서 진료를 마치고 같이 얘기를 해보기로 했다. 그날 우리는 수혈논쟁과 군복무 문제와 같은 세속적 주제에서부터, 굳이 표현하자면 기독교 원리주의와 같은 그 교파의 교리에 이르기까지 몇 시간에 걸쳐 얘기하고 또 논쟁을 벌였다. 덕분에 나는 그때부터 그 교파에 대해 상당한 관심을(우호적이든 비우호적이든 간에) 갖게 되었고, 그 교파가 벌인 해프닝(80년대 종말이 온다고 세상을 떠들썩하게 한 일)이나, 원리주의적인 시각들에 대해 나름대로 그들의 시각에서 일부 이해를 할 수 있게 되었다.

그러나 공교롭게도 그로부터 얼마 지나지 않아 다시 한번 사단이 벌어졌다. 일곱 살 된 어린아이가 교통사고를 당해 응급실로 들어왔을 때였다. 수축기 혈압이 80을 오르내리고, 맥박수가 120회에 이르는 전형적인 저혈량성 쇼크 상태였다.

상태가 급하지만 않다면 사전에 시티촬영을 해서 손상 부위를 확인하고 수술에 들어가면 좋겠지만, 의사의 편의를 위해 시티를 찍고 검사를 하는 동안 환자의 생명은 점점 궁지에 몰릴 수도 있었다. 요즘에는 의료사고의 가능성 때문에 아무리 급박해도 절차를 다 거쳐야 하지만(만약 절차를 거치지 않고 수술했다가 결과가 좋지 않으면 의사가 민형사상 책임을 질 수 있기 때문이다), 그때만 해도 생명을 구하기 위해서라는 명분만 있다면 일단 수술부터 하고 보는 것이 원칙이었다.

그런데 한 가지 문제가 생겼다. 아이의 위급한 상황을 보면서 안절부절못하며 눈물을 흘리던 아이의 부모가 완강하게 수혈을 거부한 것이었다. 수혈의 필요성을 아무리 설명해도 그들은 납득하지 못했다. 시간이 점점 흐르고 아이의 상황은 1분이 급한데, 그들은 '펜타스판'이라는 수액을 사용해서 수술을 해줄 것을 요구했다. 펜타스판은 고밀도 덱스트란 제제로서 몸에 수분이 부족할 때 혈관에 투여하면 혈관 내의 수압이 증가해서 혈압을 유지시키는 역할을 하는 링거액이다.

그러나 펜타스판은 출혈이 멈춰진 후, 수혈량을 줄이기 위한 제재로 사용할 수는 있지만, 출혈중이나 이미 대량의 출혈이 일어난 상태에서는 오히려 출혈을 조장하거나 혈액을 희석시키므로 대단히 위험한 것이었다.

그들은 우리의 설명과 설득에도 불구하고 이미 교단에서 교육받은

(수혈시에는 대체제인 펜타스판을 사용해달라고 의사에게 요구하라는 지침) 자료를 들고 완강하게 수혈을 거부했다. 차라리 아이가 죽게 되는 일이 있더라도 수혈을 받아 사는 것보다는 낫다고 말했다.

이제 더 이상의 입씨름은 피어보지도 못한 어린 목숨을 해치는 일일 뿐이었다. 나는 할 수 없이 수혈을 하지 않겠다는 약속을 하고 수술실로 올라갔다. 수술실로 올라가는 중에도 아이의 부모는 절대로 수혈을 해서는 안 된다며 몇 번씩이나 신신당부를 했다. 그들에게는 마치 자식의 생명보다 수혈의 문제가 더 중요한 듯했다.

그러나 수술팀에는 이미 수혈을 시작하기로 묵계가 이루어져 있었다. 때문에 아이의 혈액형에 맞는 혈액이 중앙공급실 무인 이송장치를 타고 이미 수술실에 도착해 있었고 내가 수술복을 갈아입고 수술실에 들어서기도 전에 마취과에서는 수혈을 시작하고 있었다. 당시 우리들의 젊은 혈기는 아이를 구하기 위해서라면 부모를 격리실에 잡아 가두는 일이라도 불사했을지 모른다.

드디어 수술이 시작되고 아이의 목에 연결된 굵은 중심정맥관으로 혈액이 빠른 속도로 들어가는 동안 나는 아이의 배를 열었다. 예상대로 우측간 절반 정도가 갈기갈기 찢어져 있었지만, 다행히 아이의 간을 한 시간 만에 부분절제해내는 데 성공했다. 이제 간 절제 부위에서 저절로 흘러내리는 피의 양만 많지 않으면 아이는 회생할 수 있었다.

나는 아이의 우측 옆구리에 드레인 호스를 네 개 정도 박아둔 채로 수술을 끝내고 복부를 봉합했다. 마취된 아이의 창백한 얼굴에는 조금씩 온기가 돌아오기 시작했다. 대량의 출혈이 멈추고 빠른 속도로 수혈이 진행된 효과 때문이었다.

그러나 수술 후 체크한 검사에서 아이의 혈색소 수치가 14 정도의 수준은 되어야 하는데 7 정도밖에 되지 않았다. 더 이상의 출혈만 없으면 버틸 수 있는 상황이었지만, 만약 수술 부위로 출혈이 계속 이어진다면 재차 수혈이 필요한 상황이었다.

우리는 아이가 중환자실로 옮겨지기 전에 수혈을 했던 수액관을 교체하고, 범행(?)의 흔적들을 모두 지워야 했다. 또 아이의 부모가 차트를 볼까봐 차트에 수혈딱지도 붙이지 않았고 수혈차트를 이중장부를 만들듯이 따로 만들었다. 이를테면 완전범죄를 자신하면서 일단 아이를 중환자실로 보냈던 것이다.

아이가 중환자실로 옮겨진 뒤 나는 수술실 밖에서 초조하게 기다리고 있던 보호자들에게 수술 경과를 설명했다. 아이의 간이 파열된 상태에서 출혈량이 지나치게 많다, 만약 과다 출혈로 헤모글로빈이라고 부르는 혈색소가 감소하면 혈액을 통해 조직에 산소를 운반하는 능력에 문제가 생기고 그로 인해 대사에 문제가 발생하면 수술 경과가 안 좋을 수 있다, 그리고 비록 지금은 부분 간 절제술을 시행하여 출혈이 멈추었지만, 현재 간의 절단면에서 작은 출혈이 계속되고 있다, 출혈이 계속될 경우에는 수혈을 하지 않을 수 없는데 수혈을 하지 않을 경우에는 생명을 보장할 수 없다 등등에 관해 설명했다. 그리고 아직도 수혈을 할 생각이 없는지에 대해 다시 한번 물었다.

그러나 돌아오는 대답은 같았다. 결국 퍼미션 용지에 "나는 환자의 친권자로서 의사의 수혈 권유를 강력하게 거부하였으며 이로 인해 발생 가능한 모든 문제는 전적으로 본인이 질 것을 약속합니다."라는 각서를 받았지만 사실 그 각서는 의미가 없는 것이었다. 우리는 이미 아이에게 수혈을 했고, 수혈을 해야 할 상황이 또 온다면 역시 할 것이기 때문이다. 그것이 옳은 처신인지 아닌지는 판단할 수 없었다. 다만 종교적 신념을 존중하는 것과 아이에게 수혈을 하는 것은 별개의 문제라고 생각했다. 만약 환자가 성인으로서 스스로 수혈 거부를 했다면 그것은 어쩔 수 없는 일이지만, 이미 세상에 태어난 생명체로서 자기 의사를 아직 표현할 수 없는 아이의 삶과 죽음에 대한 결정권은 어느 누구에게도 없는 것이었다.

우리는 중환자실에서 드레인을 통해 흘러나오는 혈액의 양에 촉각을 곤두세웠다. 수술 후 대개 네댓 시간이면 서서히 출혈량이 줄어들어야 하는데 드레인을 통해서 흘러내리는 출혈은 수술 후 24시간 동안 거의 계속되었다. 비록 양이 많지는 않았지만 아이의 전체 혈액에서 이미 절반이 없어진 상태에서 그 정도의 양은 치명적이었다. 더욱이 출혈로 인한 빈혈이 교정되지 않아 혈액의 자연응고 기능도 약화되었다.

다시 측정한 혈색소 수치가 이번에는 6을 가리켰다. 호흡이 가빠지고 심장박동은 빨라졌으며 맥박은 110회를 가리켰다. 그렇다고 다시 수술을 해야 할 만큼 피가 많이 흐르는 것도 아니었다. 다시 수술을 해도 더 해줄 것이 없었다. 신선한 전혈을 3~4파인트만 수혈해주면 정말 드라마틱하게 좋아질 수 있는데, 부모가 수혈을 계속 거부하고 있으니 속수무책으로 지켜볼 수밖에 없는 상황이었다.

수술실이라면 보호자 출입금지 구역이라 몰래 수혈이 가능하지만, 중환자실은 보호자들이 멀리 유리문 너머로 자주 지켜보는데다 하루에 네 번 면회시간까지 있어서, 설령 유리문으로 보이지 않는다 하더라도 수혈을 한다면 면회시간과 면회시간 사이를 이용해야 한다. 또 링거를 투여하는 수액관으로 피가 투입되면 수액관 내에 붉은 혈액의 흔적이 남기 때문에 아예 수액관 자체를 교체해야 하는데, 그러자면 아이의 팔을 벌집을 만들어놔야 한다.

우리는 궁리 끝에 한 가지 방법을 고안해냈다. 스테이션에 혈액 봉지를 두고 10cc 주사기에 혈액을 담은 다음, 아이의 팔에 달린 링거줄에 슬쩍 주사기를 꽂아 주입을 하자는 것이었다. 그렇게 하면 원래 링거 관에도 일부 역류된 피가 보이므로 수혈 흔적이 전혀 남지 않는 것이다.

우리는 중환자실에서 일하는 중간중간에 눈치를 보며 주사기에 피를 담아 아이의 팔에 주사를 했다. 내가 수술실에 들어가면 다른 레지던트가 그 일을 맡았고, 또 그 다음에는 다른 누군가가 그들이 입구에 보이지 않으면 아이 옆에서 얼쩡거리다가 슬쩍 주사를 하는 식으로 기상천외한 방식의 수혈이 진행되었다. 그리고 놀랍게도 우리는 이틀 동안 그런 방식으로 무려 3파인트의 혈액을 수혈할 수 있었다.

그러한 우여곡절을 겪으며 아이의 건강은 다시 회복되었다. 녀석은 간의 절반이 날아갔음에도 황달이나 다른 대사 이상을 보이지 않았고 2차 감염도 없이 아주 빠른 속도로 건강을 회복했다. 그리고 중환자실에서 일주일을 넘긴 다음 씩씩하고 건강하게 퇴원을 하게 되었다.

그런데 아이가 퇴원하던 날 사단이 생겼다. 아이의 부모가 하얗게 질린 모습으로 나를 찾아온 것이다. 그들의 손에는 퇴원비 계산서가 들려 있었는데, 상세진료비를 보고 자신의 아이가 수혈을 받았다는 사실을 알게 되어 그것을 따지러 온 것이었다. 어떠한 변명의 여지도 없는 상황이었다. 일반 병동에 있는 동안 보호자가 차트를 보게 될까봐 차트에 혈액전표도 붙이지 않고 따로 이중장부를 만들다시피 하면서 완전범죄(?)를 했는데 우리의 비밀은 엉뚱하게도 계산서의 치료 내역에서 발각이 되고 말았던 것이다.

사실 그 다음의 일이 어떻게 진행되었는지는 구차하게 얘기하고 싶지 않다. 아무리 어려운 일이라도 결국 사람 사는 세상인데 해결이 되지 않았겠는가.

하지만 아무리 생각해도 이상했다. 원래 종합병원의 퇴원비 계산서는 수술비, 마취료, 진찰료, 입원료, 투약료, 처치료, 약품료와 같은 항목으로 청구되기 때문에 상세진료비 계산서는 보호자가 특별히 요구할 경우에만 발급되며 또 그런 경우는 거의 없는 일이었다.

아무래도 미심쩍어 그 경황중에 원무과에 내려가서 그 내막을 알아보았다. 그리고 원무과 여직원으로부터 보호자가 어떻게 상세진료비 명세서를 요구하게 되었고 수혈 내역까지 상세하게 알게 되었는지에 대해 듣는 순간 화가 머리끝까지 치밀었다. 사람에 대한 분노가 그렇게 컸던 적은 그때가 처음이었다.

그 문제의 인턴 선생이 이번 일에도 개입한 것이었다. 놀랍게도 그들은 인턴 선생을 찾아가서 아이에 대한 상의를 했고(나는 그 종단의 교우들이, 다니는 집회장소가 달라도 알음알음으로 그렇게 넓고 깊은 인간관계를 가지고 있다는 사실을 그때 처음 알았다), 인턴 선생이 아이의 상황을 알아봤던 것이다.

당시 그 인턴 선생은 병원에서 왕따가 되다시피 해서 중환자실이나 수술실 출입을 하지 못해 우리가 수혈을 한 것은 알지 못하고 있었는데, 보호자에게 아무래도 수혈을 한 의심이 가니 꼭 상세진료비 명세서를 확인해보라고 가르쳐준 것이었다.

나는 그때 그 인턴 선생에 대한 징계위원회 소집 요구를 두고 고민을 할 정도로 화가 많이 나 있었다. 그 정도의 사안이라면 가운을 벗길 수도 있는 일이었다. 그런 생각을 가진 사람이 의사가 된다면 앞으로 심각하고 치명적인 상황을 만들 수도 있으므로 의사면허를 아예 박탈시켜야 하는 것은 아닌지 진지하게 고민이 되었다.

나는 우선 당사자의 이야기를 먼저 들어보기로 했다. 경우에 따라서는 이 친구의 인턴 수련을 정지시킬 마음의 준비까지 하고 있었다. 저녁식사를 함께하면서 나는 먼저 대략 다음과 같은 내용의 질문을 했다.

"개인의 종교적 신념은 존중받아야 한다. 그러나 어린 자식의 운명까지 부모의 신념으로 결정할 수는 없다. 누구든 삶보다 죽음의 문제가 중요할 수 있다. 이차돈의 순교나 천주교 박해 때 '나는 하느님을 믿는다.'라는 말 한마디를 남기고 수없이 죽어간 순교자들처럼, 왜국의 개가 되느니 차라리 죽겠다는 열사들이나, 타인의 피를 수혈받느니 차라리 죽겠다는 당신들의 죽음이 다 같은 선택의 문제라는 점은 인정한다.

그러나 아무리 이해를 하려고 해도 아이의 삶 혹은 신념이 다른 타인의 삶에까지 개입하는 것은 이해할 수 없다. 자식이야 어쩔 수 없이 그렇다 치더라도 지난번에 앰뷸런스에서 자네 때문에 적시에 수혈을 받지 못한 환자는 왜 자네의 종교적 신념으로 그런 상황에 처해야 하나? 그만큼 자네의 신념이 절대적인 것인가?"

내 질문에 대한 그녀의 답은 이랬다.

"나는 신앙을 가진 사람이다. 선생님께서 말씀하신 대로 신앙은 확신이다. 그것에는 인간의 이성으로 이해할 수 없는 맹목성이 존재한다. 믿음이란 문자 그대로 믿어버리지 않으면 존재 가치가 없다. 나는 내 종교를 믿고 있고 믿고 있다는 말은 곧 '따른다'는 뜻이다. 선생님의 관점에서는 '왜 다른 사람의 죽음에까지 개입하느냐?'라는 질문이 당연하다고 생각한다.

그러나 '믿음'을 확신하는 내 관점에서는 그냥 두는 것이 그 사람에 대한 구원이다. 만약 내가 나 자신과 타인에 대해 이중 잣대를 가지고 있다면 아예 '믿음' 자체를 버리는 것과 같은 것이다. 그러므로 비록 소수로서 존중받지 못함은 알지만, 그래도 나는 내 믿음대로 행할 수밖에 없다."

사실 이러한 이야기들은 내 관점에서 보면 그녀의 말이 틀린 것이 될 수도 있고, 그녀의 관점에서 보면 내가 틀린 것이 될 수도 있다. 그러므로 이 대목에서 수혈의 의미를 이야기하거나 에이즈나 간염 등의 사례를 들어서 수혈금지의 정당성을 주장하는 것은 아무런 의미가 없다.

나는 다시 물었다.

"그렇다면 스스로 그냥 그 상황에서 죽으면 되지, 왜 수혈이 의무가 되는 '의사'의 길을 택했는가? 만약 그것이 확신이라면 다른 직업을 택했어야 하지 않나?"

그녀는 또 이렇게 대답했다.

"애석하게도 우리 교파에는 의사가 거의 없다. 아주 드물게 나이가 들어서 우리의 교리에 믿음을 가지고 뒤늦게 입문하게 된 의사가 몇 분 계시지만, 그 수가 극히 적다. 더욱이 우리가 수혈을 거부한다고 해서 죽음을 쉽게 생각한다는 뜻은 아니다. 우리도 생명을 중요하게 생각하고 최선을 다해 살고 싶다. 다만 수혈을 해서까지 살고 싶지는 않다는 것이다. 때문에 우리들을 위해서 수혈 없이도 사람을 살릴 수 있는 최대한의 노력을 하거나 그러한 의술을 발전시켜야 하는 의사들이 있어야 한다.

만약 선생님 같은 분이 내 담당 의사가 된다면 나는 원하지 않은 수혈 때문에 정신적인 불구자가 되거나, 수혈을 하지 않을 경우에도 사실 속수무책으로 죽게 될 것이다. 하지만 단 한 사람의 생명도 소중하다는 전통적 가치 기준으로 보면 수혈을 거부하는 우리들의 목숨도 중요하지 않은가. 백만 명 중에 한 명이 앓고 있는 희귀병 치료에는 일류 의사들이 매달리면서, 백만 명이 넘는 우리들의 문제에는 아무도 관심이 없다.

우리도 대수술을 받으면 두렵고 무섭다. 이럴 때 우리들을 위해서 어떤 의사가 그나마 수혈을 받지 않고도 최대한 생존율을 높여줄 수 있는 연구와 배려를 해준다면, 지금보다는 훨씬 많은 사람들이 살아남지 않겠는가? 이것이 내가 의사가 된 이유다."

 사실 나는 인턴 선생이 가진 종파에 대해 거부감을 가지고 있지는 않았다. 다만 의사로서 수혈 문제와 국가의 일원으로서 군복무 문제 등이 마음에 들지 않을 뿐이다. 그 사람들이 지키려는 원리주의적인 삶은 어떤 면에서는 현재 타락한 기성교회에 대한 모범이 될 수도 있다. 그 사람들은 생명을 담보로 성서에 씌어진 '피를 취하지 말라.'라는 구절을 그대로 지킬 만큼 소위 '말씀'을 지키려고 노력하고 사는 사람들이다. 즉 수혈 문제를 일으킨 만큼 다른 기준도 그만큼 엄격하다는 뜻이다.

 나는 그녀의 오류를 그쯤에서 덮어두기로 했다. 그녀가 외과나 내과처럼 수혈로 인해 타인의 생명을 위협할 수 있는 전공을 택하지 않는다는 조건으로 더 이상 그 문제에 개입하지 않았다. 지금 그녀는 진단 방사선과 전문의 과정을 마치고 같은 교인들이 주로 이용하는 의원을 개설해서 진료중이며, 교인들이 심각한 외상이나 기타 위험한 상황에 빠졌을 때, 자신들의 방식으로 문제를 해결하도록 조언을 하고 있다. 그리고 혈액학회 회원으로서 대체수혈 문제에 대해 나름대로 많은 연구를 하고 있는 것으로 알고 있다.

 환자가 위험한 상태에 빠지지 않도록 최선을 다해야 하는 의사로서 수혈거부라는 종교적 신념과 맞닥뜨릴 때 의사는 과연 무엇을 먼저 존중해야 할까. 참 난처한 질문이 아닐 수 없다.

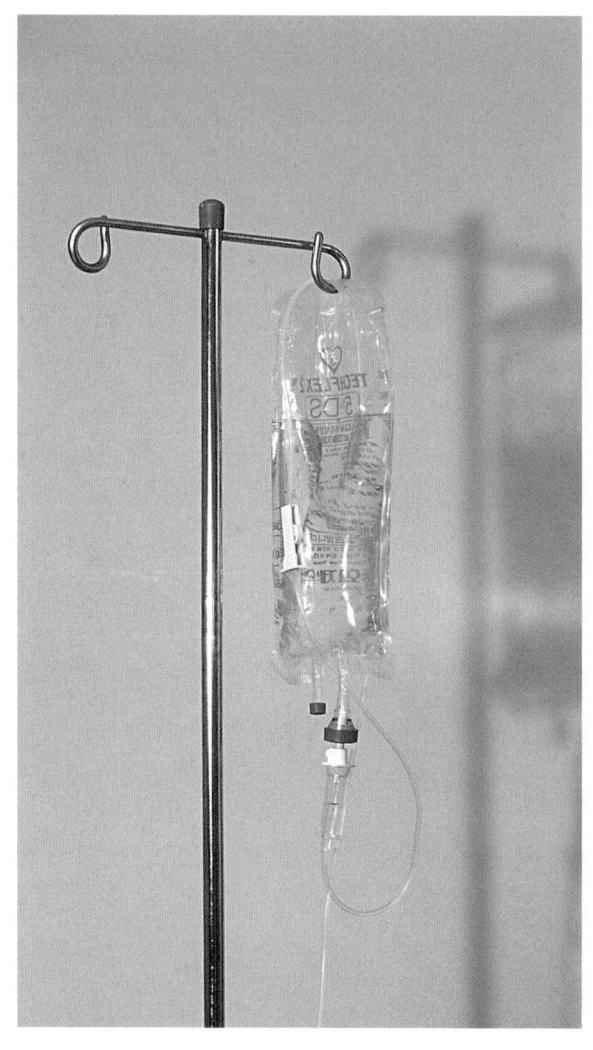

환자가 위험한 상태에 빠지지 않도록 최선을 다해야 하는 의사로서
수혈거부라는 종교적 신념과 맞닥뜨릴 때 의사는 과연 무엇을 먼저 존중해야 할까.
참 난처한 질문이 아닐 수 없다.

두 아비의 동병상련

지금으로부터 8년 전 친구의 외아들 희준이의 돌잔치가 있었다. 그때 나는 종합병원에서 근무하고 있었고 친구는 안동에서 공중보건의를 하고 있을 때였는데, 돌잔치는 친구 녀석 본가가 있는 대구에서 치러졌다.

마침 토요일이라 나는 근무를 마치고 돌잔치를 축하해주기 위해 대구행 비행기를 탔다. 친구 집에서 저녁식사를 같이하고 사람들이 둘러앉아 덕담을 나누고 있는데, 희준이 엄마가 걱정스러운 표정으로 아이가 열이 난다고 했다. 그 자리에 의사가 넷이나 있었지만, 우리는 가벼운 감기 몸살 정도로 생각했고, 어른들도 원래 아이들이 돌이나 백일을 치르면 아프기 마련이라고 가볍게 넘겼다.

그런데 그 다음날 우리의 방심이 결국 문제를 일으키고 말았다. 희준이 녀석이 40도가 넘는 고열에다가, 입술과 혀가 딸기처럼 빨갛게 변하더니 그야말로 순식간에 눈과 손바닥, 심지어 발뒤꿈치까지 부어 올랐던 것이다. 우리는 뒤늦게야 '가와사키' 병이라는 것을 알아차렸다.

친구는 아이를 들쳐 업고, 나는 정신없이 운전을 하고, 희준이 할아버지와 할머니, 그리고 아이 엄마는 눈물을 철철 쏟으면서 대학병원 응급실로 달려갔다. 일요일 대학병원의 응급실은 그야말로 인산인해였다. 그날은 아마도 희준이 녀석이 제 아버지가 의사인 덕을 톡톡히 본 첫번째 날이었을 것이다. 내가 응급실에서 희준이를 안고 있는 동안 친구는 황급히 소아과 병동으로 뛰어올라가서 소아과 당직의를 붙잡아 데리고 왔다.

당직중이던 소아과 레지던트 3년차 이야기로는 가와사키 병이 확실한데, 증세가 좀 심해 보인다는 것이다. 가와사키 병은 바이러스성 질환이라 심할 경우 면역 글로불린을 투여하지 않으면 혈관염이 생겨, 심장 관상동맥이 막히고 자칫하면 관상동맥 이식수술로 연결될 수도 있는 끔찍한 병이었다.

그래서 당장 면역 글로불린 치료를 해야 했는데 엎친 데 덮친 격으로 소아과 병동에 남는 병실이 하나도 없었다. 할 수 없이 친구는 성인 심장병동에 자리를 하나 만들었다. 인턴과 레지던트 생활을 하던 병동에서 아들이 치료를 받게 된 것이다.

소아과 의사의 처방이 시작되고 우리는 면역 글로불린 치료만 받으면 무사할 것이라는 이야기를 듣고 일단 안도했다. 그래서 희준이 녀석을 제 엄마와 할머니가 지키는 병실에 뉘어놓고 친구 녀석은 레지던트 시절을 보냈던 의국을 찾아가서 차를 얻어 마시면서 후배들과 이런저런 이야기를 나누었다.

그런데 한 시간쯤 지난 후 갑자기 희준이 엄마가 얼굴이 새파랗게 질린 채 눈물을 흘리면서 의국으로 뛰어왔다. 희준이가 숨을 쉬지 않는다는 것이었다. 놀라서 달려가 보니 병상 주변이 난리가 나 있었다. 아이는 입가에 허연 거품을 흘리면서 거의 심장이 멈추기 직전의 상황이었다. 간호사들은 어떻게 해야 할 줄 몰라서 우왕좌왕하면서 당직 의사를 부르느라 정신이 없었고, 할머니는 넋이 나가서 땅바닥에 주저앉아 있었다. 우리는 재빨리 아이를 들쳐 안고 같은 층에 있는 중환자실로 뛰어들어갔다.

그곳으로 들어가자마자 친구 녀석은 중환자실에 있는 기관지경을 잡고 희준이 녀석의 목에 기도 삽관을 했고, 나는 바로 엠부마스크를 걸고 산소를 연결했다. 그러고는 중환자실의 심장 감시장치를 걸고 즉시 응급조치를 했다. 다행히 숨이 약간 돌아와서 우선 직장 프로브를 연결해보니 체온이 무려 42도나 되었다. 중환자실 간호사들은 곧 알코올로 몸을 닦고, 응급으로 아스페직을 주사한 다음, 혈관으로는 수액을 들이부었다.

그런데 그 순간 내 눈에 희준의 반대편 팔에 달려 있는 면역 글로불린이 들어왔다. 맙소사! 면역 글로불린은 고열이 있을 때는 절대 투여하면 안 되는 약인데, 소아과 병동이 아닌 성인 병동에 입원해 있다보니 간호사들이 오더대로 투여를 했던 것이다. 소아과 의사는 당연히 소아과 병동에서 하던 대로 면역 글로불린 투여를 지시했고, 소아과 병동이라면 당연히 열을 재서 열이 없을 때 달아야 하는 것을 성인 병동 간호사들이 그것을 모르니 의사 처방대로 투약을 했던 것이다. 만약 우리가 아이를 입원시켜놓고 자리를 떴더라면, 그리고 그 병동에 중환자실이 같은 층에 있지 않았더라면, 상상만 해도 끔찍한 일이 벌어졌을 것이다.

우리는 그날 밤을 병원에서 꼬박 새고 나서 나는 새벽에 비행기로, 친구 녀석은 승용차로 각자의 근무처로 출발했다. 희준이 녀석의 상태는 아직 불안정한 상태였지만 의사가 예고도 없이 병원을 비울 수는 없는 상황이라서 떨어지지 않는 발길을 애써 돌려야만 했다. 상태가 오락가락하는 아들을 병원에 남겨두고, 다른 환자들을 진료하러 안동으로 떠나야 하는 친구 녀석의 마음은 오죽했을까.

그런데 친구 녀석의 차가 병원으로 막 들어서는데 119 구급차가 응급실로 들이닥치더니 응급실에서 간호사가 황급히 손을 흔들며 친구를 부르더란다. 그래서 가운으로 갈아입을 새도 없이 응급실로 들어가서 보니, 초등학교 1학년 학생이 등굣길에 후진하는 트럭에 다쳐 응급실로 들어와 있었다. 아이가 학교를 가다가 잠시 벽에 기대 소변을 보고 있는데, 마침 그 앞에 있던 트럭이 아이를 발견하지 못하고 후진하는 바람에 트럭과 벽 사이에 아이가 끼여버렸다는 것이다.

아이는 혈압이 60 정도에서 잡히고 거의 회생 불능으로 보이는데다 가슴이 많이 눌려서 아예 호흡이 불가능한 상태였다고 한다. 그 정도라면 수술을 해도 회생할 가능성이 있는 것도 아닌데 친구 놈은 예의 그 무모함을 버리지 못하고는 목에 CVP 카테터를 꽂고, 인공 삽관으로 인공호흡을 하면서 아이를 바로 수술실로 옮겼다.

그렇게 수술실로 막 들어서려는데, 아이 아버지가 달려오더니 친구를 붙들고는 앞가슴을 눈물로 다 적신 채 친구에게 애원을 하더라는 것이다.

"선생님, 살려주십시오. 제발 우리 아이를 살려주십시오. 선생님, 어떻게든 살려만 주십시오."

그러자 친구는 살려달라는 말만 되풀이하며 몸을 벌벌 떨고 있는 아이 아버지를 보고는 갑자기 눈물을 주체하지 못하고 그 자리에서 같이 펑펑 울어버렸다고 한다. 수술을 집도해야 할 의사가 갑자기 아이 아버지와 눈물을 철철 흘리고 있었으니 주변 사람들이 얼마나 당황했겠는가.

친구 녀석의 눈물은 생명이 경각에 달린 아이를 둔 아버지의 마음, 즉 동병상련이었던 것이다. 방금 전까지 밤을 새며 아들의 병상을 지키다 아직 고열에 시달리는 아들을 두고 돌아선 아비의 눈에 또 다른 아비의 슬픔이 오버랩되었던 것이다.

마취가 이루어지고 심장, 복부, 신장을 담당하는 세 명의 의사가 동시에 가담한 수술은 곧 시작되었다. 먼저 친구가 아이의 가슴을 절개해서 양측의 폐를 들여다보니 폐가 갈기갈기 찢겨 있었다. 트럭과 벽 사이에 낀 가슴이 눌리면서 풍선 같은 폐 조직이 아예 터져버렸던 것이다. 손상을 입은 폐는 마취과에서 인공호흡기를 통해 바람을 집어넣으면 풍선에 바람이 들어가듯 어지간하면 부풀어 오르는데, 아이의 폐는 아무리 바람을 불어넣어도 부풀어 오르지를 않았다. 너무 많이 찢겨 있었던 것이다.

친구는 찢어진 폐를 꿰매고, 찢겨져 나간 조직을 잘라내는 등 폐기능을 돌이키기 위한 필사적인 시도들을 계속했다. 그러기를 30분, 다행히 아이의 폐가 부풀어 오르기 시작했다. 그것은 찢어진 조직이 제대로 봉합이 되고, 손상을 입은 조직들이 무사히 제거되었다는 신호였다. 게다가 기적적으로 아이의 심장과 복부에는 손상이 없었고 그렇게 아이는 회생할 수 있었다.

택시기사인 아이 아버지는 다음날 흰 편지봉투에 꾸깃꾸깃한 만 원짜리 지폐 스무 장을 넣어 친구에게 들고 왔다고 한다.

"선생님 이 은혜를 어찌 다 갚겠습니까."

수술실에 들어가기 전에 마주 보고 흘린 눈물이 이미 두 사람을 동지로 만들어놓았던 것이다.

한사코 만류하는 친구의 손에 기어코 봉투를 쥐어준 아이 아버지는 아이를 병원에 남겨놓고는, 희준이를 남겨놓고 다음날 병원으로 출근했던 친구처럼, 택시운전을 위해 역시 병원을 나섰다. 그에게는 택시운전이 생존의 방편이었을 것이므로……

그리고 시간이 흘러 아이도 퇴원했고 희준이도 퇴원을 했다. 친구는 아이가 퇴원하던 날, 아이 아버지에게서 받은 봉투를 아이 엄마에게 다시 쥐어주었다.

"이 돈은 지난번 받은 걸로 하고, 대신 이번에는 내가 아이에게 선물을 주는 걸로 합시다."

아이 엄마는 몇 번이나 감사하다는 인사를 하고 떠났다. 그리고 그로부터 몇 년이 지난 뒤 아이가 다시 병원에 왔다. 친구 녀석은 흥분한 목소리로 내게 말했다.

"야! 대호 알지? 그때 희준이 입원했을 때 내가 수술했던 녀석 말이야."

"응, 그런데?"

"아, 글쎄 그 녀석이 오늘 병원에 왔는데 벌써 중학생이야. 내가 개업한 걸 모르고 오늘 감기가 심하게 걸려서 그냥 학교 옆 병원에 왔다는 거야. 근데 글마가 날 딱 보더니 난 기억도 잘 안 나는데 지가 먼저 나를 알아보고는 '샘요! 저 대홉니더!' 하고 인사를 꾸뻑하잖아."

친구 녀석은 흐뭇한지 입이 귀에까지 걸렸다. 그 모습을 보니 나도 덩달아 기분이 좋아졌다. 그래도 의사라는 직업을 가지고 살면서 삶의 기쁨을, 그리고 생명의 환희를 경험할 수 있는 짧은 순간이 있다면 바로 이런 순간이 아니겠는가.

이 얼마나 값지고 감격적인 말인가.

"샘요! 저 대홉니더!"

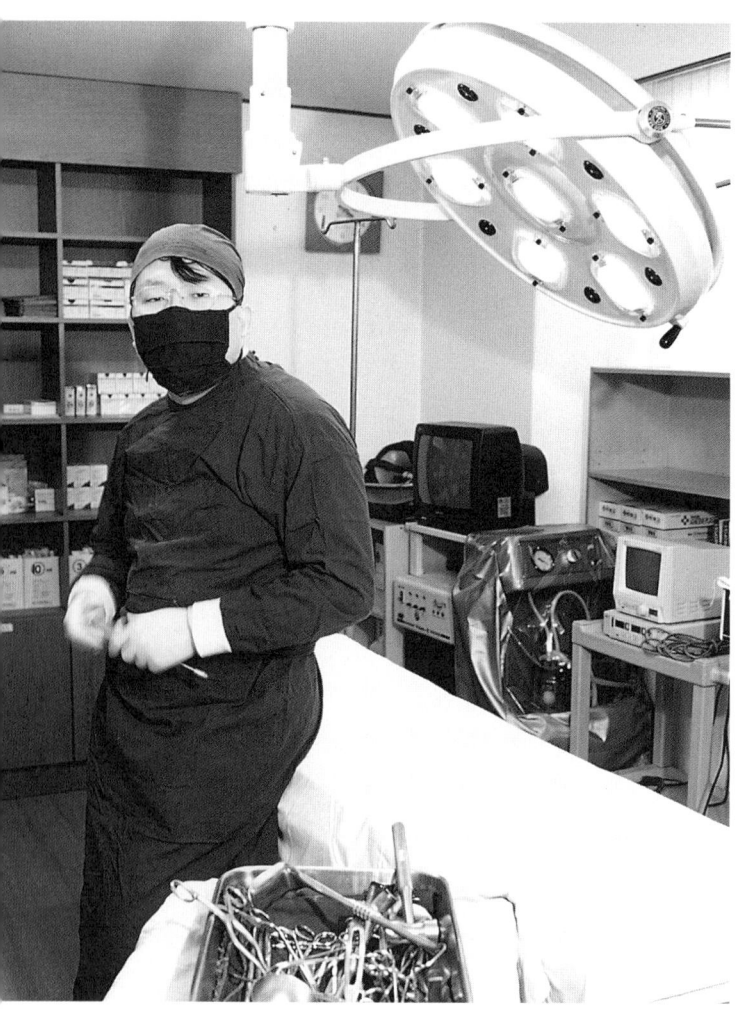

수술의 과정은 늘 어렵고 힘들지만, 수술 후 회복한 환자의 모습을 보는 것으로 대부분 그 힘듦이 상쇄되곤 한다. 아마도 그렇기에 매일같이 반복되는 그 피 마르는 시간들을 견뎌낼 수 있는 것이리라.

잊어야 한다는 마음으로

사람이 하루에 경험하는 희로애락의 양은 어느 정도일까?

언젠가 신문에서, 어떤 할 일 없는 친구가 영혼의 무게를 달았더니 (아마 죽기 전후의 몸무게를 비교한 것일 테지만) 10그램 정도가 나가더라는 기사를 읽은 적이 있다. 의사라는 직업의 특성상 나는 이 네 가지의 무게 중에서 애哀의 절대량이 상대적으로 많은 삶을 살 수밖에 없겠지만, 대부분의 사람들도 그렇지 않을까싶다. 가만히 생각해보면 기쁨이란 얼마 지나지 않아 내성이 생겨서 금방 무뎌지지만, 슬픔이란 몇 배 더 여운이 길게 남는 법이다.

어느 날 고등학교 3학년 여학생이 상해진단서를 끊으러 우리 병원에 왔다. 성폭행을 당해서, 산부인과에 들러 체액을 채취한 다음 몸의 외상에 대한 치료를 받으러 온 것이었다. 굳이 여기에다 그 여학생의 아픔에 관한 이야기를 옮기고 싶지는 않다. 다만 그 여학생을 보다가 이제는 아득해진 또 한 사람이 떠올랐다. 내가 레지던트 1년차 시절의 일이었으니 이제는 꽤 오랜 시간이 흘렀다.

나는 당시 내 직업에 대해 진지하게 고민을 하고 있었다. 의업을 아예 그만두겠다는 건 아니었고, 전공과목을 외과가 아닌 다른 것으로 바꾸고 싶었다. 그러나 이미 다른 전공을 선택해서 트레이닝을 받다가 중간에 그만두고 외과로 전공을 바꾼 전력이 있던 터라, 또 그랬다가는 사회 부적격자로 낙인이 찍힐까봐 꾹 참고 견뎌냈다.

그만큼 나는 의사라는 직업에는 어울리지 않는 사람이다. 의사라는 직업이 내게 준 고뿜는 이루 말로 다할 수가 없다. 26세에 의대를 졸업한 이래 지금까지 단 한 해도 가운을 벗는 상상을 해보지 않은 적이 없었고, 실제로 3년 전에는 그 결심을 실행에 옮겨 가운을 벗고 6개월 동안 환자를 보지 않은 적도 있었다. 그러나 결국 다시 지금의 자리로 돌아오고야 말았다.

하여튼 그렇게 고민이 많던 젊은 시절에, 나는 그 환자를 만났다.

힘들던 외과 레지던트 시절, 3일 동안이나 수술실에서 못 나오다가 겨우 수술실에서 나와 자장면 한 그릇 먹고 막 눈을 붙이려는 순간이었다. 죽고 싶다는 생각이 들 만큼 몸이 천근만근이었는데 응급실에서 호출이 왔다. 전화를 걸어보니 염산을 마신 환자가 응급실로 들어왔다는 것이다. '죽으려면 그냥 아무도 안 보는 데 가서 조용히 목을 매지. 염산은 왜 마셔가지고 나까지 죽이려 들어.'라는 원망이 저절로 터져 나왔다. 속으로는 투덜대면서 어쩔 수 없이 응급실로 내려갔는데, 가서 보니 기가 막힌 상황이 벌어져 있었다.

환자 나이는 겨우 스무 살이었는데, 6개월 전에 성폭행을 당해 임신을 했고 혼자서 끙끙대며 고민하던 끝에 죽으려고 염산을 마셔버린 것이었다. 사람이 염산을 마시면 그 결과는 그야말로 참혹하다. 먼저 구강조직이 타버리고, 두번째로는 식도가 녹아버리는데, 이때의 식도손상은 무서운 합병증을 초래한다.

그나마 소위 양잿물과 같은 알칼리에 입은 손상보다는 낫지만, 그래도 일단 염산을 마신 이상 무슨 수를 써도 식도는 다 눌어붙어버린다. 그녀는 살아남는다 해도 평생 음식물을 삼킬 수 없게 되는 것이다.

그런데 그녀는 정말 눈이 부실 만큼 예뻤다. 만 20세의 푸르름을 그대로 간직한 사회 초년생의 싱그러운 아름다움이었다. 그런 그녀를 누군가 끔찍하게 망쳐놓았던 것이다. 우리는 일단 응급조치에 들어갔다. 생명을 구하기 위한 집중치료를 받은 후, 그녀는 그나마 생명은 구할 수 있었다.

그러나 이미 망가져버린 식도는 이제 어떤 음식물의 통과도 허락하지 않았다. 처음 2주간은 혈관주사를 통해 영양을 공급했지만, 사람이 그렇게 버틸 수 있는 데도 한계가 있었다. 그것은 이제 다음 단계로 넘어가야 함을 의미했다.

입원한 지 2주째 되는 날 그녀는 수술실로 옮겨졌고 우리는 그녀의 희고 고운 배를 명치끝에서부터 10센티미터 정도 절개해서 소장에 구멍을 뚫고 소장 내로 호스를 집어넣었다. 이제 소장으로 연결된 호스로 미음을 투여받으면서 살게 된 것이다. 그런데 수술 후, 소장으로 들어가 있는 관을 타고 강렬한 산도를 가진 소화액이 바깥으로 흘러나와 상처 주변의 피부를 녹이기 시작했다. 결국 그녀의 배에는 길게 남겨진 칼자국 위에 소화액이 입힌 화상 같은 커다란 흉터까지 생겼다.

그녀의 치료는 1년차인 내 담당이었다. 처음에 나는 그녀의 상처에 깊은 동정심을 갖고 있었다. 그러나 그 속에는 아마도 '곱고 아름다운 여자아이의 갈라진 운명'에 대한 특별한 안타까움이 더해져 있었는지도 모른다. 어쨌든 나는 최선을 다해 치료를 했고, 그녀와 친해지려고 많은 노력을 했다. 하지만 그녀는 내내 얼음처럼 굳어 있었다.

치료를 위해 상의를 벗겨도, 벌겋게 부어오른 상처에 소독약을 발라도, 심지어는 못 먹어서 말라비틀어진 가느다란 팔에 수액공급을 하기 위해 컷 다운(피부를 갈라서 혈관을 끄집어내는 일)을 할 때에도 그녀는 그야말로 얼음장처럼 표정의 변화가 없었다. 수술 후 3주째 되는 날, 임신중인 아이를 유산시키기 위해 산부인과 분만실로 옮기는 중간에도, 단 한마디의 말도 없이 은색 마이마이에 연결된 헤드폰을 귀에 꽂은 채 내내 음악만 듣고 있었다.

결국 정신과에 컨설팅을 했고 나도 주치의로서 갖은 노력을 다했지만, 그녀는 말을 잃어버린 채 그렇게 지냈다. 그리고 그렇게 두 달이 지나 상처가 좋아진 다음 그녀는 배에 호스를 꽂은 채 퇴원했다. 결국 그녀와 친해지는 데 실패를 한 것이다.

그녀가 퇴원한 이후에도 나는 한동안 그녀를 떠올렸다. 정말 눈부시게 아름다웠던 첫인상과 음식을 먹지 못해 창백하게 메말라버린 나중의 모습, 그리고 상처받은 사슴처럼 세상으로 향하는 창을 닫아버린 그 안타까운 이미지가 묘하게 겹쳐서, 내게 상당히 오랫동안 강한 인상을 남겼다.

그러던 어느 날 그녀가 재입원을 했다. 퇴원 후 외래에서 진료를 받다가 이제 배 안의 호스를 제거하고 식도를 새로 만들어주는 수술을 받기 위해서였다. 인간이 호스를 통해 영양을 공급받으면서 사는 데는 한계가 있다. 식물인간처럼 에너지 소모가 전혀 없는 경우가 아니라면 그렇게 사는 데는 무리가 있는 것이다. 그래서 식도를 재건해야 하는데, 그녀처럼 식도가 협착이 되어버린 환자는 협착된 식도 대신, 목에서 위장까지 연결되는 다른 통로를 만들어주어야 했다.

요즘은 좀 다르지만, 그때는 일단 배를 열어서 대장 일부를 잘라낸 다음 목을 절개해서 식도 입구에 한쪽 끝을 연결하고 다시 다른 쪽 끝은 위나 소장에 연결해주는 방법으로 수술을 했다. 그렇게 하면 연결된 대장이 식도를 대신해 음식물을 위까지 운반해주는 것이다.

그런데 문제는 그 수술이 대단히 위험하다는 데에 있었다. 당시 내 경험상으로는 다섯 명을 수술하면 한 명만 살아남을 정도로 위험한 수술이었다. 교과서적으로도 생존율이 대단히 낮았다. 일단 식도와 대장이 연결되면 두 장기의 성질이 달라 연결 부위가 녹아버리기 쉬운데, 연결 부위가 녹으면 염증이 생겨 나중에는 가슴에 고름이 차서 어마어마한 결과를 초래하기도 한다. 가슴과 배로 고름이 흘러내리면 그 냄새 때문에 사방 20미터에는 사람의 접근이 곤란하고 결국 환자는 몸이 썩어들어가면서 죽게 된다. 이제 그녀는 불과 몇 달 만에 거의 미라가

되어 운명의 시험대에 서게 된 것이다.

홀어머니와 단둘이 산다는 그녀는 그동안 적절한 도움을 받지 못한 것이 분명했다. 그녀는 가냘픈 몸으로 20퍼센트의 확률 앞에 혼자 서게 되었다. 나는 수술 전에 보호자에게 동의를 구하고 그녀에게도 수술에 대해 설명을 해주었다. 그러나 그녀는 여전히 타인에게, 특히 남자에게는 차갑고 냉정했다.

수술실에는 내내 팽팽한 긴장감이 흘렀다. 주임교수님의 손이 심장 뒤로 들어가서 박리를 시작할 때는 심장이 눌리면서 맥박수가 120회를 넘어서 혈압이 급상승하기도 했고, 아래쪽에서 대장을 자를 때는 속의 내용물이 배를 오염시키지 않도록 황급히 장 주변을 수십 겹의 거즈로 둘러싸기도 했다. 수술용 장갑을 낀 내 손도 그녀의 뱃속을 헤집고 있었다. 그때 수술용 장갑의 얇은 두께를 넘어 그녀의 장에서 느껴지던 따뜻한 체온은 나를 묘한 슬픔에 빠지게 했다.

무려 열두 시간 만에 수술은 끝이 났고, 수술 후에도 나는 중환자실에서 밤을 새워가며 그녀의 상태를 체크했다. 한 시간마다 혈액검사를 하면서 인공호흡기의 계수를 조정했다. 산소와 이산화탄소 농도의 밸런스가 맞지 않을 때는 재빨리 교정을 하지 않으면 위험하기 때문에 항상 누군가 옆에서 지켜야 했는데, 그것이 바로 내 임무였다.

수술 후 몇 시간 만에 의식은 돌아왔지만, 상태가 안정될 때까지 그녀는 인공호흡기에 의지하고 있어야 했다. 의식이 있는 사람이 인공호흡기가 밀어넣는 숨을 그대로 받아 마시고, 기계가 마치 빨대로 빨아들이듯이 공기를 빼내갈 때 숨을 내쉬어야 한다는 것은 환자에게 매우 고통스러운 일이었다. 하지만 그녀의 호흡기를 보호하기 위해서는 그 상태를 유지해야 했다.

내가 끊임없이 그녀에게 말을 걸었을 때 그녀는 필담으로 겨우 자신의 의사를 전달했는데, 그녀가 가장 먼저 요구한 것은 자신의 마이마이를 가져다 달라는 것이었다. 나는 그녀의 마이마이에 담긴 테이프가 김광석의 '다시부르기'라는 제목의 음반이라는 것을 알고 있었다. 그녀는 몇 달째 반복해서 김광석의 노래를 듣고 있었던 것이다. 중환자실에서 인공호흡기를 단 채, 그녀는 자신의 귀에 김광석의 노래가 담긴 마이마이 헤드폰을 다시 꽂았다.

드디어 수술 7일째 되는 날이 왔다. 선고가 내려지는 날인 것이다. 수술 7일 째는, 방사선실에서 목을 통해 조영제를 흘린 후 가슴사진을 찍는 날이다. 만약 대장과 식도를 이은 자리가 녹아버렸다면 사진에서 조영제는 가슴으로 흩어져 보일 것이고, 수술 부위가 잘 아물었다면 조영제는 목에서 소장까지 곱게 잘 흘러내릴 것이다. 방사선실에서 주사기로 조영제를 투여하고 '숏'을 하는 순간 나도 모르게 그녀의 손을 꼭 잡았다.

다행히 결과는 성공이었다. 조영제는 새지 않고 곱게 흘러내려 소장으로 들어갔다. 우리는 기뻐서 박수를 쳤고, 그녀는 드디어 다음날부터 물을 먹기 시작했다. 무려 8개월 만에 처음으로 목으로 무엇인가를 넘기는 순간이었다.

그런데 그녀는 컵에 담긴 물을 빨대로 빨아 마시면서 갑자기 울기 시작했다. 그야말로 누구도 감히 말릴 수 없을 정도로 서슬이 시퍼레서 펑펑 울었다. 그녀는 마치 곡을 하듯 한참을 울었고, 오랜 인공호흡기 때문에 쉬어버린 그녀의 울음소리는 이내 병실을 가득 채웠다.

그녀는 둑이 무너진 것처럼 눈으로는 눈물을 펑펑 흘리면서, 입으로는 목마른 아이처럼 한 컵의 물을 순식간에 다 마셔버렸다. 그녀는 물을 계속 요구했으나 나는 간호사에게 내 허락 없이는 한 방울의 물도 더 주지 말 것을 지시했다. 물을 더 마시면 안 되는 것도 아닌데 왠지 물을 더 주면 울음을 그치지 않을 것 같았기 때문이다.

수술 후 12일 만에 그녀는 중환자실에서 일반 병실로 옮겨졌고, 그로부터 2주 후 음식을 먹기 시작했다. 물을 먹기 시작한 날, 그렇게 펑펑 울고 난 다음날부터 그녀는 놀랍게도 말을 하기 시작했다. 그간의 침묵을 보상이라도 받을 것처럼 봇물 터지듯 이야기를 했고 나는 그녀의 가장 가까운 이야기 상대가 되었다. 그때 병동 간호사들 사이에서는 내가 그녀와 사귄다는 소문까지 돌았다.

그녀가 병실에서 내내 들었던 음악은 김광석의 '잊어야 한다는 마음으로'라는 곡이었다. 나는 왜 그녀가 이 곡을 들으면서 눈물을 흘렸는지를 알 수 있을 것만 같았다. 그러나 나는 묻지 않았다. 그녀에게도 사랑하는 사람이 있었을 것이다. 그러나 자신도 모르는 사이에 누군가 갑자기 그녀를 벼랑에서 밀어버린 것이다.

다행히도 그녀는 그후 건강을 완전히 회복했다. 그리고 그녀의 요청으로 밖에서 한두 번 저녁을 같이 먹기도 하고 덕수궁을 산책하기도 했다. 그녀는 내게 가끔 자신의 근황을 알리는 편지를 보내기도 했는데,

차츰 시간이 지나면서 나도 그녀도 의식하지 못하는 순간에 서서히 서로를 잊고 있었다. 그녀는 절망에서 벗어나기 시작했고, 더 이상 금방 죽을 것 같은 가냘픈 소녀가 아니었다.

어느 날 나는 퇴근하자마자 그녀가 내게 보냈던 편지들을 꺼내 보았다. 그러고 보니 몇 년 전까지만 해도 그녀는 내게 편지를 보냈고 나도 답장을 했다. 사람이란 이렇게 대책 없이 어떤 상황에 빠져들기도 하고, 또 어떨 때는 갑자기 생경하게 어색한 몸짓으로 손사래를 치기도 하는 모양이다.

누군가의 우연찮은 불행 때문에 나는 그녀가 기억났다. 하지만 그녀는 신문 혹은 잡지에 자신과 똑같은 상황에 처한 누군가의 기사를 대할 때마다 두 번 다시 기억하기 싫은 그 끔찍한 투병생활을 떠올릴지도 모른다. 그리고 마지막으로 나를 기억해낼지도 모른다. 그러고 보면 그녀에게 있어 나에 대한 기억은 반드시 잊어버려야만 하는 커다란 상처 중 일부이기도 했던 셈이다.

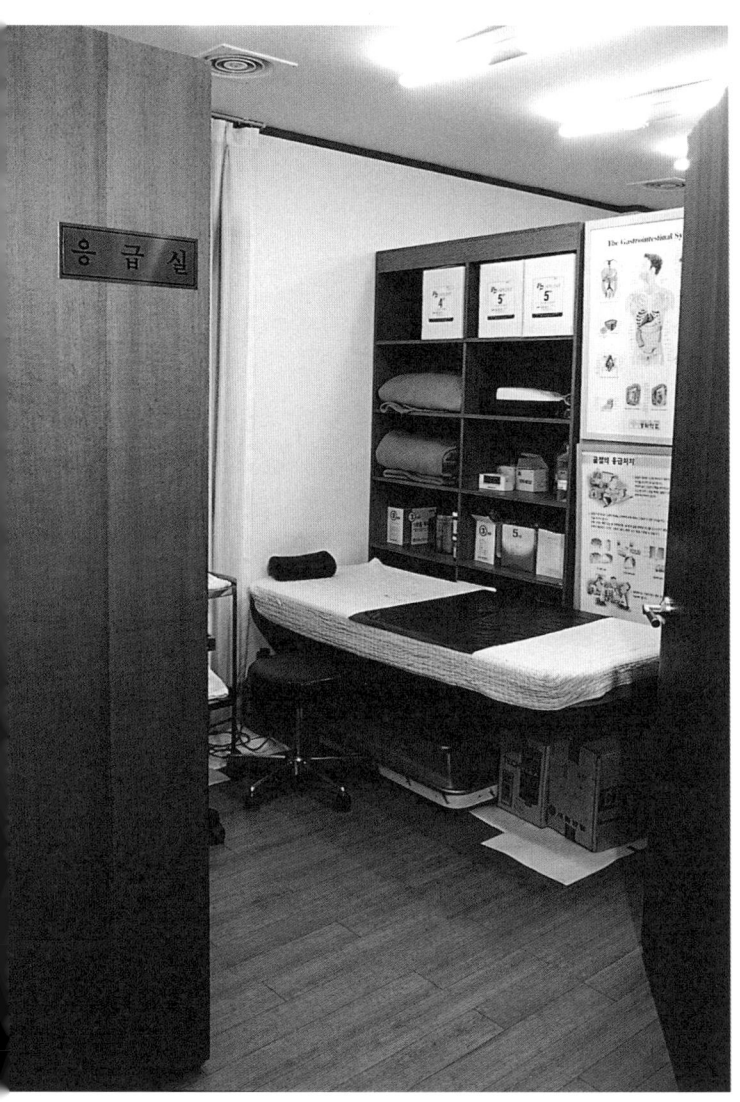

응급실에서는 늘 수많은 사람들의 삶과 죽음이 교차된다.
그곳에 있으면 그동안 내가 살리지 못했던 환자들에 대한 안타까운
기억이 유독 감당하기 어려운 무게로 다가온다.

아버지의 눈물

조간신문에 슬픈 기사가 실렸다. 정신지체 장애 어머니와 노무자 아버지 사이에서 자라던 아이가 굶어서 죽었다는 것이다. 저간의 사정이 어떠하건 우리는 한 불쌍한 어린 영혼의 죽음 앞에서 우울해지지 않을 수 없다.

나는 의사라는 직업을 가진 이래 수없이 많은 아이들의 죽음을 보아왔다. 태어나자마자 선천성 기형으로 인한 수술을 받다가 혹은 일반인들은 이름조차 들어보지 못한 끔찍한 질병의 희생자가 되어 채 피어보지도 못하고 떨어져버린 그 많은 아이들의 죽음 앞에서 나는 때로는 관성으로 둔감해지고, 때로는 상처를 받으면서 그렇게 점차 단련이 되어왔다. 마치 전장에서 총을 맞고 쓰러져가는 죽음에 무뎌져가는 병사처럼 말이다.

그러나 가끔 응급실에서 이미 생명이 떠난 환자를 맞이하면서 혹은 방금 숨을 거둔 환자를 뒤로 하고 돌아서서 손을 씻으면서, 내 심장 속에 어느덧 그렇게 길들여진 차가운 피가 흐르고 있음을 문득 깨달을 때 비로소 제자리로 돌아와 다시 타인의 죽음을 생각하고 돌아보기를 반복하곤 했다.

인턴 시절 시골 종합병원에 한 달간 파견근무를 나갔을 때의 일이다. 한적한 시골병원의 오후는 도시의 병원과는 달리 처연하다 못해 아름답기까지 하다. 밤이 되기 전까지는 급한 응급환자도 별로 없고 병원 내의 외래 분위기도 조용하고 한적한데다 중환자들은 대도시로 이송되기 때문에 치료중인 중환자도 별로 없다. 그래서 시골병원의 응급실 낮 풍경은 간호사들끼리 옹기종기 모여 잡담을 나누거나 혹은 다른 개인병원들이 문을 닫는 야간에 붐빌 환자들을 맞이하기 위해 청소를 하면서 다소 여유 있는 시간을 보낼 경우가 많다.

내가 파견을 나갔던 병원은 나지막한 야산을 뒤로 하고 앞으로는 넓은 논이 펼쳐져 있는 곳이었다. 하루는 응급실 창가에 서서 모처럼 여유를 만끽하고 있었는데 응급실 창 너머로 멀리서 달려오는 119 구급차가 내 눈에 들어왔다. 대개 시골병원에서 그 시간에 울리는 119 사이렌은 일하다가 다치거나 혹은 삶을 비관해서 농약을 마신 환자들을 실어올 때 울리는 경우가 많다.

나는 모처럼 누리던 오후의 평화가 깨어짐을 내심 아쉬워하며 간호사들에게 ADI(약물중독) 환자가 오는 것 같으니 미리 위세척 준비를 하라고 지시했다.

잠시 후 나는 사복 위에 가운을 걸쳐 입고 간호사들이 위세척에 필요한 도구들을 챙기는 것을 점검하고 있었다. 그 사이에 구급차는 응급실 앞에 도착했고 고막을 자극하는 긴 파장의 사이렌 소리도 멈추었다. 그리고 부산한 발걸음 소리가 들리더니 소방서 직원이 카키색 전투복을 입은 채 환자를 안고 응급실로 들어섰다(그때만 해도 119 구급대의 유니폼은 군복이었다).

환자는 갓 세 달밖에 안 된 어린아이였다. 그런데 아이가 침대에 뉘어진 다음 청진기를 들고 아이 앞으로 다가서던 나는 바로 돌아서면서 "심전도 준비해요."라는 말을 할 수밖에 없었다. 아이는 이미 세상과 이어진 끈을 놓아버린 상태였던 것이다.

검푸른 입술에 창백한 얼굴의 아이는 첫눈에도 질식사가 분명해 보였다. 순식간에 어린 생명의 작고 앙증맞은 손목과 발목에 심전도기의 프로브가 걸리고 가슴에는 여섯 개의 단자가 붙여졌다. 그러나 이미 심전도는 플랫 상태였고, 직장으로 측정한 체온은 사망한 지 꽤 오랜 시간이 지났음을 알 수 있게 해주었다.

나는 사방을 둘러보았다. 그러나 아이를 안고 온 소방서 직원과 병원 직원들만 보일 뿐 아이의 보호자로 보이는 사람은 없었다. 나는 그 소란한 와중에도 내가 좀 전에 들판으로 쏟아지는 붉은 석양을 바라보던 바로 그 자리에서 넋을 놓은 채 창 밖을 바라보고 있는 소방서 직원에게 다가갔다.

"아이 보호자는 안 모시고 왔습니까? 아이는 이미 사망한 상태로 사망시각이 좀 지난 것 같은데, 경찰에 신고를 해야 할 것 같군요. 인적사

항에 대해 아시는 것 없나요?"

그러자 그는 천천히 돌아섰다. 그 순간 카키색 전투복 상의를 반쯤이나 적신 그의 눈물이 보였다. 그는 창 밖을 보면서 내내 울고 있었던 것이다.

아이의 아버지는 바로 그 소방서 직원이었다. 아이 엄마는 출산 후 자궁무력증으로 사망해서 아이는 할머니가 키우고 있었다. 그날 할머니가 아이에게 우유를 먹인 후 잠시 시장엘 갔는데, 그 사이에 아이가 구토를 하면서 질식사를 한 모양이었다.

상황을 짐작해보니 그는 아이가 사망한 것을 알면서도 아이를 병원으로 데리고 온 것 같았다. 병원으로 오는 동안 그는 무슨 생각들을 했을까? 사랑하는 아내와의 꿈같은 삶, 임신과 출산의 아름다운 행복, 아내의 죽음, 그리고 아이와의 이별. 아마 그는 이미 세상과의 인연을 놓아버린 아이를 품에 안고 "아가야 병원에 가자. 얼른 가서 빨리 치료하면 나을 거야……." 하며 아이를, 아니 어쩌면 자기 자신을 다독거렸을 것이다.

그날 내가 보았던 남자의 눈물은 부성애의 슬픈 향기가 느껴지는 그런 눈물이었다.

언젠가 이런 일도 있었다. 전문의 과정을 마치고 종합병원에서 근무할 때의 일이었다. 하루는 집에서 TV를 보는데 아이를 찾는다는 짤막한 뉴스가 있었다. 아이는 정신지체 장애를 가진 초등학교 학생으로 이틀 전에 실종되었으며 아이를 발견한 분들은 소식을 전해달라는 간절한 내용이었다. 잠시 스쳐 지나간 내용이었지만, 장애를 가진 아이의 천진한 얼굴이 내 마음을 아프게 했다.

"부디 나쁜 일은 없었으면……."

그런 마음은 뉴스를 본 사람들은 다 갖고 있었을 것이다.

그런데 다음날 낮에 갑자기 응급실에서 연락이 왔다. 응급실 수간호사였다.

"과장님! 응급실에 익사한 환자 검시를 해야 하는데 아무래도 전공의 선생님보다는 과장님께서 와주시는 게 좋을 것 같아서요."

내가 응급실장이라는 보직을 맡고 있기는 했지만 이런 경우 대개는 응급실에서 인턴 선생이 검시자료를 작성하고 나는 결재만 하곤 했다. 그런데 직접 검시를 요청하는 것으로 봐서는 검찰에서 요청했거나, 아니면 다른 특별한 사연이 있는 것 같았다.

응급실로 내려가자 소수술실에 검은 비닐백이 놓여 있었다. 남자 직원은 내가 도착하자 백의 지퍼를 내렸다. 그런데 검은 테이블 위에 내려진 시신은 놀랍게도 TV에서 본 그 아이였다.

아이는 저수지에 이틀 동안 잠겨 있다가 수면에 떠올라 마침 주변을 수색하던 수색대에 발견되었다고 한다. 방사선 촬영으로 볼 때 사인은 익사가 확실해서 검찰의 요청이 있기 전에는 부검이 불필요해 보였다. 나는 어린 영혼의 몸에 다시 한번 상처 입히는 일을 피하고 싶었다. 그래서 가능하면 부검 결정이 나지 않도록 검시기록을 작성했지만, 그래도 상황에 대한 진술은 필요했다.

그제야 나는 주변을 돌아보았다. 아이에게 엎드린 채 슬프게 울고 있는 아이 엄마와 그 옆에 아이 아버지로 보이는 사람이 창백하게 서 있었다. 그는 초점이 없는 눈으로 몸을 가늘게 떨고 있었다. 나는 조용히 다가가 아이 아버지냐고 물었다. 그는 조용히 고개를 끄떡이더니 내 의도를 알겠다는 듯 내 팔을 잡고 밖으로 이끌었다.

아이 아버지는 침착하게 옆에 있던 자판기에서 음료수 캔을 꺼내더니 하나를 내게 주었다. 그러고는 자신이 아이 아버지인데 부검을 원치 않는다고 말했다. 고통스러운 질문이었지만 나는 아이가 산속 웅덩이에 빠진 경위에 대해 물어야 했다. 그는 천천히 이야기를 시작했다.

아이는 태어날 때부터 뇌성마비였다. 처음에는 아주 심했지만, 어릴 때부터 재활교육을 시키면서 조금씩 상태가 호전되어 장애학교에 다닐 정도로 나아졌다고 한다. 그러나 아이는 정신지체가 동반되어 지능이 낮았다. 그래서 매일 학교로 엄마나 할머니가 데려다주고 데려오곤 했는데, 그날은 할머니가 2분 정도 늦었다고 한다. 전에도 가끔 그런 날이 있어 아이가 교문 앞에서 기다리다가 같이 오곤 했는데, 그날은 아무리 기다려도 아이가 나오지 않아 학교에 물어보니 이미 하교를 했다는 것이었다.

아이를 잃은 식구들은 사방을 헤매며 찾으러 다녔지만 아이의 종적은 찾을 길이 없었다. 그래서 이틀째부터는 방송에도 호소하고 인근 부대의 군인들과 학교 직원, 경찰이 동원되어 수색도 했지만 아이는 발견되지 않았다. 그러다가 학교 앞 큰 길 건너에 있는 산 웅덩이에서 익사한 아이를 발견하게 된 것이다.

아이 아버지는 거기까지 이야기를 하다가 결국 자리에 주저앉고 말았다.

"이 녀석 불쌍해서 어떡하지. 신발을 한쪽만 신고 얼마나 발이 추웠을까. 이 추운 겨울에 그 차가운 물 속에서 얼마나 추웠을까. 이 녀석 불쌍해서 어떡하지……."

그는 그렇게 혼잣말을 하며 눈물을 철철 흘렸다.

그러고 보니 아이의 발에는 신발이 한쪽만 신겨져 있었다. 실족하면서 한쪽 신이 벗겨진 것이었다. 벗겨진 나머지 신발은 아이의 아버지가 들고 있었다. 아이 아버지는 다시 안으로 들어가 물에 부풀어 퉁퉁 부어버린 아이의 나머지 한쪽 발에 그 신발을 억지로 신겨주고는 아이와 한덩어리가 되어 또다시 뜨거운 눈물을 흘렸다.

순간 내 머릿속에는 일상으로 스쳐 지나갔던 수많은 아이들의 죽음이 떠올랐다. 고통스런 투병 끝에 스러져간 아이들, 사고로 온몸이 처참하게 짓이겨진 채 이승과의 인연을 정리해야 했던 가냘픈 영혼들, 그들의 죽음 하나하나에는 모두 절절한 사연과 안타까움이 있었다.

비록 죽음이 아무도 벗어날 수 없는 인간의 숙명이긴 하지만, 그래도 제대로 피어보지도 못하고 떠나버린 어린 생명들에게는 너무나 가혹한 형벌 같다.

의사들은 환자들의 죽음을 일상적으로 경험하는 탓에 종종 타인의 죽음에 무뎌지기도 한다.
하지만 결코 무뎌지지 않을 때가 있는데,
바로 제대로 피어보지도 못한 어린 생명들이 떠났을 때다.

적반하장도 유분수지

2001년 여름, 대한심장혈관학회지에는 동료인 박진상 선생의 이름으로 희귀 논문이 한 편 실렸다. 이 이야기는 그 논문에 얽힌 황당한 이야기로 시작되는데, 편의상 친구 녀석인 박진상을 이 글에서는 화자인 '나'로 바꾸었다.

그날따라 날이 유난히 더웠다. 문자 그대로 염천이라는 말이 딱 어울릴 정도로 햇살이 따가운 토요일 오후에 병원에서 길안계곡으로 단합대회를 간다는 공지가 있었다. 뜨거운 여름에 무슨 야유회냐고 생각하는 사람도 있겠지만, 사실 그것이 우리 병원에 근무하는 재미다.

우리 병원에서는 여름이면 전 직원이 단체로 몸보신을 하는 야유회를 연다. 몸보신 야유회니 그날의 주 메뉴가 무엇인지는 굳이 설명하지 않아도 알리라 믿는다. 아마 애견가들은 우리 병원에서 절대 근무를 하지 못할 것이다.

그런데 이 염천에 길안 다리 밑에서 러닝셔츠 바람으로 앉아, 한편에서는 설설 끓는 가마솥에 여러 마리의 황구를 삶아대며, 한편에서는 흐르는 땀과 손에 묻은 개기름을 강물에 씻어가며 수육과 탕을 뜯고 들이키는 이 엽기적 행사에 참석할 생각을 하니 벌써부터 숨이 컥컥 막혔다. 차라리 응급환자나 들이닥치지……. 속으로는 토요일 오후에 거기 가서 고행을 하느니 차라리 응급수술 핑계를 대고 참석을 안 하고 싶은 게 솔직한 심정이었다.

그런데 이게 웬일인가. 내 방에서 막 가운을 벗고 사복으로 갈아입으려는 참에 응급실 쪽에서 앰뷸런스 소리가 요란하게 들렸다. 나는 '옳다, 됐구나!' 하고 저절로 쾌재를 불렀다. '마침 내가 응급실장을 겸하고 있으니, 저 환자가 어느 과 환자든 간에 내가 진료해야겠다. 그 과 해당 의사야 당연히 개고기 파티에 가고 싶어서 안달이 나 있을 텐데, 내가 대신 봐준다면 얼마나 감사히 생각하겠는가.' 그야말로 구신狗神이 나를 도운 것이었다.

나는 한달음에 응급실로 내려갔다. 그런데 응급실에 도착한 환자의 상태가 심상치 않았다. 교통사고를 당해서 가슴을 다친 환자인데, 혈압이 낮고 의식도 혼탁한데다 호흡마저 정상이 아니었다. 가슴사진을 찍으니 검은색으로 나타나야 할 좌측 폐가 허옇게 나타났다. '폐혈흉'이라는 뜻이다. 이것은 분명히 갈비뼈가 부러지면서 흉벽의 혈관을 건드렸거나, 아니면 폐의 어느 부분이 찢어졌거나, 그것도 아니면 종격동 쪽의 손상이 분명했다.

지금 생각하면 울 수도 웃을 수도 없는 상황이지만 그때는 개고기 파티고 뭐고 일단 혼이 나간 상태였다. 1분 1초가 급했던 것이다. 일단 응급실에서 가슴을 째고 흉관을 삽입하자, 순식간에 체스트 바틀이 꽉 차버렸다. 다시 바틀을 갈아 끼워도 갈자마자 금세 한 통이 차버렸다. 사고가 난 지 30분밖에 지나지 않았다는데 이 정도 출혈이라면 이것은 최소한 폐 조직의 깊은 손상이나 종격동의 손상이 분명했다.

더 이상 생각할 시간이 없었다. 일단 외과 과장에게도 여차하면 수술실로 올라올 수 있도록 대기하라고 전하고는 환자를 수술실로 끌고 올라갔다. 일단 가슴을 옆으로 길게 절개하고, 흉강을 벌린 다음 가슴 속에 고인 피를 석션기로 빼냈다. 그리고 커다란 서지컬 거즈를 겹겹이 접어 폐를 닦아내고 좌측 폐를 젖혀서 뒤를 살펴보았지만, 흉벽이나 폐 조직에는 손상이 전혀 보이지 않았다. '설마……' 하면서 황급히 폐를 눌러서 공기를 빼낸 후 위로 젖혀서 아래쪽을 살펴보았지만 횡경막의 손상이 있는 것도 아니었다.

출혈 포커스는 놀랍게도 심장에서 올라오는 대동맥 주변에 있었다. 환자의 대동맥은 마치 면도 거품에 둘러싸인 것처럼 주변이 부풀어 있었고, 그 자리에서는 피가 줄줄 새고 있었다. 나는 입이 바짝바짝 말랐다. 만약 '대동맥손상'이라면 그것은 내 능력 밖의 일이었다. 그러나 대동맥손상이라면 그 즉시 사망했을 테니 그것은 아닐 테고, 그렇다고 주변의 다른 조직들이 손상을 입어서 그렇게 된 것도 아니었다. 그렇다면 혹시 외상으로 동맥벽이 양파껍질처럼 분리되는 외상성 동맥류가 아닌가 생각되었지만 확인할 도리가 없었다.

더욱이 당시는 이것저것 생각할 겨를이 없었다. 일단 무조건 흐르는 피를 막지 않으면 환자는 사망하게 되어 있었다. 피가 흘러나오는 대동맥벽에 더블암 프롤린으로 타원형의 펄스 스트링 슈처를 하고 피가 나는 곳을 조심스럽게 조였더니 잠시 동안 피가 멈추는 듯했다. 그러나 꿰맨 곳이 투두둑 찢어지면서 피가 다시 흘러내렸다.

그로부터 다시 봉합과 찢어짐이 수차례. 이런 식으로 가다가는 환자의 상태를 보장할 수가 없었다. 마취과에서 계속 피를 쏟아 붓는데도 혈압은 올라가지 않았다. 수혈하는 만큼 출혈을 했기 때문이다. 그야말로 밑 빠진 독에 물 붓기였고 입이 바짝바짝 탔다.

나는 점점 침착성을 잃기 시작했다. 네댓 번의 시도에도 출혈 부위가 봉합되기는커녕 오히려 출혈 양이 더 많아지는 것이었다. 만약 이곳이 지금 안동의 어느 종합병원이 아니고 대구나 서울의 대학병원이었다면, 내 옆에는 최소한 열 명의 동료들이 조언을 하고 도와주었을 것이며, 심지어 나중에 결과가 어떻게 되든 간에 우선은 환자의 심장을 세우고 인공심장을 연결해서 일단 출혈이 계속되는 상황은 막은 다음, 천천히 하나씩 수습을 해나갔을 것이다.

나는 입이 마르고, 심장이 두근거리고, 손이 떨리기 시작했다. 손이 떨린다는 것은 외과 의사가 본능적으로 환자를 놓칠 것 같다는 예감이 들기 시작했다는 뜻이다. 그럴 때는 무엇보다 나를 추슬러야 한다. 의사가 무너지면 환자는 바로 죽음의 경계를 넘어버리게 되는 것이다.

나는 가능한 모든 도움을 요청해보기로 했다. 그러나 서큘레이션을 담당하는 간호사가 무선전화로 대학병원의 심장외과 주임교수님께 연락을 했지만 연결이 되지 않았다. 그래서 다시 대학병원 당직실로 전화를 걸어 내 귀에 대주었다. 마침 당직실에는 레지던트가 있었다.

"나 의국 20회 박진상인데, 지금 과장님 계시나?"

간략하게 이런저런 사정을 설명하고 은사님을 찾았는데, 의국 회식이 있어서 다들 술자리를 하고 계시단다. 그러고 보니 벌써 밤 열한시나 되어 있었다. 나는 후배에게 어떻게든 빨리 그곳으로 연락을 해서 이쪽으로 전화를 좀 주시라고 전하고는, 흘러내리는 피를 막기 위해 커다란 거즈 뭉치로 대동맥 부위를 압박했다.

시간이 흐르면서 출혈 부위를 누르고 있는 팔에 쥐가 나고 힘이 빠지기 시작했다. 그렇게 상황이 점점 절망적으로 흘러가고 있는데 수술실로 전화가 걸려왔다. 심장외과 주임교수님 전화였다. 두 손은 환자의 흉강 속으로 들어가 대동맥을 누른 채, 간호사가 귀에 대어준 전화기로 상황을 설명했다. 정말 울고 싶었다. 이미 환자는 내 능력의 한계를 벗어나 있었고, 출혈량과 수혈량이 늘어나는 만큼 환자의 생명시계는 점점 0을 향해 째깍거리고 있었다.

전화로 수술실의 상황을 들으신 주임교수님은 "지금 당장 출발할 테니까 어떻게든 그때까지 환자를 살려놓고만 있어!"라고 말씀하셨다. 의외의 답변에 마음이 좀 놓였지만 그것도 잠시였다. 과연 그때까지 환자가 버텨줄지가 의문이었다.

내 연락을 받고 당시 회식팀 중에서 응급을 대비해서 술을 마시지 않고 병원에서 대기하던 수술 대기팀들이 소집되었고, 거기에다 같은 회식자리에 있던 의국 출신 군의관 한 사람까지 가세해서 네 명이 우리 병원으로 황급히 출발했다. 그러니까 심장외과 주임교수와 현직 군의관, 그리고 레지던트 두 명이 멀리 안동에 있는 이름 모를 환자의 생명을 구하기 위해 토요일 밤 열두시가 넘은 시각에 회식을 중단하고 대구를 출발한 것이다.

나는 이들이 도착할 때까지 혼신의 힘을 다해 출혈 부위를 누르면서 버텼고, 마취과에서는 무려 네 곳의 혈관을 통해 계속 피를 쏟아 부었다. 이제는 정말 진인사대천명이었다. 밖에서는 수술실 내의 상황이 어떻게 되어가는지도 모른 채 보호자들이 간절한 마음으로 무사생환을 기원하며 기도하고 있을 것이다.

야유회를 마치고 돌아온 다른 과 과장들과 병원장도 중간에 교대로 수술실에 들러 걱정스러운 눈빛으로 나를 쳐다보았다. 그들의 눈에서는 이제 그만 포기하는 게 어떻겠느냐는 권고가 담겨 있었지만, 지금까지 버틴 상황에서 그대로 주저앉을 수는 없었다. 만약 다른 의사가 그러고 있는 모습을 보았다면 나 역시 포기하라는 조언을 했을 테지만, 이 상황의 당사자가 된 이상 내게는 이 상황을 종료시킬 권한이 없었다. 내가 손을 놓아버리면 곧 사망할 것이 분명한데, 내가 신이 아닌 이상 이 환자의 삶과 죽음을 결정할 권한은 허락되어 있지 않았다.

그렇게 거의 두 시간 정도의 시간이 흘렀다. 환자의 혈압은 60에서 80 사이를 오르내렸지만 다행히 동공은 열리지 않았다. 동공이 열리지 않았다는 것은 저혈압임에도 불구하고 아직 뇌로 가는 피가 제대로 공급되고 있다는 뜻이었다.

새벽 두시 반경 수술실 입구가 북적거리더니 대구에서 의국팀이 들이닥쳤다. 다들 수술복으로 갈아입지도 못하고 수술실로 달려들어 왔다. 내 뒤에서 상황을 지켜본 주임교수님은, 아직 생명이 유지되고 있는 것으로 봐서 대동맥이 아닌 대동맥 주변의 혈관이 다친 것 같다는 판단을 내렸다. 판단이 내려진 후 모두들 나가서 수술복으로 갈아입고 스크럽을 한 다음 수술실로 들어왔다. 그동안 수술실 남자 간호사 한 사람을 보조로 나 혼자 외롭게 싸우던 전쟁이 갑자기 등장한 수많은 원군으로 새로운 국면을 맞았다.

일단 주임교수님은 동행한 내 의국 후배인 군의관 김 선생에게 내가 누르고 있는 출혈 부위를 대신 누르게 하고 나는 잠시 쉬라고 하셨다. 나는 조심스럽게 환부를 누른 두 손을 김 선생에게 한 손씩 교대로 인계했다.

수술대에서 물러선 나는 그대로 땅바닥에 주저앉았다. 극도의 피로감이 몰려들었다. 무려 열세 시간 만에 수술대에서 물러났던 것이다. 그러나 그것도 잠시, 그래도 주치의인 내가 빠질 수는 없는 일이었다. 우선 휴게실에서 커피를 한 잔 진하게 타서 마시고, 빵 한 조각을 대충 입에 밀어넣은 후 다시 수술실로 돌아갔다.

주임교수님은 환부를 다시 봉합하려고 시도하고 계셨다. 내가 했던 방식으로 환부를 둥글게 꿰맨 후 조심스럽게 당겨서 터진 자리를 조이려 했지만, 아니나 다를까 그 자리가 다시 찢어졌다. 그러나 이번에는 그것으로 끝나지 않았다. 봉합이 터진 자리로 갑자기 붉은 피가 분수처럼 솟구쳐 나왔다. 솟구친 피는 흉강을 통해 환부를 들여다보고 있던 주임교수님과 김 선생, 그리고 다시 가세한 나와 레지던트 4년차의 얼굴과 가슴으로 튄 다음, 천장에 있던 무영등까지 솟아올랐다. 우리는 그제야 대동맥손상이라는 것을 깨달았다. 세상에, 어떻게 대동맥이 터진 환자가 그 자리에서 즉사하지 않고 병원까지 도착해서, 그것도 수술실에서 무려 열세 시간을 버틴 것일까?

주임교수님은 솟아오르는 피를 보고, 대동맥파열이니 즉시 대동맥을 봉합할 준비를 하라고 지시했다. 그러나 아쉽게도 우리 병원에는 대동맥을 수술할 혈관 외과적 기구들이 준비되어 있지 않았고, 더 큰 문제는 대동맥을 수술하려면 인공심폐기를 돌려야 하는데 그것도 불가능했다. 우리는 인공심폐기를 달고 심장을 멈춘 채 해야 하는 수술을, 기구도 없이 그대로 감행하기로 했다.

거품처럼 부풀어 있는 주변 조직을 박리하고서 보니 놀랍게도 대동맥이 칼로 호스를 자른 듯 두 토막으로 절단되어 있었다. 외상을 입은 후 흉강 압박으로 대동맥이 절단되었는데 기적적으로 대동맥을 싸고 있는 얇은 막이 터지지 않고 잘라진 호스를 랩으로 감싸놓은 것처럼 대동맥의 기능을 보호하고 있었던 것이다.

그러나 이젠 거의 희망을 접어야 했다. 대동맥 수술을, 그것도 절단된 대동맥을 인공심폐기도 없이 어떻게 치솟는 피를 헤치면서 수술을 한단 말인가? 그러나 우리는 아무도 거기에 대해 말하지 않았다. 그저 할 수 있는 만큼 끝까지 해보기로 묵계가 이루어졌던 것이다.

주임교수님은 일단 대동맥을 박리하기 시작했다. 대동맥 두 개를 이어 붙이려면 일단 동맥 뒤쪽을 박리해야 했다. 박리를 하는 동안 나와 김 선생은 피가 새는 자리를 조금이라도 막기 위해 안간힘을 썼다.

우여곡절 끝에 대동맥 박리가 끝나고 이제는 두 개의 대동맥을 이어 붙여야 했다. 그러나 피가 솟구치는 대동맥을 박리한다는 것은 불가능한 일이었다. 일단 대동맥을 양쪽에서 묶어 피가 나오지 않게 한 다음 이어 붙여야 했지만, 이 경우 만약 20분이 넘으면 환자의 아래쪽 몸통은 쓸 수 없게 되어버린다.

심장에서 아치를 만들면서 휘어져 뱃속으로 돌아 내려가는 대동맥이 터진 것이므로 대동맥을 차단하면 머리 쪽으로 가는 피는 큰 무리가 없지만, 가슴 이하로는 피가 전달되지 않아 척수와 신장, 다리까지 조직이 죽어버리는 것이다.

그러므로 무조건 20분 안에 두 개를 이어 붙여야 했다. 그러나 대동맥을 이어 붙일 때, 심장을 멈추고 피가 한 방울도 안 나는 상황에서 수술을 해도 최소 20분이 걸리는데, 이 상황에서 20분 내의 수술은 엄두도 낼 수 없었다. 그러나 주임교수님은 미국연수 시절에 25분까지는 하지마비가 오지 않더라는 경험을 말씀하시면서 그대로 봉합하기로 결정했다. 사실 그 외에는 선택의 여지도 없었다.

마취과에서 스톱워치로 25분 스타트를 하는 순간, 우리는 잘라진 대동맥의 양 끝을 사친스키와 클램프로 강하게 물었다. 그러자 무려 열네 시간을 괴롭히던 출혈이 거짓말처럼 멈추었다. 이제 심장이 아무리 뛰어도 심장에서 나가는 혈관이 차단되어 더 이상의 출혈은 없어진 것이다. 주임교수님은 빠른 속도로 대동맥의 양 끝을 이어나갔다. 5분, 10분, 15분, 20분, 25분……. 마취과에서 스톱워치 타임종료를 알렸다. 그러나 아직 대동맥 봉합은 끝나지 않았다. 이제부터는 환자의 척수세포가 죽어가는 것이다.

하지만 우리는 멈출 수가 없었다. 어떤 결과가 오든 우리는 환자를 살리는 것 외에는 어떤 생각도 할 수 없었다. 결국 28분 만에 봉합이 끝났다. 바늘로 이어진 수많은 매듭들이 일제히 조여지고 잘렸던 대동맥은 하나로 이어졌다.

이제 대동맥의 양 절단면을 물고 있던 클램프를 놓아야 할 차례였다.

"오! 하느님!"

클램프를 푸는 순간 봉합자리가 터져버리면 환자는 폭탄처럼 마지막 피를 분출하면서 사망할 것이고, 봉합자리가 그 압력을 이겨주면 기사회생할 것이다. 물론 환자가 살아난 다음 하지마비나 기타 다른 문제가 발생하는 것은 그후의 문제였다.

"클램프 오프!"

28분 만에 주임교수님의 오프 사인으로 클램프를 풀었다. 그리고 기적적으로 한 방울의 피도 새지 않고, 마치 언제 그랬냐는 듯이 환자의 대동맥은 원래의 기능을 바로 되찾았다. 그로부터 30분이 흐르자 환자의 혈압이 상승하기 시작했다. 우리는 그제야 안도의 한숨을 쉬었고, 그로써 장장 열여섯 시간 동안 벌였던 긴 사투는 끝이 났다.

토요일 오후 한시에 시작해서 일요일 새벽 다섯시에 끝난 수술. 벌써 중환자실 창문으로는 동이 터오기 시작했고, 지난밤에 있었던 일들이 아득하게 느껴졌다.

 중환자실에서 나는 환자 옆에 침대를 하나 비우고 환자와 나란히 누워 눈을 붙였다. 간호사들의 아침교대를 하는 소리와 환자 처치에서 나는 소음들이 아득한 자장가처럼 들렸다. 내가 황급히 눈을 떴을 때는 이미 열시가 되어 있었다.

 내 몸에는 얇은 모포가 덮여 있었다. 나는 혹시 간호사들이 일부러 깨우지 않은 것은 아닌가 싶어 급히 환자의 바이탈 시트를 확인했다. 별 문제는 없었다. 혈액의 가스분압도, 혈색소 수치도, 소변량도 놀라울 정도로 정상을 가리키고 있었다.

 이제 남은 것은 하반신의 상태를 점검하는 것뿐이었다. 과연 어디까지 마비가 와 있을까? 레지던트 시절, 동맥수술 후 하반신 마비가 되어 보조기를 잡고 느릿느릿한 걸음으로 겨우 걸으면서 매일같이 소변을 인공으로 뽑아내야 했던 17세 소년에 대한 기억이 떠올랐다. 그 환자는 그나마 23분 정도로 그리 오래지 않은 시간이었는데 그 정도였으니, 이 환자는 몸을 움직일 수나 있을까? 비관적인 생각이 머릿속을 꽉 채웠다.

 나는 환자의 가슴을 꼬집어보았다. 다행히 반응이 있었다. 다시 뱃가죽을 강하게 비틀었다. 놀랍게도 여기에도 반응이 있었다. 환자가 얼굴을 찌푸리며 배의 근육을 움직인 것이다. 놀라워서 다시 다리를 꼬집고 발바닥을 긁어보았더니 기적적으로 모두 반응이 있었다. 세상에……. 나는 기적을 잘 믿지는 않지만 이것은 정말 기적이라고 할 수밖에 없었다. '환자 만세! 주임교수님 만세! 김 선생 만세! 우리 의국 만세!'였다.

　그러나 아직은 마지막 관문이 남아 있었다. 환자의 방광기능과 발기력을 점검해야 했다. 운동력은 살아 있어도 성기능이 마비되거나 방광이 마비되는 경우가 흔했기 때문이다. 물론 하지마비보다는 나은 것이지만, 그래도 말 타면 종 부리고 싶은 게 인간의 마음이라 이제 그것들도 정상이기를 기대했다. 그러나 방광기능은 확인을 할 수 없었다. 환자가 아직 쇼크 상태라, 인공 도뇨관을 꽂고 있었기 때문이다.

　그로부터 이틀 후, 환자의 도뇨관을 뽑고 확인한 결과 방광기능과 발기력까지 정상임이 확인되었다. 나는 정말 믿기지 않는 사실을 앞에 두고, 내 평생에 가장 기억에 남을 환자의 나머지 회복을 위해 마지막 최선을 다하리라 다짐했다.

　그는 21일 만에 아주 건강한 모습으로 퇴원했다. 기적과도 같은 생환이었던 것이다. 그리고 이 환자의 희귀한 병력과 수술 과정은 그해 대한심장혈관학회 논문에 희귀 케이스로 보고되었고, 가을학회에서는 우리나라의 모든 심장혈관 외과 의사가 모인 자리에서 환자의 상황과 수술 과정에 대한 발표도 있었다.

　이제 이 환자의 사례는 우리나라에서 극히 드문 희귀한 외상 케이스로 기록되어, 만약 다음에 누군가 같은 상황을 맞닥뜨리게 되었을 때 이 논문을 참고로 해 환자를 수술하게 될 것이었다.

　그런데 그 뒤 아주 고약한 상황이 벌어졌다. 환자가 퇴원하고 일주일 후 외래진찰을 위해 진료실로 내원했는데 대여섯 명의 우락부락한 보호자를 함께 데리고 왔던 것이다. 환자가 들어서는 순간 반가운 마음에 먼저 일어나서 안부부터 물으려 했던 나는 뭔가 심상치 않은 분위기를 느꼈다. 아니나 다를까 환자는 같이 온 사람들과 함께 자신의 목소리가 약간 쉬어버린 것에 대해 따지기 시작했다.

"내가 이미 다른 병원에 다 알아보고 오는 길인데…… 우리 집에도 의사가 몇 명이나 있어서 다 아니까 거짓말하지 말고 똑바로 말하라구! 당신들이 수술을 잘못해서 내 목소리가 이렇게 된 거지? 내 목소리 이거 어떻게 된 건지 설명해봐!"

환자의 질문은 당연한 것이었다. 반회신경이라는 성대를 조절하는 신경이 뇌에서 내려와서 대동맥을 감싸고 다시 후두로 올라가므로, 대동맥 수술시에 반회신경을 다치면 목소리가 쉬거나 발성장애가 있을 수 있다. 그러나 이 환자의 경우는 절단 부위가 아래쪽이어서 그곳과는 상관이 없었고, 환자의 목이 쉰 것은 대동맥이 워낙 부어 있어서 부종 자체가 신경을 압박한 것으로 추정되는 상황이었다. 의학적으로는 시간이 지나면 좋아질 것으로 생각되는 부분이었다.

그러나 나는 속으로 울었다. 그렇게 서운할 수가 없었다. 정말 당장 가운을 벗어 던지고 병원 문을 박차고 나가고 싶었다. 그러나 환자와 보호자들은 내 설명에 대해 납득하지 못했다.

"당신들이 수술을 잘못해서 간단한 수술을 그렇게 길게 한 것이 아니냔 말야! 자신 없으면 아예 수술을 하지 말든지 말야. 하다 안 되니까 도중에 다른 병원에서 의사들을 불러온 주제에……. 당신이 어설프게 수술해서 신경줄을 건드려 내 목소리가 이렇게 된 거 아냐? 만약 당신

설명에 하나라도 거짓이 있으면 내 이 병원하고 당신하고 가만 안 두겠어!"

병원 직원들에게 떠밀려서 내 방을 나가면서도 나를 가만 안 두겠다는 그들의 고함소리가 충격을 받은 내 귓전으로 아득하게 멀어져갔다.

그로부터 약 6개월간 나는 그렇게 반복적으로 시달렸다. 일주일에 한두 번씩 환자가 찾아와서 잡아먹을 듯한 눈빛으로 따졌고, 6개월이면 회복된다고 했는데 왜 아직 돌아오지 않느냐며 항의했다. 나는 정말 괴로웠다. 결국 서울대학병원에서 검진을 받고 소송을 하겠다는 환자에게 수술 기록지와 차트를 복사해주면서 나는 이 길고 긴 질곡의 터널에서 빠져나오고 싶은 생각 외에는 아무 생각도 없었다. 차라리 소송을 하면 이렇게 시달리지는 않을 것이니, 그것만 해도 우선 살 것 같았다. 그러나 그 환자는 이후 다시 나를 찾지 않았다.

그런데 얼마 전 친구의 진료실에서 나오는 한 익숙한 얼굴과 마주쳤다. 바로 그 환자였다. 그는 나와 눈이 마주치는 순간 당황한 눈빛으로 나를 힐끗 쳐다보더니 그냥 지나쳐 갔다. 불길한 예감이 들어 친구(시골의사)의 진료실에 들어가서 물었다.

"아까 그 환자 왜 온 거지?"

"치질 때문에 다음주에 수술예약을 잡고 간 환자야."

나는 내 이야기를 녀석에게 들려주면서 절대로 그 환자를 수술해서는 안 된다는 강력한 경고를 했다. 그러자 녀석은 아무리 그래도 의사가 진료를 거부할 수는 없지 않느냐고 하면서 대신 이렇게 말했다.

"나는 당신이 지난여름에 한 일을 알고 있다고 미리 얘기를 하고 수술을 하지 뭐."

녀석은 그렇게 말하고 수술을 하면 별 문제가 없을 것이라고 했지만, 나로서는 영 마음이 편치 않았다. 어쨌거나 녀석의 고집은 아무도 못 꺾는 것이니 도리가 없었다. 제 무덤 제가 파는 거지 누가 대신 파주겠나.

그나저나 그 환자 목소리가 어찌 되었는지가 궁금했다. 그래서 환자의 목소리에 대해서 물었다.

"그 환자 목소리? 완전히 배한성이던데?"

아무리 친구라도 이렇게 능글맞게 굴 때는 정말 한 대 패주고 싶지만, 나보다 체급이 몇 체급이나 위라서 일단 참고 넘어가곤 한다. 어쨌거나 그 환자는 예측대로 반회신경의 부종이 가라앉으면서 나중에 저절로 목소리가 회복이 된 것이리라.

그래도 무슨 죽을병도 아니고 고작 치질인데, 녀석이 그 환자의 수술만은 정말 다시 생각해봤으면 좋겠다.

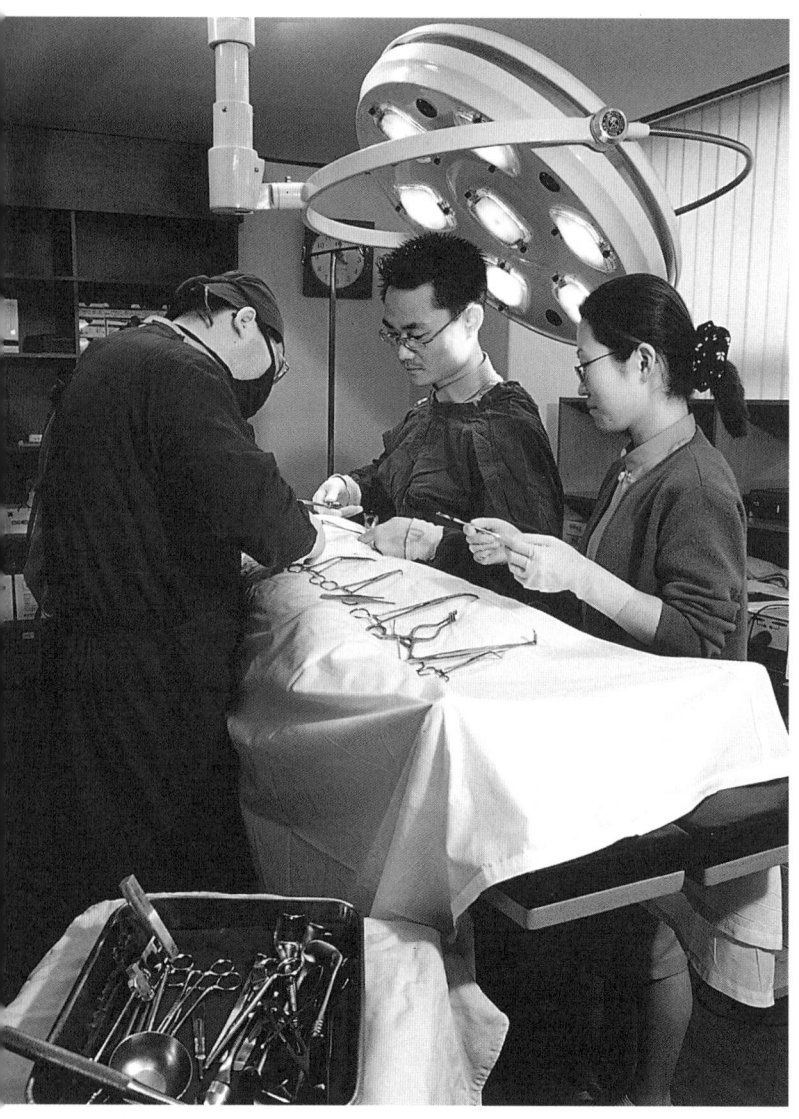

수술대 앞에 섰을 때 손이 떨리면 그것은 의사로서 환자를 놓칠 것 같다는 예감이 들기 시작했다는 뜻이다. 그럴 때는 무엇보다 나를 추슬러야 한다.
의사가 무너지면 환자는 바로 죽음의 경계를 넘어버리게 되기 때문이다.

참혹한, 너무도 참혹한

얼마 전 선배가 개원한 노인병원 기념식에 다녀왔다. 사실 인구구조를 생각하면 앞으로 우리나라의 노인문제는 참으로 심각한 지경이다. 이제 20년만 지나면 우리나라의 노인인구도 그야말로 해일처럼 급작스럽게 늘어날 것이고, 지금처럼 준비 없이 마냥 손 놓고 있다가는 큰 낭패를 당하게 될지도 모른다.

더욱이 시골에서 바라보는 노인문제는 도시에서 생각하는 것과는 달라도 한참 다르다. 시골의 독거노인들에게는 도시와 같은 체계적인 구호의 손길이 잘 미치지 않고 있다. 지자체의 능력은 도시와 차이가 있는데다가 각 마을마다 곳곳에 떨어져 계시는 노인분들을 도시처럼 효율적으로 파악하기도 쉬운 일이 아니다.

더욱이 시골노인들은 비록 그 땅에서 나는 배추를 갈아엎을지언정,

그래도 노구를 이끌고 마지막 노동력을 쏟아 부어가며 부쳐먹는 땅뙈기가 각자 한 뼘씩은 있어서, 그나마 생활보호대상자도 되기 어렵다. 시골노인들은 조금 남아 있는 논밭을 그냥 남에게 줘버리고 차라리 생활보호대상자가 되는 것이 나아보이는데도 평생을 하던 일이라 대개는 그냥 농사를 짓는 경우가 많다.

그런데 더 큰 문제는 건강한 노인들의 생계보다 건강이 좋지 못한 노인들의 질병관리다. 3년 병수발에 효자 없다고 요즘은 노인질환으로 장기간 투병하는 경우 자식들이 수발을 들지 않는 경우가 많다. 아니, 사실 요즘같이 먹고살기 빠듯한 세상에 그렇게 하고 싶어도 할 수가 없을 것이다.

그래서 중풍으로 걷지도 못하는 노인들이 시골집에 혼자 방치되어 있는 경우도 다반사고, 급작스런 병이 생겨서 수술을 하려고 해도 자식들에게 연락이 안 되기가 일쑤다. 물론 자식들이 부양의지는 있지만 노인을 부양하거나 장기입원을 시킬 경제적 능력이 없는 경우도 많다. 특히 중풍, 골절, 치매 등의 경우에는 환자에게 보호자가 반드시 한 명씩 붙어 있어야 하는데, 하루 벌어 하루 먹고사는 사람들에게는 쉬운 일이 아니다. 더욱이 몇 년이 될지도 모르는 치료를 병원에서 계속 받는다는 것은 경제적으로도 아예 불가능한 일이다.

나는 이 글을 써야 하나 말아야 하나 내내 망설였다. 선배가 개원한 노인병원에 갔다가 다시 떠오른 이 끔찍하고 잔혹한 이야기를 과연 그대로 가감 없이 써서 치매노인에 대한 심각성을 다 함께 생각해봐야 하는 건지, 아니면 그저 나 혼자 한번 생각하고 넘어갈 것인지 오랫동안 고민을 했다.

　나는 의업에 몸담고 있는 사람으로서, 사람이 살면서 겪는 희로애락의 과정을 지면이 허락하는 한 많이 풀어놓고 이야기해주고 싶다. 그래서 그 이야기들이 일반 사람들이 미처 생각지 못했던 또 다른 삶의 이면 속에서 어떻게 기쁨이 되고 슬픔이 되었는지를 간접적으로나마 경험하게 해주고 싶은 마음이다.

　나는 글을 쓸 때 특별히 미화하거나, 덧붙이는 과정을 그리 좋아하는 편이 아니다. 내가 하는 일이 환자를 돌보는 일이니 더러 끔찍하고 경악스러운 일이 발생하기도 한다. 하지만 그러한 이유로 그 내용들을 감추거나 미화시킨다면 글을 쓰는 의미는 없을 것이다.

　나는 다만 많은 사람들이 인생에 대해 좀더 폭넓은 시각을 갖기를 희망한다. 우리가 살아가면서 정말 잃지 말아야 할 것들이 이런 과정들을 통해 찾아질 수 있다면 더 이상 바랄 것이 없다.

　그래서 노인문제를 좀더 현실적으로 바라봐야 한다는 의미에서 이 이야기도 해보려고 한다. 그러나 가능하면 정말 마음이 약한 분들은 읽지 말기를 바라며, 아니면 정말 단단히 마음이 상할 각오를 하고 읽어야 할 것이다.

　몇 년 전의 일이다. 응급실에서 외래로 연락이 왔다. 전화를 하는 간호사의 목소리가 떨리고 있는 것으로 봐서 상당히 충격적인 상황이 벌어진 것이 분명했다. 전화를 건 응급실 간호사는 자기 감정을 주체하지 못한 채 상황도 제대로 설명하지 못하고 있었다. 마치 패닉 상태에 빠진 듯한 목소리였다.

"과장님! 빨리 응급실로 와주세요. 빨리요! 사람이…… DOA(도착시 이미 사망)인데요. 검안이 필요해서요!"

그녀는 내가 대체 무슨 일이냐는 질문조차 할 수 없을 정도로 정신이 없는 목소리였다.

대개 응급실이나 중환자실, 그리고 수술실과 같은 특수 분야 간호사를 몇 년 하다 보면 그야말로 산전수전을 다 겪는다. 특히 그 중에서도 응급실이나 중환자실은 일반인들이 상상조차 할 수 없을 정도로, 이 세상에서 일어날 수 있는 비극적인 일은 다 경험하게 되는 곳이다.

그런 응급실에서 몇 년을 근무한 간호사가 정신적인 충격을 받아서 목소리를 덜덜 떨면서 전화를 했다는 것은 응급실에 굉장한 일이 벌어졌다는 것을 말해주고 있었다. 나는 수화기를 던지다시피 하고 일단 응급실로 뛰어내려 갔다. 과연 그곳에는 나로서도 감당하기 힘든 충격적인 상황이 벌어져 있었다.

그 내용을 요약하면 이렇다.

변두리에 사는 어떤 부부가 홀로 되신 노모를 모시고 살았다. 할머니는 일찍 남편과 사별하고 외아들을 혼자서 키우셨지만, 여러 가지 형편으로 아들의 경제적 여건도 그렇게 넉넉하지 못했다. 그래서 이들 부부는 도시 외곽의 산기슭에 자리를 잡았다. 할머니와 며느리는 밭농사를 짓고, 아들은 트럭으로 농수산물 시장에서 물건을 나르는 일을 하고 있었다.

그런데 고생을 많이 하신 할머니가 몇 년 전부터 치매기운을 조금씩 보였다. 그래서 이들 부부는 치매증상이 나타나면 할머니를 방에 혼자 계시게 하고 문을 잠가두거나 며느리가 곁을 지켰는데, 그나마 증상이 밤에만 잠깐 나타나고 낮에는 정신이 다시 온전해져서 다행이라면 다행이었다. 밤에는 밖에서 문을 잠그면 혹시 문제가 생기더라도 방을 더럽히는 것 말고는 가출을 하시거나 위험한 일을 하시지는 않는데다가, 밤에는 아들도 집에 있어서 설령 발작을 하시더라도 감당을 할 수 있었기 때문이다.

그러던 어느 날 며느리는 시어머니에게 아이를 맡기고 시장을 다녀왔다. 시장 갈 일이 그리 많지는 않았지만 그래도 가끔은 이것저것 사야 할 물건들이 생겼고 그때마다 낮에는 시어머니가 멀쩡하셨기 때문에 아이를 맡기고 시장에 다녀올 수 있었다. 할머니도 늦게 본 손자인지라 애지중지하셨고 그들 부부에게도 아이는 그나마 유일한 행복이었다.

어쨌든 며느리가 시장에 가서 장을 본 다음 두 시간 정도 후에 집에 돌아오자, 시어머니는 그날따라 유난히 장 보고 오느라고 수고했다며 며느리를 반겼다.

"수고했다. 배고픈데 어서 밥 먹자. 너 오면 먹으려고 내가 곰국을 끓여놨다."

며느리는 곰국을 끓여놨다는 시어머니의 말에 갸우뚱했다. 최근에 소뼈를 사다놓은 적도 없는데 곰국을 끓이셨다니 참 이상한 일이었다. 며느리가 부엌에 들어가 보니 정말 솥에서는 김이 펄펄 나면서 고기 끓는 냄새가 진동을 하고 있었다. 그러나 솥뚜껑을 열어본 며느리는 그 자리에서 혼절하고 말았다.

　나는 가능하면 담담하게 이 끔찍한 일을 기록하려고 하는데도 다시 그 장면을 기억하는 내 심장이 부담스럽고 손에는 땀이 나기 시작한다.

　그 뜨거운 솥에는 아이가 들어 있었다. 그리고 응급실로 들어온 아이는 바로 그 아이였다. 그때 나는 내 생애에서 가장 끔찍하고 두 번 다시 경험하기 싫은 장면을 내 눈으로 확인해야 했다. 그리고 피가 얼어 버릴 듯한 충격 속에서, 형체를 구분할 수 없을 정도로 부풀어진 아이의 몸을 진찰하고 앞뒤로 살피면서 검안서를 기록해야 했다. 또 너무 끔찍한 상황을 보고 대성통곡을 하고 있는 간호사들도 다독거려야 했다. 아이 엄마는 아예 실신해서 의식이 없었다.

　나는 그후 그 일이 어떻게 처리되었는지 모른다. 의식적으로 알려고 하지 않았다. 다만 검찰에서 요청한 검안기록에 '직접사인—심폐기능 정지, 선행사인—익사에 의한 호흡부전, 간접사인—전신화상'으로 기록을 남겼고 내 도장을 찍었다.

　아마 그 일로 인해 남은 가족들의 고통은 끔찍했을 것이다. 정신이 돌아왔을 때, 자신이 그렇게 애지중지하던 손자를 그렇게 만들었다는 사실을 알게 된 할머니의 고통은 어떠했을까. 아이의 엄마와 아빠가 평생을 겪어야 할 그 잔인하고 끔찍한 고통은 어떠했을까. 차마 상상이 가지 않았다. 부디 가족이 해체되는 일만은 없었으면 하는 마음이었지만 그 가족이 어떻게 되었는지 나는 모른다.

　그러나 한 가지 분명한 것은 우리들의 삶이 더러는 이렇게 대책 없이 참혹하다는 것이다.

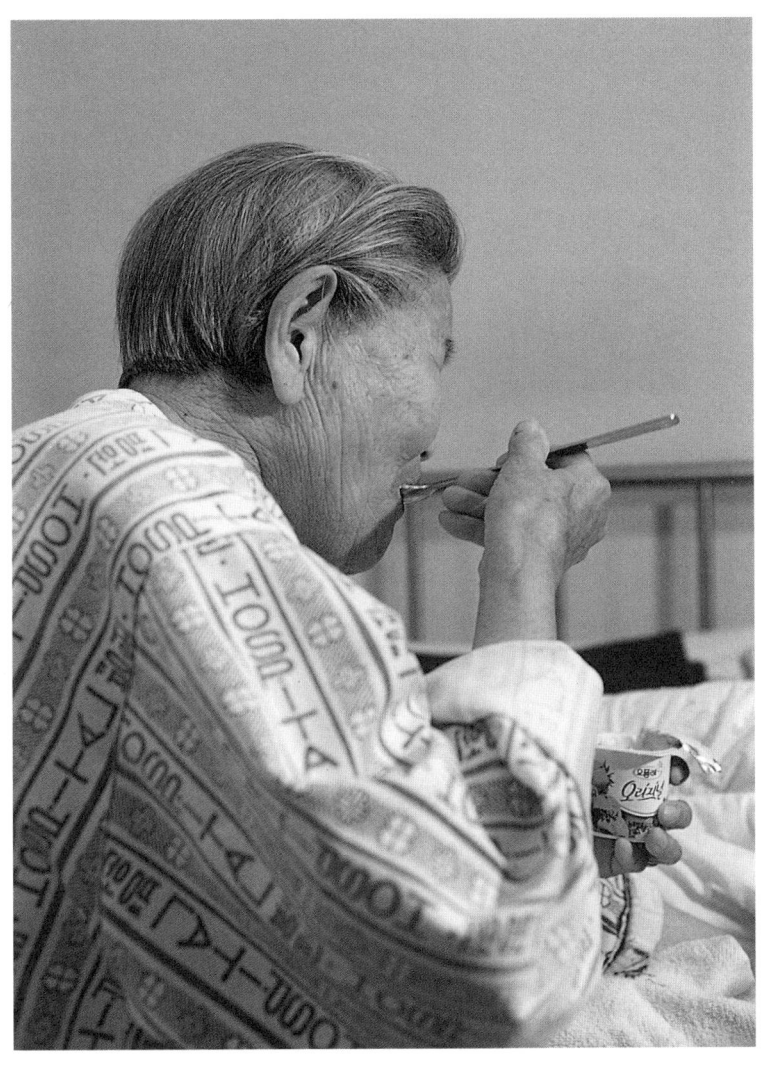

우리나라 노인문제는 더 이상 방치할 수 없을 만큼 심각하다.
특히 시골에서 바라보는 노인문제는 도시에서 생각하는 것과는 달라도 한참 다르다.
특히 치매노인들의 문제는 그 심각성이 상상을 초월할 정도다.

사랑이 깊으면 외로움도 깊어라

많은 사람이 기억할 것이다. 고 오길영 상사 부인의 유서 말이다. 그 유서에는 먼저 떠난 남편과의 애틋한 사랑과 남편을 향한 애통한 마음이 가득 담겨 있었다.

유서의 마지막에는 이렇게 쓰여 있었다.

"마음에만 담고 있자니 터져버릴 것 같아서…… 함께 있는 것 말고는 욕심 내본 게 없어요. 돈 따위 다 필요 없어요. 오늘을 행복하게 최선을 다하면서 열심히 살아가세요. 내일은 아무도 모르거든요. 오늘만 죽을힘을 다해 행복해지세요. 오늘만……."

세상을 떠난 분이 얼마나 그립고 얼마나 사랑이 깊었으면 저런 말을 다 할 수 있을까 하고 나는 생각했다. 부인의 유서를 읽다보니 문득 8, 9년 전 내가 레지던트 4년차 치프로 근무하던 시절의 기억이 떠오른다.

새벽 두세시경 야간 응급수술을 마친 후 당직실에서 잠시 눈을 붙이고 있는데 전화벨이 울렸다. 소아과 레지던트의 긴박한 전화였다.

"선생님 방금 전에 산부인과에서 산모가 아이를 출산했는데 복벽결손증이 있습니다. 어떻게 해야 할지 모르겠으니 얼른 와주세요."

나는 일단 아랫년차를 내려보냈다.

잠시 후 3년차와 2년차가 신생아실을 다녀와서 보고를 했다.

"선생님 복벽결손이 맞기는 한데요. 결손 부위가 커서 수술은 아예 엄두도 못 내겠어요."

나는 일단 복벽결손 부위를 젖은 거즈로 잘 덮어두고 내일 보자고 하고는 다시 잠을 청했다. 아침 일곱시쯤 되자 아랫년차들이 먼저 환자 치료와 파악을 끝내고 의국에 모여들기 시작했다. 의국 회의를 하면서 내가 물었다.

"어제 그 복벽결손 환자는 어때?"

그러자 1년차가 머리를 흔들었다.

"저는 그렇게 결손이 큰 환자는 처음 봅니다. 디하이드레이션을 막지 못하면 어려울 것 같은데요. 일단 소아과에서 보는 게 나을 거 같습니다."

대개 1년차들은 골치 아픈 환자는 서로 미루려는 습관이 있다. 그래서 치프 회진 때 일단 소아과 신생아실부터 내려갔다. 그리고 그곳에서 몇 겹의 물 먹은 하얀색 거즈로 배를 덮은 한 어린 생명을 만나게 되었다. 처음 보는 순간 아이의 넓은 이마와 붉은색 입술이 나의 마음을 빼앗아갔다. 아이는 조막손으로 간호사들이 쥐어준 그라스퍼 바를 꼭 쥔 채 가끔 두 다리를 배 쪽으로 들어올리면서 "나, 여기 세상에 태어났어요." 하며 선언을 하는 것 같았다.

조심스럽게 배를 가린 거즈를 들추자 그야말로 엄청난 상황이 펼쳐졌다. 아이는 배꼽에서 명치까지의 복벽이 커다란 타원형으로 결손되어 있었다. 마치 그림판에서 커다란 원형 자로 명치에서 배꼽 사이의 공간을 선택한 다음 '잘라내기' 작업을 한 것 같았다. 어린아이의 고운 피부로 덮여 있어야 할 상복부가 텅 비어 있었고 뱃속의 위장, 소장, 대장들이 그곳을 통해 바깥으로 쏟아져 나와 있었다.

난감했다. 결손 부위가 작으면 바로 수술을 해서 장을 배 안으로 도로 집어넣고 봉합을 하면 되지만, 이 경우에는 양쪽 피부를 당겨 봉합하면 복강의 공간이 좁아져서 장이 썩어버린다. 아니, 아예 그렇게 봉합을 할 수도 없었고 장도 제자리에 들어갈 수 있는 여건이 아니었다.

적정시점에 결손된 자리에 타원형의 고어텍스 패치를 대서 복벽의 기능을 대신하게 하다가, 성장하는 동안 복벽을 계속 늘려서 당겨 꿰매는 방법밖에 없어 보였다. 그러나 문제는 수술을 할 수 있을 때까지 시간을 끄는 동안 밖으로 나와 있는 장을 통해 증발될 수분이었다.

3년차에게 회진을 맡기고 도로 의국에 올라와서 텍스트를 찾아보았다. 미국의 경우와 한국의 사례를 점검해보았지만, 당시로서는 결과들이 그리 좋지 않았다. 일단 사일로를 만들어서 중력의 힘으로 장을 뱃속에 자리잡게 하는 것이 최선이라는 판단이 들었다(장을 배의 중간으로 모아 바세린을 바른 거즈로 둘러싼 다음 아이스크림의 콘 모양으로 만들면, 중력으로 아래쪽 장부터 배 안으로 들어가서 자리를 잡게 되는 것을 '사일로'라고 한다).

나는 아침 컨퍼런스 시간에 소아외과 담당 스태프에게 상황을 보고하고 같이 신생아실로 올라갔다. 소아외과 담당 스태프의 의견도 나와 같았다. 이제 문제는 이 아이를 어느 과에서 담당하느냐 하는 문제가 남았다. 우리가 담당하기에는 아이의 대사문제나 전해질 균형문제를 해결할 수 없었고, 소아과에서는 사일로를 관리할 능력이 없었다. 결국 소아과 소속으로 둔 채 우리가 사일로를 관리하기로 했다.

아기는 하루이틀을 넘어가면서 의외로 잘 버텼다. 처음에는 희망이 없어 보였던 아기의 상황이 조금씩 개선되면서 외과와 소아과 의사, 그리고 간호사들까지 아이에게 매달렸다. 아기는 아침저녁 회진시간에 보통 환자들은 일주일에 한 번 얼굴 보기도 힘든 외과, 소아과의 주임교수를 선두로 수십 명의 의사들로부터 관심을 받는 특별대우를 받게 되었다. 소아외과 주임교수는 미국에 수소문해 사례를 수집했고, 우리는 우리대로 회복에 대한 기대를 조금씩 피워 올렸다.

2주째 되던 날, 아기에게 '용희'라는 이름이 생겼다. 출산 후 상황이 좋지 않아 출생신고를 하지 않았는데 아기가 회생의 기미를 보이자 희망을 갖게 된 부모가 이름을 지은 것이다.

용희의 부모는 그야말로 모성과 부성이 이런 것이라는 것을 온몸으로 보여주었다. 용희 아빠는 매일 밤 소아과 신생아실 앞 보호자 대기실 벤치에서 잠을 잤다. 용희 엄마도 산부인과에서 퇴원하자마자 아빠와 같이 신생아실을 지켰다. 우리가 보호자를 찾을 일이 있으면 부르겠노라고 몇 번이나 말을 했지만, 인큐베이터 안에서 생존을 위해 처절한 투쟁을 하고 있는 자식을 생각하면 도저히 그렇게 할 수가 없다고 했다. 아빠는 병원에서 출근하고 병원으로 퇴근했으며 엄마는 아예 병원에서 생활했다.

아기 엄마는 가톨릭 신자였다. 내가 강력하게 만류했음에도 어린 용희의 손에 묵주를 쥐어줄 수 있도록 해달라고 애원을 했다. 우리는 그것이 아기에게 작은 희망의 빛이 될 수도 있을 것이라는 용희 엄마의 그 강한 믿음을 거절할 수 없었다. 결국 나무 십자가가 달린 작은 묵주는 병원의 소독기에 돌려져서 멸균이 된 다음 용희의 가느다란 손에 쥐어졌다. 신생아의 그라스퍼 반응 때문인지 용희는 24시간 그 묵주를 손에 꼭 쥐고 있었다.

3주를 지나면서 사일로의 높이가 3분의 1로 낮아졌다. 태아 시절부터 복강의 바깥쪽에서 자리를 잡고 있던 용희의 장기들이 서서히 제자리를 잡아가고 있다는 신호였다. 그러나 이제 이렇게 버티는 데 한계가 오기 시작했다. 아울러 아무리 감염을 예방하기 위해 무균 조치를 취한다 하더라도 벌려진 복강 내에 일어날 수 있는 오염을 막는 데는 한계가 있었다.

이제 결단을 내릴 시간이 다가온 것이다. 일단 장이 완전히 자리잡기를 기다리는 것은 무모하다는 판단 아래, 아직도 뱃속으로 다 들어가지 않은 장을 중간으로 모은 다음 벌려진 복강을 패치로 덮어씌우기로 했다. 그렇게 해서 한두 달 지나면 아이가 성장하면서 복벽도 좀 늘어나 나머지 덜 들어간 장도 배 안으로 완전히 자리를 잡게 될 것이고,

그때 패치를 제거하고 복벽을 서로 연결해주면 될 것이라는 판단을 내렸다.

　출생 한 달째 드디어 수술이 시작되었다. 수술 자체는 간단했다. 아직 배 위에 밀려나와 있는 나머지 장을 중간으로 모으고, 그 위를 보자기처럼 고어텍스 패치로 감싼 다음 벌어진 복벽에 타원형의 고어텍스를 꿰맸다. 이제 남은 것은 장이 그 압력을 견뎌내는 것과 감염을 막아내는 것 두 가지뿐이었다.

　수술 후 모두의 촉각이 곤두섰다. 신생아실에는 다시 보호자의 출입이 금지되었고, 우리들도 출입할 때마다 매번 에어샤워와 스크럽을 해야 했다. 아이는 수술 첫날을 비교적 무사히 잘 견뎌냈다. 소변량도 원활했고 심장이나 폐 기능도 그리 나쁘지 않았다. 그러나 아이의 장운동이 돌아오지 않았다. 아무래도 운동량이 없이 그대로 가만히 누워 있는 어린 아기의 몸에서 장이 자기의 리듬을 찾는다는 것이 무리인지도 몰랐다.

　우리는 혼란에 빠졌다. 우리 팀 전원이 돌아가며 청진기를 배에다 대보았지만 연동운동 소리는 들리지 않고, 오히려 장이 멈춰 있을 때 들리는 가스역류음만 들렸다. 이것은 장이 폐색되어 있음을 의미하는 것이었다. 진지한 토의는 계속되었다. 우리는 보행이 되지 않아 운동부족으로 장운동이 돌아오는 데 시간이 늦어질 뿐이라는 가능성과, 억지로 복강으로 들어간 장의 일부가 배 바깥에서 자유롭게 있다가 패치 내에서 압박되어 허혈이 일어나거나 꼬였을 가능성을 두고 고민했다.

　4일이 지나가자 더욱 초조해졌다. 우리들도 초조했지만 용희 엄마의 눈빛에서도 불안정한 빛이 감돌았다. 심지어 수술 전까지만 해도 나를 보면 농담을 주고받던 용희 엄마는 말을 더듬을 정도로 극도의 초조감에 사로잡혀 있었다. 수술 후 5일째에도 장운동은 여전히 돌아오지 않았으며 용희의 몸에서는 열이 나기 시작했다. 더 이상 기다릴 수가 없었다. 우리는 결국 결정을 내려야 했고 이번에는 여유가 없었다.

용희의 어린 몸은 다시 수술실로 옮겨졌고, 우리는 벌어진 복벽을 덮고 있던 고어텍스 패치를 제거했다. 패치를 제거하자 지난 5일간 연동운동을 못해서 가스가 가득 차버린 장들이 마치 수소가스 충전기로 풍선에 바람을 불어넣듯 순식간에 부풀어 오르면서 배 밖으로 쏟아져 나왔다. 가장 우려하던 상황이었다. 장 연동이 이루어지지 않으면 자연적인 가스배출이 이루어지지 않고 장내 세균에 의해 발생되는 가스가 장에 고이면서, 그것이 장으로 오는 혈관을 압박하게 된다.

황급히 장을 옆으로 치우고 장간막 쪽을 살펴보자, 장간막에서 소장 쪽으로 가는 혈류가 눌려 있었고, 회장 부위에 약 20센티미터 정도의 시커먼 괴사가 일어나 있었다. 치명적이었다. 건드리면 터져버릴 것 같은 용희의 썩어버린 장을 커다란 거즈로 감싸고 조심스럽게 절단했다. 겨우 새끼손가락 굵기밖에 되지 않는 어린 아기의 소장이 절단되고 다시 건강한 부분끼리 이어 붙여졌다. 문제는 소장을 이어 붙인 다음이었다. 다시 사일로를 만들어야 하는데, 그 경우에는 이어 붙인 장이 압박되어 연결 부위가 녹을 수 있었던 것이다.

모든 것이 다시 원점으로 돌아갔다. 용희의 장들은 처음 태어났을 때처럼 다시 배 위에 넓게 펼쳐진 채로 나와 있었고, 우리는 그 위에 식염수를 묻힌 거즈를 덮고 계속 수증기 증발을 막아주면서 하루빨리 이어진 장이 붙기를 기다릴 수밖에 없었다.

  용희 엄마는 거의 식음을 전폐했다. 보다 못한 2년차가 억지로 응급실에 데려가서 수액을 맞혔을 정도로 절망에 빠져 있었다. 그런 와중에서도 그녀의 간절한 기도는 계속 이어졌고 우리는 아무도 그녀를 막을 수 없었다.

  아기가 울음을 잃어버린 지 일주일이 흘렀다. 용희는 더 이상 울 기력도 없어 보였다. 상태는 점점 더 나빠졌다. 금식이 이어지면서 경정맥을 통한 인공영양의 한계치도 점점 코앞으로 다가왔다. 혈액검사상의 각종 수치도 현저히 흔들렸다.

  그리고 다시 3일 후, 용희는 고열에 시달렸다. 검사 결과는 백혈구의 급증과 혈소판의 감소. 전형적인 패혈증 초기 징후였다. 강력한 항생제가 어린 용희의 혈관을 타고 흘러 들어갔지만 몸에 점상 출혈이 생기기 시작했다. 일단 긴급으로 혈소판이나 신선 혈장을 공급해야 했는데, 가능하면 갓 채혈한 혈액이어야 했다. 그렇지 않고서는 아이의 삼투압과 단백질, 혈소판을 유지할 수 없었다. 용희 아빠와 엄마가 둘 다 AB형이고 용희는 B형이었다. 혈액형이 매치는 되지만 양호한 것은 아니었다. 결국 우리 1년차가 팔을 걷었고, 용희에게는 우리 1년차가 헌혈한 신선 혈장과 혈소판이 투여되기 시작했다. 이렇게 용희가 사경을 헤매는 동안 용희의 엄마와 아빠는 숨을 죽이며 우리를 지켜보았다. 그들이 할 수 있는 일이라고는 기도뿐이었다.

그날 오후, 용희 엄마는 용희 이름을 바꾸었으니 이름표를 갈아달라고 했다. 아기 이름이 '조용희'여서 아기가 울지 않는다고, 이름을 다른 이름으로 바꿔서 부르기로 했다는 것이다. 엄마의 마음이야 그런 미신에까지 기대고 싶은 것이었을 테지만 우리는 용희 엄마의 그러한 상태까지 살필 겨를이 없었다. 우리는 용희 엄마의 불안정한 감정 상태는 그냥 흘려버린 채, 이름표를 바꿔 달아주고는 다시 아이에게만 관심을 쏟았다.

용희의 상태는 급격히 불안해졌다. 호흡이 가빠지고 맥박수는 무서울 정도로 증가했다. 피부가 거칠어지고 작은 점상 출혈반들이 온몸에 나타났다. 그리고 그것보다 더 우려되는 것은 시간당 소변량이 감소하는 것이었다. 소변량의 감소는 온몸으로 혈액이 제대로 공급되지 않는다는 뜻이었다.

용희는 그날 저녁 모두의 간절한 소망을 뒤로 하고 이 세상을 떠났다. 신생아실 인큐베이터 안에서 꼼지락거리던 손가락도, 다리를 들어올리며 짓던 그 맑은 미소도, 가냘픈 숨결도 이제는 볼 수 없었다. 어린 용희의 배는 감염으로 인해 농이 들어찼고 역겨운 냄새를 풍겼다. 마음 같아서는 뱃속을 다 씻고, 억지로 당겨서라도 봉합해주고 싶었지만 죽은 아이를 수술실로 데리고 들어갈 수는 없는 일이었다. 나는 다시 패치를 배 위에 대고 마치 이불을 덮듯 그 야속한 장들을 가려주는 것 말고는 아무것도 할 수 없었다. 어린 영혼은 그렇게 우리 곁을 떠나갔다. 용희의 왼손에는 그동안 쥐고 있던 작은 나무 십자가가 달린 묵주가 다시 쥐어졌다.

용희가 영안실로 내려간 후 용희 아빠가 의국으로 나를 찾아왔다.

"선생님들께 감사드립니다. 그동안 용희 때문에 애써주신 은혜 평생 잊지 않겠습니다. 지금 아내는 너무 경황이 없어서 같이 인사를 드리러 오지 못했습니다."

그는 한 달이 넘게 신생아실에서 밤을 새며 간절히 아이의 회생을 기도하던 바로 그 손으로 내 손을 잡고 머리를 숙였다. 나는 그를 쳐다볼 면목이 없었다. 그리고 너무 후회스러웠다.

다시 일주일의 시간이 흘렀다. 아침회의 때마다 모두를 한숨짓게 만들었던 용희의 이야기도 이제 서서히 잊혀져갔다. 그러던 차에 의국으로 한 통의 편지가 왔다. 인턴 선생이 우편물을 가져다주면서 "선생님, 이분 용희 어머니 아니세요?" 하는 것이었다. 인턴 선생이 봉투에 적힌 이름을 보고 그녀의 이름과 같다는 사실을 기억해낸 모양이었다. 나도 그런가 보다 하고 봉투를 열었다. 봉투 속에는 편지가 한 장 들어 있었다.

"선생님, 그동안 우리 아기를 잘 보살펴주셔서 감사합니다. 우리 아기가 세상에 나서 엄마 젖 한번 못 빨아보고 그렇게 끔찍한 병을 앓다가 죽었지만, 선생님들이 잘 보살펴주셔서 아마 여한은 없을 것입니다. 그렇지만 태어나서 엄마 품에 한번 안겨보지 못한 아기가 너무 불쌍합니다. 저라도 옆에 있어주지 않으면 우리 아기가 너무 외로울 것 같습니다. 그동안 살펴주신 은혜 저 세상에서도 잊지 않겠습니다. 선생님 감사합니다."

용희 엄마는 그 전날 집에서 목을 매었다고 한다.

우리는 용희의 상태가 나빠지기 시작한 날부터 이상한 행동을 보였던 용희 엄마를 주의 깊게 관찰하지 못했다. 의사라는 직업을 가진 사람들이 아이에게만 정신이 팔려서 아이 엄마가 죽고 난 후에야 그 사실을 깨달았던 것이다. 결국 두 생명은 그렇게 허무하고, 아쉽고, 억울하게 떠나버렸다.

오상사 부인의 유서와 용희 엄마의 유서.

나는 유서를 쓰는 분들의 마음을 조금은 헤아릴 수 있을 것 같다. 사랑하는 사람을 떠나보내고 남겨진 사람의 사랑과 그리움이 어떤 것인지를 이해하는 사람들에게 그 유서는 그냥 한 장의 편지가 아니다. 그것은 사랑하는 마음의 극한을 보여주는 것이고, 사랑하는 사람을 잃는다는 것이 어떤 것인지를 고통스럽게 보여주는 것이다.

유서를 남기고 떠나간 분들의 간절함이 비수처럼 내 가슴을 파고든다. 나는 혹은 우리는 누군가가 그렇게 사랑하는 누군가를 힘들게 하지는 않았을까? 내가 증오하고 미워하는 그 사람이 혹시 누군가가 목숨을 걸고 사랑하는 사람은 아닐까? 다시 한번 곰곰이 생각해볼 일이다. 결국 돌아보면 온 세상은 사랑인 것을, 우리는 왜 그렇게 힘들게 누구를 미워하고 증오하며 살아가는 것일까.

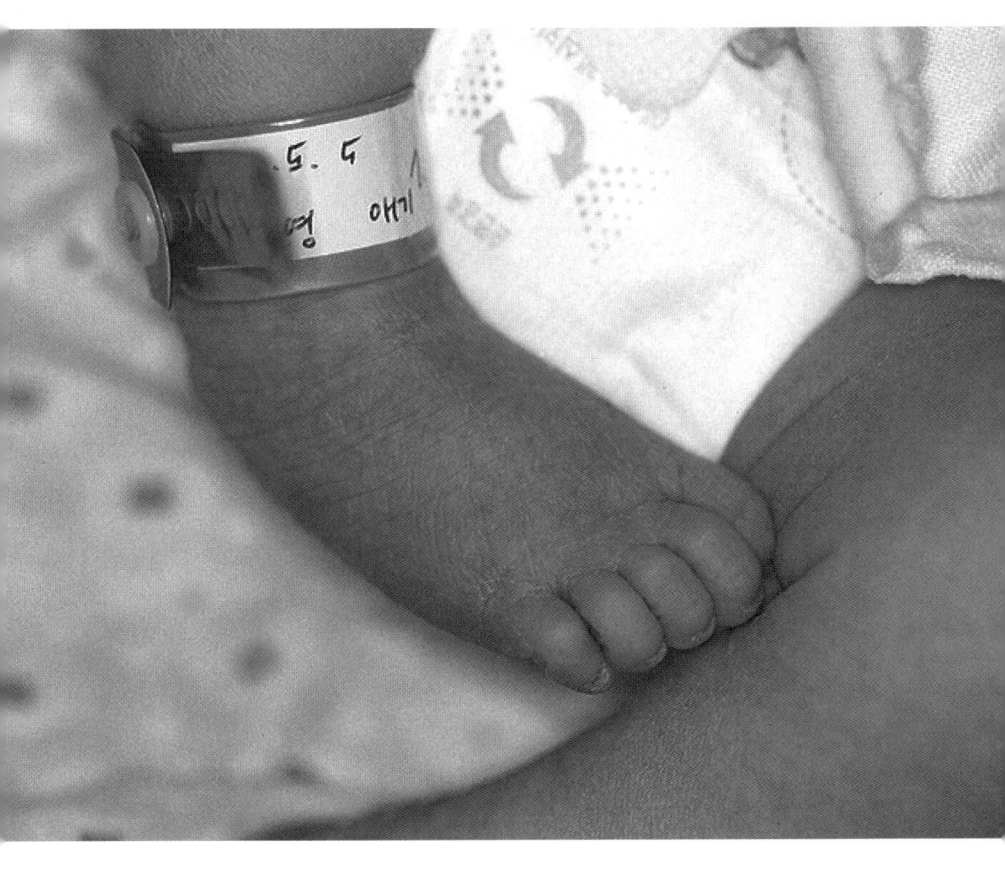

"저라도 옆에 있어주지 않으면 우리 아기가 너무 외로울 것 같습니다."
사랑은, 아니 모성은 우리의 천국이기도 하며 지옥이기도 하다.

자장면과 야반도주

얼마 전 KBS에서 동물실험에 관한 프로그램이 방영되었다. 사실 나는 동물실험이라는 말만 들어도 이가 갈리는 사람 중 하나다.

그 이야기를 하려면 90년대 초반 내가 레지던트 1년차였던 시절로 돌아가야 한다. 대개 의사들에게 인생에서 가장 힘들고 고달팠던 시기를 묻는다면 아마 백이면 백 다 레지던트 1년차 시절을 꼽을 것이다. 나도 예외가 아니다. 게다가 나는 레지던트 1년차 시절 야밤에 보따리까지 싼 경험도 있다. 그러나 야반도주의 직접적인 이유는 환자를 돌보는 게 힘들고 고달파서가 아니라, 황당하게도 개 때문이었다.

1990년 춥고 배고프던 레지던트 1년차 시절, 낮에는 일렉티브 수술(정규수술)이, 밤에는 온콜 수술(응급수술)이 무려 5일간이나 이어졌다. 아침 여덟시 반에 회진을 마치면 그 길로 수술실로 뛰어들어가서 수술복으로 갈아입고 수술에 들어가면 보통 오후 두시나 세시에 첫번째 수술이 끝난다.

아침 첫 수술은 대개 주임교수나 시니어 스태프들의 큰 수술들이 잡혀 있기 때문에, 보통 점심시간을 넘기기 일쑤다. 그런데 만약 이 첫번째 수술이 여의치 않아서 시간이 한두 시간 지연되면 애꿎은 레지던트 1년차의 고난이 시작된다.

다음 차례로 잡힌, 자기 환자의 수술을 기다리던 주니어 스태프들이 생리중인 치와와처럼 예민해지면서 애꿎은 레지던트들을 닦달하기 시작하는 것이다. 만약 그 사이에 잠시 식당에 내려가 밥이라도 한술 뜨다가 눈에 띄기라도 하는 날에는 "야 ××야! 환자는 하루종일 밥 굶고 초조하게 수술을 기다리고 있는데, 주치의라는 놈이 목구멍으로 밥이 넘어가냐?" 하는 호통과 함께 자칫하면 발길질까지 날아오기 예사다.

그래서 보통 아침 수술을 들어갈 때 수술이 길어질 것 같으면, 삶은 계란을 두어 개 가운 주머니에 넣고 들어갔다가 수술이 늦게 끝나면 잽싸게 탈의실로 가서 계란을 까먹고 다음 수술을 들어가곤 했다. 우리 아랫것들은 그저 노심초사 어쨌거나 수술이 빨리 끝나기만을 빌 수밖에 없었다.

그런데 한번은 무려 5일간이나 스케줄이 꼬였다. 아침 첫 수술이 늦어지고, 다음 수술이 연이어 늦어지면서 정규수술이 보통 밤 아홉시가 넘어서 끝났는데, 그나마 정규수술이 모두 끝나면 채 한숨을 돌리기도 전에 응급실에서 대기하던 응급 환자들이 수술실로 들이닥쳤다. 그때만 해도 속으로는 응급실 담당하는 3년차가 "지금 수술팀이 부족하니 다른 병원으로 가세요." 하면서 돌려보내지 않고 계속 환자들을 수술실로 밀어 올리는 것이 서운하고 야속했다.

결국 새벽 두시, 세시, 심지어 어떤 날은 다음날 아침이 되어서야 수술이 끝나기도 했다. 어쨌든 그야말로 파김치가 돼서 수술실에서 나오면 그때부터 잠이 든 병동 환자들을 깨워서 상처를 드레싱하고, 차트에 오더를 내고, 수술한 환자들 검사 결과를 챙기고, 다음날 수술할 환자들 수술 부위를 면도하고, 화상 처치실에서 기다리는 전신화상 환자들을 치료하고, 중간중간에 응급실 중환자실 콜을 받으면서, 다음날 아침 컨퍼런스 시간에 발표할 과제물들을 챙겨야 했다. 그러다 보면 대부분 아침이 되기가 일쑤였다.

하루종일 먹은 거라고는 인턴 선생이 끓여온 컵라면에 삶은 계란 두어 개, 그리고 불쌍하다고 간호사들이 가져다준 초코파이와 과자 부스러기뿐이었다. 그러고는 다음날 아침에 비몽사몽간에 다시 수술실로 들어가고, 또다시 밤을 새고, 또 컵라면에 삶은 계란을 먹고……. 그런 날이 닷새째 이어지고 있었다.

그런데 그러기를 반복하던 금요일 저녁, 수술실에서 나와 복도를 걸어가는데 복도가 갑자기 내 얼굴로 달려들었다. 이 큰 덩치가 복도에서 쓰러져버린 것이다. 그렇게 복도에다 코를 처박고는 부스스 일어나면서 제일 먼저 한 것은 주위를 살피는 일이었다. 아무리 고통이 커도 체면이 우선이라는 것을 다시 한번 확인하는 순간이었다.

내 모습을 본 사람이 없다는 것을 확인한 안도감에 이어 나는 갑자기 무언이든 먹어야겠다는 강한 욕구에 사로잡혔다. 그것은 일단 뭐라도 먹어야 살 수 있을 것 같은 뜨거운 생존 욕구였다. 나는 윗년차가 찾든지 말든지 이판사판으로 중환자실로 향하던 발길을 인턴 숙소로 돌렸다(의국에는 윗년차들이 들락거려서 아예 인턴 숙소로 갔다). 그러고는 바로 전화기를 들고 가까운 중국집에 자장면 곱빼기를 시켰다.

내가 삐삐를 받지 않자, 중환자실에서 윗년차가 원내 방송으로 나를 계속 찾았다. "박경철 선생님, ICU(중환자실)." "박경철 선생님, ICU." 라는 낭랑한 교환의 목소리가 온 병원을 울렸지만, 나는 인턴 숙소에서 콧방귀를 뀌면서 담배를 피워 물었다. 어차피 맞아 죽을 거 이래 죽으나 저래 죽으나 마찬가진데, 이왕 죽을 때 죽더라도 배불리 먹고 죽고 싶었다.

그리고 얼마 후 자장면 곱빼기가 도착했다. 자장면에서 풍기는 독특한 춘장 냄새는 주린 후각을 자극했고, 나는 그 고소한 자장면 냄새와 노란색 단무지가 주는 행복감에 겨워서 그야말로 그 자리에서 그대로 죽어도 좋을 것 같은 기분이었다. 나는 곧 침을 질질 흘리면서 게걸스럽게 젓가락을 휘젓기 시작했다.

그러나 잠시 뒤 삐삐가 미친 듯이 울렸다. 1234 응급실 번호였다.

"제기랄, 밥도 마음대로 못 먹게 그새 나를 찾아대냐."

그렇게 투덜거리며 가운을 입고 일어서려는데 뭔가 이상했다. 가운의 왼쪽 팔목이 온통 자장에 젖어 있었고, 앞 머리카락과 코와 입 주위도 자장면에 범벅이 되어 있었다. 맙소사! 자장면을 비비다가 그릇 위에 엎어져서 그대로 잠이 들어버렸던 것이다.

거울로 내 몰골을 보고 있자니 눈물이 났다. 물 묻힌 휴지로 얼굴을 닦는데, 코에 묻은 자장면 냄새가 미치도록 고소했다. 아쉬운 마음에 고개를 돌려 테이블 위를 보니 뒤집혀 나동그라진 자장면 그릇이 재떨이와 함께 있었다. 자장면 그릇을 조심스럽게 뒤집어 보았다. 다행히 자장면은 크게 더럽혀지지 않은 채 마치 사일로처럼 그대로 덩어리져 있었다.

나는 조심스럽게 나무젓가락 두 개를 면 덩어리에 꽂고 힘을 주어 벌렸다. 그러자 젓가락이 금세 똑 하고 부러져버렸다. 자장면은 이미 레미콘처럼 굳어 있었던 것이다. 나는 결국 두 손으로 자장면 덩어리를 들고 담배가루가 묻은 부분을 걷어내고 중간 지점쯤을 뜯어먹었다. 아마 내 생애에 그렇게 맛있는 자장면은 그때가 처음이자 마지막이었을 것이다.

그렇게 자장면을 뜯어먹는데 또 눈물이 났다. 나는 그 길로 옷을 갈아입고, 삐삐를 책상 위에 올려둔 채로 보무도 당당하게 보따리를 쌌다.

그러나 애석하게도 나의 야반도주는 4박 5일 만에 선배들의 설득으로 막을 내리고 말았다. 그리고 웬일인지 나의 야반도주는 윗년차들로부터 전폭적인 지지를 받았다. 도중에 도망갔다가 잡혀온 놈을 두고 윗년차들은 연신 '귀여운 녀석'이라면서 입에 침이 마르도록 칭찬했던 것이다.

내가 야반도주를 한 내막은 이랬다. 원래 주말은 인턴과 레지던트들에게는 그래도 콧구멍으로 숨이라도 쉴 수 있는 날이다. 주말에도 응급수술이야 계속되지만 일렉티브 수술은 없다. 토요일과 일요일 양일간은 응급수술이 백 건이 있어도, 정규수술이 없으므로 어지간해서는 서너 시간 이상을 넘어가는 수술은 없는 것이다.

당연히 우리는 주말을 눈이 빠지게 기다렸다. 주말이면 주중에 밀린 컨퍼런스 준비도 하고, 수술기록지와 경과기록지 밀린 것들을 몰아서 정리한 다음, 재수가 좋으면(위독한 중환자나 응급수술만 없다면) 일요일 오후쯤은 두어 시간 바깥 공기를 마실 수도 있었기 때문이다. 물론 그것은 레지던트 1년차가 되어 최소한 4개월은 지났을 때의 이야기다. 레지던트 1년차가 되면 최소 백 일간은 병원 현관문을 밟지 못하는, 오프 없는 백 일 당직이 시작되기 때문이다. 어쨌든 그 시절에는 하루빨리 일요일 오후가 되어 시내에서 영화라도 한 편 보거나, 데이트라도 두어 시간 할 수 있기만을 손꼽아 기다리는 것이 유일한 낙이었다.

그런데 하필 그때 미국에서 이식수술이 붐을 이루었다. 마침 미국 연수를 마치고 돌아온 부교수는 간 이식팀을 조직했다. 그때만 해도 국내에는 간 이식 경험이 없어서 많은 준비가 필요했다. 가상 시뮬레이션으로 수술팀과 수술 후 관리팀, 면역 관리팀, 장기 기증팀 등이 만들어지고, 수술팀들은 도상실습에 들어갔다. 매일 수술이 끝나면 중앙수술실 1번 방에서 무균 상태로 기증자의 장기를 하베스트하고, 2번 방에서는 이식을 받을 환자의 못쓰게 된 장기를 제거하는 수술을 가상으로 연습했다.

1번 방에서 간과 신장, 심장, 각막 등이 적출되면, 2번 방에서는 떼어 낸 빈 자리에 필요한 장기를 이식하고, 나머지 장기는 다른 병원에 준비중인 다른 환자들에게 이식하기 위해 장기를 냉장박스에 담아 헬기나 앰뷸런스로 신속히 이동하는 도상연습이 이루어진 것이다.

이러한 도상연습이 한 달째 이어졌지만, 사실 레지던트 1년차에게는 거의 까막눈이나 다름없는 수술들이었다. 나는 이식팀의 제일 말단에 포함되어서 그저 굿이나 보고 떡이나 먹자는 심정으로 야밤에 실시되는 도상훈련에 형식적으로 참여했고, 그 시간에 응급실이나 중환자실에 불려 다니지 않아서 너무나 행복했다. 아울러 이식팀에 참여한 레지던트는 다음날 컨퍼런스까지 제외시켜주었다. 내 인생에도 이런 꽃피는 봄날이 올 줄 누가 알았겠는가.

그러나 그것은 이후에 시작될 대재앙의 서곡에 불과했다.

그렇게 한 달간의 도상연습은 대충 마무리되었다. 나는 저녁시간에 응급실로, 중환자실로, 그리고 가장 결정적으로 화상 처치실로 뛰어가지 않아도 되었다. 물론 나와 함께 1년차 과정을 밟고 있던 다른 친구들은 그동안 아예 입에 욕을 달고 살았다. 1년차 시절 한 명이 빠진 빈자리는 그들에게는 엄청난 고통이었기 때문이다. 어쨌든 나는 그 꿈 같은 한 달간이 너무 아쉬웠지만, 시작이 있으면 끝이 있는 법이었다.

한 달간의 시뮬레이션이 끝나자, 담당 스태프가 이식팀 전원을 호출했다. 주니어 스태프 두 명과 레지던트 4년차 한 명, 3년차 두 명, 2년차 한 명, 1년차 한 명, 그리고 짐승(인턴) 한 명이 연구실로 모였다. 그리고는 곧 부교수의 결의에 찬 향후 계획에 대해 들었다.

"우리는 대한민국 역사상 최초의 간 이식을 시행할 수술팀으로서 자부심을 가져야 한다. 그리고 이 시간부터 우리는 우리의 손끝을 부지런히 연마하고, 팀웍을 키워서 첫 수술이 성공적으로 시행될 수 있도록 배전의 노력을 기울여야 한다. 그러므로 오늘부터 무기한으로 토요일, 일요일, 공휴일을 이용해 동물실험에 돌입한다. 앞으로 제군들이 반납할 주말의 휴식은 분명히 누군가의 새로운 생명으로 보답받게 될 것이다."

'아…… 저 인간이 군대서 소령으로 제대했다더니(군의관은 보통은 대위로 제대한다) 장난이 아니구나. 이젠 죽었다…….'

그때부터 나는 죽음의 강행군을 해야 했다. 토요일 오후 한시만 되면, 병원에서 3백 미터쯤 떨어진 실험동으로 가서 개를 준비해야 했다. 개를 공급하는 아저씨가 오토바이에 거의 내 덩치만한 황구를 싣고 오면(입은 물지 못하도록 노끈으로 묶인 채 왔다) 우리는 그걸 받아서 실험동 수술 테이블에 올려서 묶었다.

그러면 인턴 선생은 질레트 쉐이빙 폼을 들고 옆에 서 있다가 개의 양 다리와 목, 가슴과 배를 쉐이빙하고, 나는 개의 고추를 잡고 폴리 카테터(인공으로 소변을 뽑아내는 관)를 집어넣은 다음, 쉐이빙된 개 다리의 동맥을 천자해서 아티어리얼 라인을 설치하고, 반대쪽 다리 정맥에는 바늘을 찔러 하트만 용액과 노멀 샐라인을 달아야 했다.

한번 상상해보시라. 사람 팔을 잡아도 혈관을 정확히 찌르기 어려운데, 개 다리를 잡고 토니켓을 묶고 알코올솜을 문질러가며 혈관을 잡으려고 땀을 뻘뻘 흘리는 상황을……. 또 정력에 좋다고 개 고추를 수육으로 먹는 엽기적인 식도락가는 있어도 개 오줌을 뽑으려고, 마구 나부대는 개 고추를 잡고 관을 집어넣어야 하는 내 신세를 말이다.

어쨌든 식은땀을 뻘뻘 흘리면서 준비를 모두 다 한 다음, 윗년차에게 보고하면 윗년차가 스태프들을 모시고 등장한다.

먼저 마취과 스태프가 개의 경정맥을 찔러서 심장 속으로 중심 정맥압 측정기를 삽관하고, 내가 잡아놓은 혈관으로 바비튜레이트(수면진정제)를 주사하고, 연이어 노큐론(근이완제)을 주사하면, 개는 그야말로 개거품을 질질 흘리면서 버둥거리던 온몸을 축 늘어뜨리고 퍼져버린다.

근이완제를 맞으면 사람이건 짐승이건 근육을 전혀 움직이지 못한다. 즉 호흡근육마저 멈추기 때문에 이후 1분 내에 기관지로 인공호흡기를 삽관하고, 마취가스와 함께 산소를 불어넣어주면서 인공호흡을 시키면 마취가 끝난다.

이 점은 개도 똑같았다. 나는 쭉 뻗어버린 개의 입을 억지로 벌리고 기관지 삽관을 하는 마취과 스태프의 모습을 보면서 처음에는 정말 쓴웃음밖에 나오지 않았다. 개 입을 벌리려면 날카로운 이빨이 장갑을 찢기 쉬운데다가, 아무리 맛이 간 개라지만 집채만한 개의 입에 코를 박고 기관지 삽관을 한다는 것은 상당한 용기가 아닌가 말이다. 그래도 우리 마취과 스태프는 간 이식팀의 긍지를 가지고 냄새나는 개의 입을 벌리고 무사히 마취를 성공시켰다.

그렇게 마취가 끝나면 수술 A팀들이 마취과의 수술 시작 사인과 함께 개의 배를 가르고 간을 떼어내고, 다른 테이블에서는 수술 B팀이 역시 간을 떼어낸다. 개는 항상 두 마리를 준비했고, 사전 준비 과정은 두 마리가 같았다. 다만 간을 떼어주는 공여자 측 개는 고추에 인공 소변기 삽관을 하지 않는다. 그 이유는 짐작하시리라 믿는다.

이때 두 마리 개들의 운명은 사실 내 손에 달려 있었다. 1년차인 내가 스태프들과 윗년차들이 도착하기 전에 인턴을 지휘 감독하면서(호랑이 없는 굴에서는 여우가 대장이니까), 두 마리의 개 중 한 마리를 공여자로, 다른 한 마리를 수여자로 정했기 때문이다. 즉 한 마리는 그냥 간을 떼어주고 그 길로 생을 마감하는 것이고, 다른 한 마리는 멀쩡한 자기 간을 내놓고 남의 간을 이식받은 채, 확률은 거의 없지만 정말 재수 좋으면 며칠간 더 살 수 있었던 것이다.

하여튼 수술이 시작되어 한쪽에서 떼어진 간이 다른 쪽 개로 넘어가고 이식되는 사이, 내 임무는 인턴 선생과 함께 이미 삶이 끝나신 개(공여자)의 혈관에 더덕더덕 붙어 있는 링거 줄을 빼고 기관지 삽관도 제거한 다음, 텅 빈 뱃속에 수여자 쪽의 간을 대충 집어넣고 껍질을(피부라고 하기엔 뭐하니까) 꿰매는 일이다.

그리고 다 꿰매진 개는 마대자루에 담아 실험실 문 앞에 놔두면 개를 가져왔던 아저씨가 와서 어디론가 도로 싣고 간다. 아저씨는 개를 가져가시면서 이렇게 한마디 하셨다.

"참 이놈은 제대로 보신은 될 거여. 대체 영양제에 그 좋은 주사는 도대체 얼마나 맞은 거여?"

사실 그 전까지의 과정은 더욱 눈물겹다. 제한된 예산으로 실험을 하려고 하니 모든 게 부족했다. 개 이식수술은 수술용 봉합사만도 수십 봉지가 필요했고, 수술 중에 필요한 마취제, 진정제, 항생제에 소염

제, 심지어 진통제, 순환용제, 강심제, 혈압 조절제, 면역 억제제까지 상상을 초월하는 물품과 약품들이 들어갔다.

우리의 주 임무 중에는 그것들을 조달하는 임무도 컸다. 나는 거의 매일같이 수술실을 돌아다니면서 남는 실을 모았고, 수술실 큰 누님에게(오십 세 정도 된 수술실 수간호사) 갖은 아양을 떨며 부족한 실을 슬쩍 해오고, 병동이나 중환자실, 응급실을 돌면서 약이라고 생긴 건 전부 챙겨야 했다. 그리고 평소에는 뻣뻣하게 대하던 제약사 영업사원들에게까지 콜라를 사줘가면서 샘플 약을 뭉치로 부탁해야 했다. 특히 우리는 소아과 병동을 자주 이용했는데, 소아과에는 용량 때문에 절반이나 4분의 1만 쓰고 폐기하는 고가 항생제가 많았기 때문이다.

그때는 명령이 떨어지면 무조건 해야 했다. 그러나 그것도 문제는 아니었다. 진짜 문제는 수술 후였다. 이식수술을 한 환자개는 그야말로 귀빈 대접을 받으신다. 두 시간 단위로 혈액가스를 분석하고, 매시간마다 소변량을 체크해야 하는데다가, 여덟 시간마다 혈중 총 빌리루빈, 직접 빌리루빈, 알부민, 글로불린 등을 체크해야 하고, 그 외에도 헤모글로빈, 헤마토크릿 같은 기본 수치를 하루에 두 번씩 챙겨야 한다. 더욱이 면역기능을 체크하기 위해, 백혈구나 혈소판 수치에 바짝 신경을 써야 하고, 하루에도 두 번씩 귀하신 몸을 드레싱 해드려야 한다.

나는 그때부터 정상적인 삶을 포기했다. 주말에 이루어지는 수술에 끌려 들어가는 일뿐만 아니라, 평일에도 내 환자를 돌보면서 거기다가 귀하신 환자개까지 돌봐드려야 하는데, 그 중에 가장 큰 일은 개를 돌보는 일이었다.

스태프는 한두 시간마다 삐삐를 해서는 개 상태를 물었고, 치프 레지던트는 부교수의 심기를 망가뜨리지 않으려고 촉각을 곤두세우고 나를 닦달했다. 나는 내 환자의 혈색소 수치는 못 외워도 개의 혈색소 수치는 달달 외워야 했고, 부교수나 치프가 언제 전화를 해서 개의 상태를 물을지 몰랐으므로 하루에도 열댓 번씩 개의 상태를 확인하러 들락거려야 했다. 병동에서 뚝 떨어진 실험동을 한 시간마다 왔다 갔다 하면서 개의 상태를 체크하다 보면 정말 살 빠지는 소리가 저절로 들렸다.

그러나 그것은 약과였다. 제일 큰 문제는 하루에 한 번씩 사진을 찍어야 하고, 3일째 되는 날은 핵의학 검사를, 일주일째 되는 날은 시티 촬영을 해야 했다. 상상을 해보시라. 스트레치카(이동식 침대)에 침을 질질 흘리며 널브러져 있는 중환자 개의 네 다리를 엘라스틱 붕대로 묶고, 입에는 산소마스크를 씌운 채, 뒤에서 인턴이 밀고 나는 앞에서 당기면서 잔디밭을 가로질러 병원 방사선과로 사진을 찍으러 이동하는 모습을 말이다.

더욱이 비라도 오시는 날에는 혹시 개님께서 감기라도 드실까봐 우산을 씌워드려야 했고 우리는 비를 쫄딱 맞으면서 이동을 했다. 방사선과 기사들은 또 얼마나 끔찍했겠는가. 멀쩡한 개도 아니고, 거의 초죽음이 된 간 이식 개가 침을 질질 흘리며 누린내를 풍풍 풍기면서 방사선과로 들어가면, 거기에 있던 환자들도 그야말로 기겁을 했고, 방사선사들도 인상을 찌푸리기 일쑤였다.

그래서 우리는 미안한 마음에 의국비로 방사선과에 야식과 담배를 사서 뇌물로 상납하고, 수술실 수간호사에게는 통닭 상납과 함께 "누님, 역시 믿을 건 누님밖에 없소." 하면서 갖은 애교를 떨 수밖에 없었다.

보통 병원은 아침 회진 전에 의국 회의가 먼저 열린다. 보통 일곱시까지 1, 2년차들이 병실을 돌아보고 환자 상태를 파악해 검사 결과나 사진 결과들을 모아서 치프에게 보고하면 다시 치프와 같이 회진을 한다. 그리고 여덟시쯤 치프를 선두로 의국 회의실에 모여서 전체 스태프들과 레지던트들이 본 회의를 시작한다.

이때 1년차가 뷰박스에 사진을 걸면 치프가 "나이 ○○세, 남자, 이름 ○○○ 씨, 위전절제술 POD(Post Operation Day) 4일째, 소변량은 시간당 30cc, 헤모글로빈 16, 혈압 130/80, 레빈튜브 드레인 20cc, 상처 양호합니다. 사진은 보시는 대로 문제가 없습니다." 라는 식으로 보고를 한다.

그러면 스태프들이 질문을 하고, 전체 스태프들이 수긍을 하고, 마지막으로 주임교수가 고개를 끄떡이면 다음 환자로 넘어간다. 만약 그때 어리바리하게 행동하거나 실수를 하면, 그 시간이 끝나고 1년차는 치프에게 의국 뒷방으로 끌려가서 죽도록 욕을 먹고 무릎을 차이거나, 심하면 야구방망이로 엉덩이가 피멍이 들도록 두들겨 맞는 경우도 있다.

그런데 개 실험을 하고부터는 그렇게 쭉 보고가 있은 다음에 "마지막으로 나이 4세, 성별 남, 이름 개, 간 이식술 POD 3일째……" 하는 보고가 이어졌다. 그때가 되면 우리는 그야말로 좌불안석이 따로 없었다. 왜냐하면 개가 수술을 하고 한번도 일주일을 넘기지 못했기 때문이다.

처음에는 그럴 수 있다고 생각하던 스태프들도 계속해서 그런 상황이 되풀이되자 예민해지기 시작했다. 주임교수에게 면목이 없게 된 부교수는 주니어 스태프들에게 "○○ 선생! 애들에게만 맡기지 말고 직접 좀 챙겨." 하고 짜증을 냈고, 그 다음에는 자동으로 회진이 끝나자마자 주니어 스태프가 치프를 부르고, 치프는 다시 3, 2, 1년차를 줄줄이 부르고, 결국에는 개 주치의인 내가 다 뒤집어쓰게 되어 있었다.

그러나 그 짓도 자꾸 하다 보니 꾀가 늘기 시작했다. 언제부턴가 느긋해지더니 어쨌거나 들키지만 않으면 그만이라는 생각이 들었다. 그래서 나중에는 인턴 선생을 보내서 검사나 상태를 체크하게 하고, 서서히 개에게서 관심을 뗐다. 치프도 거기 매달려 인력이 줄어드는 것을 참다 못해 내가 그러기를 은근히 조장했다.

그래서 아침 의국 회의 때 내가 챙겨서 치프에게 보고하던 것을 아예 인턴이 보고하게 하고, 나는 내 환자들만 돌보기 시작했다. 물론 전체 회의시간에는 당연히 치프까지 개님에게 들렀다 온 것으로 보고가 되었다.

그런데 인턴이 결국 사고를 치고 말았다. 나중에는 인턴도 꾀가 생기기 시작했던 것이다. 이 친구는 시간마다 개의 피를 뽑아서 혈액가스 분압을 체크해야 하는데, 그게 귀찮으니까 중환자실 환자를 검사하고 남은 피나 수혈하고 남은 피들을 적당히 뽑아서 기계에 돌렸던 것이다. 이 기계는 피를 넣으면 1분 만에 신용카드 전표처럼 부지직 하면서 결과가 인쇄되어 나왔다.

우리는 인턴 선생이 그렇게 한 줄은 까맣게 모르고 있었고, 어느 날 치프가 아침 의국보고 때 "나이 4세, 성별 남, 이름 개, 혈액가스분압 PO_2 80mmHg, PCO_2 40mmHg……." 하고 신나게 보고하는데, 갑자기 부교수의 얼굴이 일그러졌다.

"결과지 가져와봐!"

나는 인턴 선생이 붙여놓은 개의 차트 결과지를 당당하게 부교수에게 전달했다. 그러나 차트는 곧바로 나를 향해 날아왔다.

"이게 사람 피지, 개 피냐?"

아침에 의국에 오시기 전에 개 문안부터 먼저 다녀오신 부교수가 개의 상태가 안 좋은 것을 보고 걱정을 하고 왔는데, 우리가 양호하다고 하니 이상해서 점검을 해본 것이었다. 그 일로 인해 모든 내막은 들통이 나버렸고, 우리는 죽도록 욕을 먹은 것은 물론 석 달간 벌당직을 명령받았다. 그리고 나는 거의 그 뒤로 개와 숙식을 같이하다시피 해야 했다.

자장면을 먹다가 보따리를 싼 것은 바로 그 무렵이었다. 내가 야반도주를 하자, 내게 호감을 가지고 계시던 주임교수님이 치프에게 야반도주한 연유를 물으셨는데 그때 치프가 대답하기를 "개를 돌보느라 너무 힘들어서 도망간 것으로 압니다."라고 대답했다고 한다.

그래서 그날 이후 주임교수님은 아무리 실험이 중요해도, 개보다는 사람이 중요하니 의국 인력을 너무 그쪽으로 돌리지 말라는 명을 내리셨고, 그 때문에 개 실험은 2주일에 한 번으로 줄어들게 되었다.

게다가 인자하신 주임교수님이 부교수에게 "애들이 안 그래도 힘든데, 개 문제로는 절대 애들을 야단치지 마라. 이건 진료가 아니니까 오히려 애들에게 부탁을 해야 할 문제지 혼을 내서는 안 된다. 그리고 개 상태 점검은 앞으로 인턴에게 맡겨라!"라는 자비로운 하교를 하시는 바람에, 우리는 개로부터 받았던 그 엄청난 스트레스에서 비로소 해방이 되었다. 그러니 선배들이 나의 야반도주를 얼마나 기특하게 생각했겠는가.

그 다음부터 우리는 여유만만해졌다. 아침 의국 회의 때 치프가 담배를 꼬나 물고, 두 다리를 책상에 올린 채 보고를 받으면서 "야, 박경철! 지난주 수술한 개 오늘은 상태가 어때?"라고 물으면 나는 중국 황실의 내관처럼 두 손을 조아리고 씨익 웃으면서 대답했다.

"어젯밤에 개죽음했는데요."

레지던트 시절 우리를 그토록 괴롭혔던 개 수술은 그러나 살신성인의 이름으로 기억되어야 할 것 같다. 오늘날 많은 사람들의 생명을 건지는 이식수술도 알고 보면 이렇게 몸 바쳐진 수많은 '개죽음들'이 있었기에 가능했던 것이다.

의사들에게 가장 힘들고 고달팠던 시기를 꼽으라고 하면 대개 레지던트 1년차 시절을 꼽을 것이다. 그러고 보면 의사란 사람들은 어찌됐든 모두 고난과 역경이라는 불순한 시간들을 그런 대로 잘 견뎌낸 사람들인 것이다.

어느 노부부의 이야기

그때 할아버지의 상태는 차마 눈을 뜨고 볼 수 없을 정도로 처참한 모습이었다. 양측 대퇴골은 모두 골절되어 허벅다리가 비틀어지고, 오른쪽 팔도 요골과 척골이 동시에 골절되어 팔꿈치 아래가 꺾여 있는데다, 갈비뼈 양쪽이 무려 열 개 정도가 골절되어 있었다. 거기에다 횡격막과 인접한 우측 간이 찢어져서 배에는 피가 고여 있었으며, 호흡마저도 부러진 갈비뼈로 인해 정상적이지 못한 상태였다.

1992년 레지던트 2년차 시절이었다. 할아버지는 인근 소도시에서 횡단보도를 건너다 신호를 무시한 승용차에 치여 인근 종합병원에서 1차 응급조치를 받고 후송되어 온 분이었다.

얼마 후 보호자가 왔는데 육십대 할머니셨다. 할머니는 덧가운을 입은 채 수위 아저씨의 안내로 중환자실로 들어오셨다. 할머니는 침착하게 할아버지께서 평소에 지병이 없으셨고 현재 다른 약물을 복용하고 있지 않다는 것을 우리에게 답해주셨다. 그리고 우리가 내민 처치동의서(할머니가 오시기 전에 이미 시행했지만)에 사인하시고, 할아버지의 상태를 관찰하다가 만약 갑자기 응급수술이 필요한 상황이 오게 되면 그 순간 보호자가 자리에 없더라도 의사가 임의로 수술할 수 있음에도 동의하셨다.

우리는 할아버지의 상태에 대한 설명도 드렸다.

"할머니, 할아버지는 지금 좀 심각하시거든요. 대퇴골 두 군데가 다 부러져서 허벅지 안에 고이는 피만 해도 2리터가 넘고요. 간도 파열이 되었는데, 잘하면 그냥 아물 수도 있지만 만약 피가 멈추지 않으면 간을 자르거나 꿰매는 수술을 하게 될 수도 있어요. 그럴 경우 그때 흘릴 피까지 생각하면 수술 결과를 점치기가 어렵고요. 사실 그것보다 더 중요한 것은 비닐하우스에 눈이 쌓이면 주저앉듯이 사람 갈비뼈도 4, 5개 이상 심하게 부러지면 숨을 들이마시거나 내쉴 때 가슴이 충분히 늘어나거나 줄어들지 않아서 호흡을 할 수가 없어요. 그래서 저희들이 숨을 스스로 못 쉬도록 약을 써서 근육을 마비시킬 거고요. 또 할아버지가 의식이 있으셔서 인공호흡기가 괴로우실 테니 저희들이 약을 써서 할아버지를 3일간 재울 거예요. 그런데 이 과정에서도 혹시 폐렴이 생기거나 무기폐라는 병이 생기면 또 위험할 수 있어요."

그런데 처음부터 끝까지 침착하게 대처하시던 할머니께서 다소 어려운 이야기를 꺼내셨다.

"선생님, 나 이 안에 그냥 있게 해주면 안 되겠소? 여기는 하루에 10

분씩밖에 면회가 안 된다는데, 나 정말 귀찮게 안 하고 가만히 있을 테니, 나 그냥 할아버지 옆에 있으면 안 되겠소?"

당연히 안 되는 일이었다. 일반인들의 옷에 묻어 있는 병균이 중환자실 내로 유입되는 것도 문제지만 보호자들이 들락거리면 환자들의 안정에 방해가 되기 때문에 보호자들의 중환자실 출입을 금하는 것이다. 따라서 하루종일 중환자실의 환자 옆에 있게 해달라는 할머니의 부탁은 무리였다. 야박하지만 도리가 없었다.

"할머니, 죄송하지만 그건 안 돼요. 다른 환자들께도 방해가 되고 할아버지도 지금 약 때문에 주무셔서 할머니가 옆에 계셔도 못 알아보시니까 차라리 보호자 대기실에서 누워서 쉬세요. 저희들이 일이 생기면 인터폰으로 연락을 해드리거든요. 그리고 아드님이나 다른 보호자는 안 계세요?"

그러자 할머니는 긴 한숨을 쉬면서 넋두리처럼 뜻밖의 말씀을 하셨다.

"우리는 아들도 딸도 없고, 할아버지하고 단둘이라오. 내 저 어른 만난 지 이제 겨우 두 달 됐는데……. 저 어른 이대로 이렇게 가버리면 원통하고 원통해서 이 일을 어떡하나……."

나는 할머니가 힘없이 돌아서서 중환자실을 나가신 후 '만난 지 두 달'이라는 말이 무슨 뜻일까싶어 잠시 생각을 해봤다. 양로원에서 만나 같이 사시는 건가? 아니면 무슨 사연으로 긴 세월 헤어지셨다가 다시 만나신 건가? 그것도 아니라면 뭘까? 좀 궁금하기도 했지만 우선은 할아버지를 살리는 일이 급했으므로 나의 호기심은 그쯤에서 접어두기로 했다.

그렇게 서너 시간이 흘러 어느새 시간은 저녁시간을 넘어가고 있었다. 그날은 1년차와 인턴 선생에게 삼겹살집에 가자고 공언을 해둔 터라, 할아버지가 어느 정도 안정 상태에 접어든 뒤 병원 건너편에 있는 삼겹살집으로 가기 위해 중환자실을 나섰다. 그런데 문을 열고 나서자 맞은편 복도에 할머니가 두 손을 모으고 앉아 계신 모습이 보였다. 면회시간이 끝났는데도 그렇게 계속 앉아 계셨던 모양이다.

"할머니, 저녁은 드셨어요? 할아버지는 아마 밤새 별일 없으실 거예요. 어서 저녁 드시고 대기실에 가서 좀 누우세요. 이러시다가는 며칠 못 버티실 거예요."

우리 1년차가 할머니의 모습이 보기에 안쓰러웠는지 가서 말을 건넸다. 할머니는 조용히 머리를 흔드셨다. 저녁을 안 드셨다는 말씀인지, 내려가시지 않겠다는 말씀인지 알 수는 없었지만 아직 식사를 하지 않으신 건 분명해 보였다.

"할머니, 우리도 마침 저녁 먹으러 가는 길인데 같이 가세요. 그럼 밥 먹으면서 저희가 할아버지 상태에 대해서도 자세히 설명해드릴게요."

그냥 가자고 하시면 따라나설 것 같지 않아서 우리는 할아버지 상태를 설명해드리겠다는 조건을 달았다. 그러자 할머니는 자리에서 일어나 우리를 따라나섰다.

그 시절에는 삼겹살이 정말 맛있었다. 일주일 내내 시달리면 비록 허리에 삐삐를 한 두름씩 차고서라도, 병원을 벗어나 삼겹살을 구워 먹는 것이 그렇게 맛있고도 즐거울 수가 없었다. 우리는 인원 곱하기 3인분 정도 분량의 고기를 주문해서 달구어진 불판에 신김치를 구워가며 고기가 채 익기도 전에 먹어댔다. 하지만 할머니는 그저 젓가락을 드는 둥 마는 둥 하시면서 이제나저제나 우리가 할아버지 이야기를 해드리기만을 기다리시는 듯했다.

"할머니, 고기 드세요. 안 드시면 할아버지 열심히 치료 안 해드릴 겁니다."

심성 착한 1년차가 억지로 할머니 앞에 고기를 놓아드리면서 협박 아닌 협박을 해서 겨우 몇 점을 드시게 하는 데 성공했다.

우리는 그제야 잘하면 수술을 안 하고도 할아버지가 쾌유될 수 있다는 점, 그리고 다리는 어차피 2~3주는 지나야 수술을 하는 것이고 어지간해서 다리수술은 문제가 없을 것이라는 점, 지금 가장 문제인 호흡은 인공호흡기를 3~4일만 잘 이겨내면 저절로 갈비뼈가 균형을 이뤄 괜찮을 것이라는 점 등등을 강조하면서 가능한 한 할머니를 안심시켜 드렸다.

"그런데 할머니, 아까 할아버지 만나신 지 두 달이라고 하셨잖아요. 어떻게 무슨 사연으로 그렇게 만나신 거예요? 두 분 양로원에서 만나셨어요?"

나는 드디어 궁금증을 못 참고 할머니께 사연을 물었다. 할머니는 내 질문에 긴 한숨을 내쉬시더니 이야기를 시작하셨다.

"내가 저 어른한테 시집을 간 것은 열여덟 살 때였지요. 얼굴도 모른 채 어른들이 혼사를 하라고 해서 시집을 갔는데, 그때야 신랑이 괴물인지 사람인지도 모르고 그냥 가라니 간 거지. 그런데 시집가서 보니까 신랑이 참 좋은 사람이라. 시집살이 힘들다고 밤에 몰래 다리도 주물러주고. 참 저 어른이 그때 사람들답지 않게 그렇게 정이 많았지요. 하여간 시집가서 한두 달이 지나니 이제 시집 식구들도 덜 무섭고 남편한테도 막 정이 붙으려는데, 갑자기 동네에 순사들이 들어와서 장정들을 모두 잡아가버렸지요. 그 길로 일본군에 징용을 당한 거라……."

순간 내 머릿속에서 문득 떠오르는 게 있었지만 일단 할머니의 말씀을 더 듣기로 했다.

"나는 그 길로 지금까지 50년을 넘게 청상으로 살았지요. 시부모 모시고 이제나저제나 소식을 기다리며 목을 빼고 사는데, 한 10년 있으니 시아버지는 울화병으로 돌아가시고. 시어머니 모시고 살면서 참 별거 다 겪었지요. 중간에 해방이 되기에 돌아오나 했더니 소식도 없고, 그러다가 육이오 터져서 시어머니 손잡고 피난도 가고, 먹고살 길이 없어서 나물도 뜯고, 바느질도 하고, 묵도 만들어 팔고…… 참 별짓 다 했지요. 두 과부가 그렇게 사는데, 친정 오빠가 재가하라고 몇 번이나 등을 떠미는데 그건 못하겠더군. 곧 저 어른이 돌아오실 것 같은 거라. 아무리 생각해도 그렇게 좋은 양반이 그렇게 죽을 리 없다 싶고, 저 어른 얼굴이 자꾸 눈에 밟혀서 지금까지 매일 끼니때가 되면 밥을 한 그릇 더 퍼놓고 기다렸지요. 그러다가 시어머니는 중풍에 걸려서 한 5년 대소변 받아내다가 돌아가셨는데, 육 여사가 서울에 오래서 갔더니 효부상을 주셨어. 참 고마운 일이지."

할머니 눈에는 눈물이 그렁그렁했고, 식당 주인아주머니와 그 딸까지 옆에 와서 할머니 이야기를 듣기 시작했다.

"이제 시어머니까지 가시고 혼자 사는데, 저 어른 언제 오실 줄 알고 내가 이사를 갈 수가 있나, 뭘 다른 걸 할 수가 있나. 나중에 친정 오빠도 죽고, 어찌어찌하다 보니 명절에 전화 한 통 할 사람도 없어졌지요. 그나마 하나 있던 친정 조카도 그새 어째 죽었지요. 그런데 하루는 부엌에서 시장에 내다 팔 묵을 만드는데 대문 밖에 웬 일본 사람들이 잔뜩 왔어. 간이 덜커덩하더군. 그 사람들이 일본 NHK라는 방송국에서 왔다고 하는데, 나는 일본말만 들으면 아직도 가슴이 두근거려. 그런데 그 사람들이 어른이 지금 사할린에서 살고 있고 자기들이 무슨 특집을 하느라고 가족을 찾는데 나를 찾아온 거라고 하더라구. 그래서 그 길로 그 사람들을 따라나섰지요. 그러고는 일본에 가서 테레비 방송국에서 뭘 잔뜩 찍더니, 세상에, 그 길로 비행기로 사할린에 간다는 거라."

그러고 보니 나는 이미 그 이야기를 알고 있었다.

"그래서 갑자기 사할린이라는 데를 가게 되었어. 아이구! 그런데 이게 웬일이래. 정말 그때 새파란 청춘으로 가신 저 양반이 나이 칠십이 다 돼서 안 죽고 그기서 살고 있는 거라. 저 양반도 내게 미안해서 그기서 여자도 하나 안 만나고 그냥 그렇게 혼자 사신 거라. 세상에 남정네가 오십 년 세월을…… 그 세월이 얼만데……"

할머니는 눈물을 닦으신 다음 이야기를 계속하셨다.

"그래서 그기서 한 일주일 있었는데, 이번에는 그냥 와야 한대. 저 어른은 그 나라 사람이라 지금은 못 오고 나중에 방송국에서 꼭 다시 만나게 해준다고 약속해서 내가 발걸음이 떨어지지 않는 걸 억지로 돌아왔어. 내가 그때 한 일주일 저 어른 밥상을 차려드리면서 세월이 아무리 야속해도, 그래도 이래 살아서 서방님 밥상을 올릴 수 있으니 이제 죽어도 한이 없다 싶었어. 그때 둘이서 밤새 울기는 얼마나 울었나. 저 어른도 내가 떠날 때 손을 꼭 잡고 놓지를 않았지. '내 다시 가리다. 내 꼭 다시 가리다. 미안쏘. 여보 잠시만 참으소. 내 꼭 다시 가리다.' 저 어른이 다시 온다는 말만 계속하시는데, 저 어른 놔두고 그 길을 어째 혼자 돌아왔나 몰라. 그리고 나는 다시 한국에 와서 이제 어른 오시는 날만 기다리는데, 그 길로 곡기를 딱 끊어버렸어. 저 어른께 뜨신 밥 한 그릇 못 올리는데 내 목에 어째 밥을 넘길 수가 있나. 그런데 며칠 있다가 이번에는 우리나라 방송국에서 인간시대라는 거를 찍는다고 다시 사할린에 같이 가자고 하길래 '아이고 기자 양반이 나 살려줬소.' 하고 다시 따라나섰지."

내가 본 것이 바로 그 〈인간시대〉라는 프로그램이었다.

"세상에, 고맙지. 그렇게 고맙지. 사할린에 다시 가서, 그 길로 돌아올 때 방송국에서 어른까지 같이 모시고 온 거라. 일본 방송하고 우리 방송하고 같이 애써서 이렇게 모시고 온 거라. 그런데…… 그런데…… 그런데……"

결국 할머니는 오열을 하시고 말았다.

"그런데…… 그런데…… 그렇게 오신 지 이제 두 달쨋데, 이제 겨우 두 달인데, 이렇게 사고를 당해버렸으니, 이를 어떡해. 이를 어떡해. 아이고, 이를 어떡해……. 의사 양반들 우리 어른 좀 살려주소. 저 어른 저렇게 돌아가시면 억울해서 어째 눈을 감아. 의사 양반 저 어른 좀 살려주소. 내 나라에서 얻은 돈이 있으니 돈일랑 걱정 말고 제발 좀 살려주소. 저 어른 이태까지 혼자서 밥해먹고 살았던 어른인데, 이제 다믄 몇 년이라도 수발받고 가시게 좀 살려주소. 의사 양반들, 좀, 제발 좀 살려주소."

그 자리는 완전히 눈물바다가 돼버렸다.

할머니의 기구한 사연을 들으면서 우리는 울지 않을 수가 없었다. 우리뿐 아니라 식당 아주머니와 딸까지 눈이 벌게지도록 울었다.

그후 할머니는 본의 아니게 병원에서 스타덤에 올랐다. 〈인간시대〉를 봤던 많은 사람들이 할머니를 기억해냈고, 할머니가 우리들에게 전한 그 뒷이야기들은 많은 사람들의 눈물을 자아냈다. 할머니가 병동 복도를 지나시거나 중환자실 앞 의자에 앉아 계시면 거의 모든 직원들이 할머니께 먼저 인사를 하고, 할머니를 뵐 때마다 할머니의 가슴 아픈 인생과 그 못지않게 애절한 사랑(?) 이야기에 가슴을 적셨다.

그래서 할아버지만은 무슨 수를 써서라도 살려내야 한다는 일종의 공동 목표가 형성되었다. 흉부외과 치프가 할아버지의 인공호흡기를 아예 전담하다시피 하고, 우리도 할아버지의 상태를 놓치지 않기 위해 아예 수술실 담당 3, 4년차 중에 한 사람을 중환자실에 따로 배치했다. 스태프들도 당연히 지대한 관심을 가졌다.

사실 외부 압력(?)도 만만치 않았다. NHK에서 와서 실시간으로 현장을 스케치했고, NHK가 파견한 교포출신 일본인 의사가 수시로 우리에게 들러 할아버지의 용태를 문의하고 체크했다. 그런데 할아버지는 워낙 긴 시간 노동에 종사를 해서인지 약제가 잘 반응하지 않았다. 근육이 완전히 늘어지지 않아서 환자가 기계호흡에 저항을 하게 되면 인공호흡을 하면서 갈비뼈가 부러진 자리를 순응시키려던 우리의 시도가 먹히지 않게 된다. 자연히 몰핀과 노큐론의 투여량이 증가했다.

그렇게 억지로 4일을 버틴 후 부러진 갈비뼈가 자리를 잡고 자기호흡이 가능해지는 시점에 우리는 할아버지의 인공호흡기를 제거하고 스스로 호흡을 하시게 했다. 다행히 간파열 부위에서는 출혈이 진행되지 않았고 대퇴골의 골절 상태도 그리 나쁘지 않았다. 4일이 지나면서 이제 우리가 할 일은 거의 없어졌다.

그런데 5일째 일반병실로 보내려던 계획에 차질이 생겼다. 일단 죽고 사는 문제를 벗어난 할아버지께서 저녁때만 되면 발작을 하셨기 때문이다. 저녁시간이 되면 온몸을 뒤틀면서 알아듣지 못할 소리로 고함을 지르면서 양팔과 다리를 침대에 부딪쳐 거의 통제불능 상태가 되었다. 그때는 할머니도 소용이 없었다.

그날 이후 할머니는 특별대우를 받아 늘 할아버지 곁에 계셨다. 우리는 할머니에게 녹색 수술가운을 입히고 에어샤워를 하시게 한 후 중환자실에 항상 계실 수 있도록 배려를 했다. 만의 하나 할아버지가 갑자기 돌아가시면 두 분의 한을 도저히 풀어드릴 수 없을 것 같아서였다.

할머니는 할아버지가 인공호흡기를 달고 의식을 잃고 누워 계시는 동안 내내 두 손으로 할아버지의 왼손을 꼭 잡고 계셨다. 그리고 물수

건으로 매일 얼굴과 손발을 닦아드리고, 짬짬이 정성스레 다리를 주무르면서 하루종일 작은 소리로 할아버지 귀에다 뭐라고 얘기를 하셨다.

할아버지는 이제 낮에는 의식을 회복해서 할머니와 두 손을 꼭 잡고 도란도란 말씀을 나누시기도 하고 할머니가 떠 먹여드리는 죽을 받아 먹으면서 어린아이처럼 마냥 행복해하셨다. 그러나 밤만 되면 다시 발작을 하셨고 그런 상태가 며칠간 계속되었다. 정신과 의견으로는 외상 후 스트레스 증후군이었지만, 나는 혹시 몰핀 과량 투여에 의한 환각 작용이 아닐까 의심스러웠다.

할아버지의 발작과 안정을 위한 몰핀 투여. 이런 악순환이 반복되다가 그래도 10일 정도가 지나면서 할아버지는 차차 안정을 찾으셨다. 할아버지의 발작증상은 우리가 이해하지 못하는 어떤 무의식 때문이었는지도 모른다. 그것이 교통사고에 의한 외상증후군 때문이었는지 혹은 지난 50년 세월 동안 사할린에서 중노동을 하며 겪었던 억압기제 때문이었는지, 그것도 아니면 몰핀 때문이었는지 아직도 알 수 없지만 가장 인상적이었던 것은 할아버지가 발작을 할 때마다 외치는 고함소리였다.

우리는 처음에 그 소리가 무슨 소리인지 알아듣지 못했다. 할아버지는 그렇게 알아듣기 힘든 소리로 중환자실이 떠나가도록 소리를 질렀고, 그때마다 황급히 몰핀이 투여됐다. 그러다가 어느 날 할머니께 "할머니, 할아버지가 뭐라고 소리지르시는지 알아들으시겠어요?" 하고 여쭤보았더니, 놀랍게도 할머니는 "저거? '마르크스, 레닌 만세!'라고 하는 거야." 하시는 것이었다. 그래서 잘 들어보니 정말로 "마르크스, 레닌 만세!"라고 소리를 지르고 계셨다.

"마르크스, 레닌 만세! 마르크스, 레닌 만세!"

할아버지는 의식이 가물거릴 때마다, 그리고 환영이 보일 때마다 그렇게 '마르크스, 레닌 만세!'를 외치셨던 것이다.

나는 순간 어지럼증이 일었다. 결혼한 지 두 달 된 어느 평범한 집 외아들이 어느 날 갑자기 순사에게 끌려가서 전쟁터와 노동수용소로 끌려다니길 50년, 50년 만에 귀향해서 아내와 재회, 다시 두 달 만에 횡단보도를 건너다 당한 교통사고, 인공호흡과 NHK, '마르크스, 레닌 만세!' 내 가슴속에서 무언가 울컥 올라오는 느낌이었다.

다행히 보름 만에 할아버지는 위험한 고비를 넘기셨다. 오히려 이 사고가 두 노부부의 가혹한 운명과 재회에 대한 뜨거운 사랑(?)을 재확인하는 난관이자 시험이었는지도 모른다 싶을 정도로 두 분의 모습이 안정 궤도에 들어섰다.

할아버지는 보름 만에 중환자실 식구들의 박수를 받으며 일반병실로 모셔졌다. 이제 약 일주일 후 정형외과에서 대퇴골과 팔의 골절수술만 하면 되는 것이다. 물론 그 수술도 만만한 수술은 아니었지만 그래도 할아버지의 생명력이라면, 그리고 두 분의 우정과 애정이라면 쉽게 이겨내시리라 생각했다. 할아버지는 정형외과로 전과가 되었다. 이제 할아버지의 치료는 내 손을 떠난 것이다.

그런데 어느 날, 정형외과에서 컨설팅 시트가 도착했다. 정형외과 수술을 앞둔 할아버지가 열이 나고 혈액검사 결과도 안 좋게 나왔다는 것이다. 스태프를 필두로 우리 팀이 할아버지를 진찰하기 위해 정형외과 병동으로 들어섰다. 그러고 보니 할머니를 뵌 지도 일주일을 넘고 있었다. 할아버지를 진찰하던 스태프의 표정은 어두웠다. 나 역시 직감적으로 불길한 느낌이 들었다. 잠시 후, 인턴 선생이 가져온 검사 결과지는 몇 가지 불길한 시그널을 품고 있었다.

혈색소가 감소하고 혈소판이 절반 정도로 떨어진 채 백혈구마저 3천 수준을 가리키고 있었다. 우리는 '설마?'라는 생각을 하면서도 패혈증에 대한 불길한 예감을 떨칠 수가 없었다. 스태프의 지시로 황급히 혈액배양 검사를 한 후, 정형외과에서 우리 과로 다시 전과를 한 다음 중환자실로 모시기로 했다.

일단 패혈증이라는 가정하에 반코마이신을 투약했다. 이 경우에 만약 패혈증이 아니라면 우리는 의료보험조합으로부터 부당진료로 낙인이 찍혀 병원 행정당국으로부터 싫은 소리를 들어야 하는 상황이었다. 그러나 선택의 여지는 없었다. 그런데 아무리 생각해도 패혈증이 올 이유가 없었다. 중심정맥관이나 동맥관과 같이 혈관에 연결된 관들은 이미 일주일 전에 제거된 상태였고, 인공호흡기도 제거된 지 오래였으며 골절상도 폐쇄형이라 세균감염의 경로가 없었다. 부디 아니기만을 빌 수밖에 없었고, 설령 그렇다 하더라도 빠른 조치가 취해졌으니 회생이 가능할지도 몰랐다.

그러나 할아버지의 상황은 날이 갈수록 악화되었다. 다시 호흡이 어려워져 숨을 제대로 쉬지 못했다. 가슴사진을 보니 폐 주변으로 삼출액이 차기 시작했다. 배에도 복수가 찼으며 팔다리도 퉁퉁 부어올랐다. 병원의 모든 의료진들이 필사적으로 매달렸지만 결국 할아버지는 다시 돌아오지 못할 길로 떠나시고 말았다.

　원인 미상의 패혈증. 그 길고 고달픈 삶은 그렇게 끝이 나고 말았다. 할아버지의 삶에서 그나마 두 달간의 귀향이라도 축복을 드려야 하는 것일까. 아니면 마치 손을 잡아줄 듯 희망을 내비치던 운명의 여신의 냉정함을 원망해야 하는 것일까.

　할아버지가 그렇게 가시던 날, 할머니는 아무 말도 하지 않으셨다. 우리가 일상적으로 접하게 되는 호곡성도 울부짖음도 없었다. 변함없이 할아버지의 성한 한쪽 손을 모아 쥐고, 마지막 숨을 거두는 순간과 심전도 기기의 파동이 잦아드는 아득한 순간을, 꺽꺽 울음을 삼키면서 그렇게 지켜보셨다.

　중환자실 밖에서는 NHK와 우리나라 방송국의 방송 카메라들이 분주하게 오갔지만, 중환자실 내에는 깊고 무거운 침묵만이 흘렀다. 할아버지는 할머니에게 손을 맡긴 채 하얀 포에 몸이 덮여 그렇게 중환자실을 떠나셨다.

　'마르크스, 레닌 만세!'

　'마르크스, 레닌 만세!'

　할아버지의 고함소리는 아직도 내 귓가에서 유령처럼 맴돌고 있다.

누구에게나 지독한 한 시절은 있게 마련이다.
그러나 그 지독함도 시간이 흐른 어느 순간엔 아름답게 변하곤 한다.
50년을 뛰어넘은 어느 노부부의 사랑이 그러하듯이.

이 진짜 문둥이들아

　　안동 사람들은 풍산 들판이 가장 넓은 줄 안다. 이것은 안동 사람들이 실제로 바깥 세상을 그만큼 모른다는 뜻이기도 하고, 한편으로는 꽉 막힌 느낌이 들 정도로 지나친 보수성을 띤 이곳 사람들에 대한 가벼운 힐난이 담겨 있는 말이기도 하지만, 아마 그보다는 풍산 들판의 속살이 그만큼 곱기 때문일지도 모른다.

　　이곳은 뒤로는 소백산이 병풍처럼 둘러치고 앞으로는 낙동강이 돌아가는 배산임수의 지형일 뿐 아니라, 아무데나 뿌리를 내리지 않는 인삼과 마가 자랄 만큼 지력이 좋은 곳이기도 하다. 이런 풍산 들판을 중심으로 풍기, 풍산, 하회, 지보, 호명, 용궁 등 그 이름만으로도 범상치 않은 작은 면들이 모여 있다.

　　이 넓은 풍산의 들을 따라 이루어진 작은 마을을 지나 한참을 더 가면 마을에서 외롭게 홀로 떨어져 있는 아담한 농촌 가옥이 한 채 있다. 진우 씨 가족이 사는 집이다.

진우 씨는 소위 미감아 출신이다. '미감아'란 나병 환자의 자녀들을 말하는데, 부모가 나병이라도 자식은 나병에 걸리지 않는 경우가 많기 때문에 이런 아이들을 미감아라고 부른다.

진우 씨는 부모가 나병에 걸려 수용되어 있던 시절에 태어나, 미감아로 특별관리를 받으면서 자랐다. 그래서 그에게는 변변한 교육의 기회도 없었고, 다른 집 아이들처럼 아빠 품에 안겨 재롱을 부려보지도 못했으며, 엄마 손을 잡고 소풍을 가보지도 못했다. 그는 어린 시절에 엄마 아빠가 안동의 나환자촌으로 이주할 때까지 작은 섬마을이 세상의 전부인 줄 알고 그렇게 살았다.

그러나 그는 부모를 따라 이주한 뒤로, 바깥 세상 구경을 시작하면서부터 그야말로 고행의 연속인 삶을 살아야 했다. 인근 동네아이들의 손가락질과 나환자 자립을 위해 동네에서 공동으로 키우는 닭의 배설물 냄새 때문에 코를 쥐는 친구들, 심지어 문둥이 아들이라는 돌팔매까지 그의 유년 시절은 그렇게 고단하게 흘러갔다.

그래서 그는 이를 악물고 살았다. 천형으로 주어진 운명의 사슬을 스스로 끊겠노라고 결심하고, 언젠가는 나환자촌이라는 감옥 아닌 감옥을 벗어나서 다른 사람들과 똑같이 깨끗하고 좋은 집에서 부모를 모시겠노라고 결심했다.

그는 부모를 안동에 두고 곧 서울로 일을 떠났고, 10년이라는 세월 동안 밑바닥을 경험하면서 돈을 모았다. 그리고 그를 이해하는 지금의 아내를 만나 몇 년간의 연애 끝에, 손이 문드러지고 코가 무너져 내린 부모님 앞에 당당히 데려가서 결혼 승낙을 받고 결혼을 했다. 또한 그는 10년 동안 번 돈으로 풍산 들판으로 들어와 산비탈에 논을 사고, 아담한 단층집을 지어, ○○원에 계시는 부모님을 모시고 나와 지금까지 이곳에서 살고 있다.

나병이란 예전에는 천형으로 불리던 무서운 병이었다. 나균은 인체에 침범하면 신경조직, 근육조직, 점막조직 할 것 없이 모든 조직에 침범한다. 나균이 몸에 들어와 감염을 일으키면 처음에는 그저 피부 한두 군데의 감각이 약간 둔해지거나, 몸 일부분의 털이 약간 사라지는 것 말고는 전혀 눈치를 채지 못한다. 그러다가 몇 년 후 나병이 본격적으로 발병하면 관절마디가 녹아버리고 연골이 무너진다. 심지어 신경조직이 나균에 침범되면서 통증에 대한 감각이 사라져, 손이 불에 닿아도 자신의 몸이 타는 줄도 모르는 병이 나병이다. 또 나병 환자의 얼굴은 마치 심한 화상을 입은 사람처럼 형체가 무너지고 코나 귀, 손가락, 발가락과 같은 사지말단과 돌출부들이 무너져 내린다. 그래서 다른 병들과 달리 나병 환자는 누가 봐도 저 사람이 나환자라는 사실을 알게 된다.

역사적으로 나환자들은 사회의 희생양이었다. 항구마다 흑사병이 들이닥쳐 인구의 3분의 1이 죽어나갔던 중세 유럽에서는 나환자나 유대인들이 흑사병을 옮긴다고 하여 나무로 된 집에 산 채로 가두고 불태웠으며, 고대 중국에서는 구덩이를 파고 나환자들을 산 채로 묻어버리기까지 했다고 한다.

우리나라도 마찬가지다. 소록도에 격리되기 시작한 나환자촌의 건설은 어찌 보면 부끄러운 역사다. 우리 사회는 그들을 받아들이지 못했던 것이다. 정상인으로 받아들이기는커녕 심지어 그들이 산골짜기 어느 구석에서 숨쉬고 살아가는 것조차 역겨워하고 용납할 수 없었던 우리 정상인들의 가혹함은, 그들에게 '문둥병 환자'라는 딱지를 붙인 다음 바다 건너 남해안의 어느 섬에 모두 몰아넣고서야 안심할 수 있었던 것이다.

미당 서정주는 시를 통해 문둥이를 이렇게 말하고 있다.

해와 하늘빛이
문둥이는 서러워
보리밭에 달 뜨면
애기 하나 먹고
꽃처럼 붉은 울음을 밤새 울었다

미당은 이 시를 통해 수십만 나병환자의 가슴에 담긴 한을 말하려 했는지도 모른다. 해가 하늘에 떠 있는 동안은 숨어 지내야 했던 사람들, 남의 눈에 띄지 않으려고 해를 피해야 했던 사람들, 어쩌다 그 중에 한두 명은 그런 절망적 상황에서 아이를 잡아먹으면서까지 병을 고치려는 극단적인 행동을 보이기도 했을 것이다(아이의 간을 먹으면 나병이 낫는다는 속설이 있어서 1960년대까지 가끔 그런 일이 발생하기도 했다). 미당은 아이를 죽인 죄책감에 몸부림치는 문둥이를 통해 그들의 아픔을 이야기하고 싶었는지도 모른다.

　동네 어귀에 문둥이가 지나가면 집집마다 엄마들은 아이를 부둥켜 안고, 남자들은 몽둥이를 들고 그들을 쫓아내던 시절, 짐승처럼 그들에게 쫓겨나던 그 사람들은 꽃처럼 붉은 울음을 울어야 했을 것이다.

　인간의 역사란 이렇게도 가혹한 것이다. 언제 어디서 같은 병에 감염될지도 모르면서 지금은 자신이 멀쩡하다는 이유만으로 그들을 박해하고, 내가 오늘 두 다리로 멀쩡히 걷는다고 해서 휠체어를 탄 사람들을 얕잡아보는 것이 우리들이 아니던가. 인생은 내일 아침에 숨을 쉰다는 보장이 없는 것임에도, 우리는 너나없이 진시황의 불로초라도 손에 넣은 듯 자만과 아집에 사로잡혀 있지 않은가.

　진우 씨의 용기는 우리가 생각하는 것 이상이었다. 그가 ○○원에 계시는 부모를 모시고 나와 풍산 들에 자리를 잡는다는 것은, 우리가 귀농해서 농사를 짓는 것과는 차원이 다른 것이었다.

　그가 부모를 모시기 위해 서울에서 하던 일을 그만두고 시골로 내려왔다든가, 그의 천사 같은 아내가 그것에 동의했다든가 하는 이야기들은 그야말로 아무것도 아니다. 그가 닭똥 냄새가 진동하는 ○○원에서 부모를 모시고 나온 사건은 처음에는 그야말로 엄청난 스캔들을 몰고 왔다.

　마을에서 떨어진 외딴 곳에 집을 지었음에도, 그의 가족들은 단 한 사람의 이웃도 얻을 수 없었고, 그의 아이들도 한 명의 동네 친구도 사귈 수 없었다. 심지어 라면 한 봉지를 사기 위해 30분이나 걸리는 안동 시내까지 나와야 했다. 인심 좋은 시골마을에서도 그들은 받아들일 수 없는 사람들이었던 것이다.

　진우 씨는 틈틈이 ○○원에서 나오는 계란을 받아서 판매하는 일도 했다. 지금은 그렇지 않지만, 과거에는 "우리 업소는 ○○원에서 나오는 계란을 쓰지 않습니다."라는 안내문이 붙어 있을 정도로 세상이 각박했다. 그래서 진우 씨는 농한기가 되면 ○○원의 계란을 받아서 한푼이라도 더 받기 위해 인근 도시들을 돌아다녔고, 그렇게 번 돈은 ○○원에 고스란히 돌려주었다.

　그렇게 산 지 10여 년이 지나 어머니가 돌아가시자 그는 어머니의 육신을 화장했다. 살아생전에 다른 사람들에게 당당히 내놓고 걸어다닐 수 없었던 그 한 많은 육신은 한줌의 재가 됨으로써 그제야 지긋지긋한 천형의 그늘에서 벗어날 수 있었다. 그는 재로 화한 어머니의 시신을 자기 집 마당에 모셨다. 평생 동안 사람들로부터 따돌림받고, 일생을 숨어 살아온 어머니의 외로움이 그렇게라도 달래지기를 빌었던 것이다.

　진우 씨는 어머니가 돌아가시고 혼자된 아버지를 극진히 모셨다. 아버지는 평생 사람을 피해 다니던 습관으로 같이 산 지 10년이 넘는 며느리와도 밥상머리에 같이 앉지 않으려 하셨다. 자신의 흉한 얼굴이 며느리와 사랑스러운 손자들에게 짐이 될까 지레 염려하신 탓이다. 어른은 친구 하나 없이 외롭게 살아도, 넓은 들에서 아들과 같이 농사를 짓고 아들 부부가 손자와 행복하게 살아가는 그 모습을 볼 수 있다는 것만으로도 더할 나위 없이 감사해했다.

틈만 나면 진우 씨가 아버지를 차로 모시고 안동 시내로, 인근의 영주 부석사로, 죽령을 넘어 단양팔경으로 구경을 다녔지만, 그래도 어른은 여전히 차에서 내리지 않고 그저 차창 밖으로 보이는 도담삼봉을 구경하는 데 만족했으며, 소백산 너머로 해가 떨어지면 그제야 차에서 내려 부석사 앞마당을 밟으셨다. 그것은 당신이 사람을 피해 다니는 습관이 붙어 있는 탓도 있지만, 당신이 차에서 내려 사람들 사이에 섞이는 순간 문둥이 아들이 되어버리는 진우 씨가 마음에 걸려서이기도 했다.

그런데 어느 날 진우 씨는 화장실에서 속옷을 빨고 계시는 아버지를 보게 되었다. 혹시 실수라도 하셔서 그런 줄 알고 모른 척했지만, 손가락 열 개 중에 겨우 세 개만 남아 밥숟갈을 들기도 어려운 아버지가 손빨래를 하고 계시니 마음이 편치 않았다. 내심 아내에게 가벼운 짜증이 났지만 그냥 모른 체하기로 했다.

그런데 그 다음날, 또 그 다음날도 빨래를 하고 계시기에 진우 씨는 아버지에게 물었다.

"아버지 혹시 밤에 속옷에 실수를 하시면 어른용 기저귀를 사다드릴까요? 그리고 그런 거 실수를 해도 에미한테 주세요. 아버지가 그러시면 에미가 더 불편해해요."

그러자 아버지는 사정을 털어놓으셨다. 몇 달 전부터 변을 보면 피가 나서 씻곤 했는데, 요새는 변을 안 봐도 속옷에 자꾸 피가 묻는다는 것이었다. 아무리 며느리가 친딸보다 더 곰살궂게 챙겨준다지만 그래도 피가 묻은 속옷을 내놓기는 좀 민망하셨던 것이다.

내가 진우 씨를 만난 것은 그 어른의 치질 때문이었다. 어느 날 진우 씨가 진료실을 찾아와 사정을 설명하고 치질약을 처방해줄 것을 나에게 부탁했다. 원칙적으로 의사에게는 무진찰, 무투약의 원칙이 있다. 혹시 이 글을 보고 당국에서 의료법 위반으로 시비를 걸지도 모르겠지만, 어쨌거나 진우 씨의 사정을 듣고 나는 무진찰, 무투약 원칙을 저버리고 치질약을 처방했다. 어른이 죽어도 병원을 가시지 않겠다고 하신다니 도리가 없었다.

그로부터 다시 한 달 정도가 흐른 후 진우 씨는 다시 나를 찾아왔다. 약을 드셔도 좋아지지 않고 피의 양이 오히려 늘었다는 것이다. 그래서 약을 좀 '쎄게' 지어달라고 했다. 그러나 항문으로 출혈을 두 달 넘게 한 환자에게 치질약을 또 처방한다는 것은 비상식적인 일이었다. 그래서 나는 어른을 설득해서 병원으로 모셔 오라고 권고하고 처방을 보류했다.

그러나 그렇게 돌아간 진우 씨는 다음날 아주 난감한 표정으로 다시 나타났다.

"원장님 정말 송구스러운데요. 아버지가 이대로 죽는 한이 있더라도 병원에는 안 오신다니 어쩌면 좋습니까? 정말 죄송하지만 원장님이 왕진을 오시면 안 되겠습니까?"

그는 연신 고개를 숙이며 어쩔 줄 몰라 했지만, 그래도 아버지를 위해 어떻게든 나를 꼭 데려가겠다는 눈빛이었다.

나는 난감했다. 솔직히 의사가 병원을 비워둔 채 왕복 한 시간이 넘는 거리를 왕진간다는 것은 무리였다. 교통수단이 발달하지 못했던 시절에는 왕진이라는 것이 있었다는 이야기를 듣기는 했지만 119에 전화만 해도 누워서 병원으로 오는 요즘 세상에는 왕진이 필요하지도 않을 뿐더러, 병원 입장에서도 쉽게 할 수 있는 일이 아니었다. 하지만 사정이 딱했기에 나는 진료를 마치고 밤에 들리겠노라고 하고 일단 진우 씨를 돌려보냈다.

그리고 그날 진료를 끝내고 나는 가운을 입은 이래 처음으로 왕진가방을 챙겼다. 직장경과 라이트 소스, 소독장갑과 젤리 등 몇 가지 간단한 장비를 가방에 담고 간호사와 같이 병원을 나서려는데 대기실에 진우 씨가 이미 와 있었다. 우리는 그의 안내를 받아 그의 집을 찾아갔다.

하지만 고백하건대, 부끄럽게도 그 집 문을 들어설 때 뒷목이 괜히 불편했다. 왠지 집안에 나균의 그림자가 돌아다니는 느낌이었고, 그 집 가족들(진우 씨의 아내와 두 명의 아들)을 보고는 얼굴과 손부터 먼저 살폈으며, 진료를 하기 전에 어른이 옷을 갈아입으시는 동안 진우 씨 아내가 내놓은 차와 과일을 먹는데도 마음이 그리 편하지만은 않았다.

나는 어른 방에 들어가서 어른을 벽을 보고 돌아눕게 하고 수술용 장갑을 끼고 직장 속에 손을 넣어보았다. 놀랍게도 딱딱하고 거친 표면의 용암덩어리 같은 매스가 들어차 있었다. 직장암이었다. 다시 직장경을 연결해서 직장을 살펴보니 직장선종이 분명했고, 이미 상당히 진행되어 있었다.

나는 그제야 내가 의사라는 사실을 자각했다. 어른 방에 들어서는 순간부터 꺼림칙한 마음을 다스리지 못했고, 어른 방의 물건들에 손이 닿았을 때도 왠지 불편함을 털어버리지 못했다. 그리고 예전에도 나병

환자는 본 적이 있었지만 막상 어른을 마주했을 때, 이미 얼굴 근육이 무너져버려 아무런 표정도 짓지 못하고 젊은 의사에게 머리를 마냥 조아리시는 그 순박한 모습을 그대로 받아들이지 못했다. 의사임에도 불구하고 어서 빨리 진료와 처방을 마치고 조금이라도 빨리 이 집에서 나가겠다는 무서운 편견이 살아 있었던 것이다. 그러나 직장에 가득 들어 있는 암덩어리들을 확인하는 순간 나는 그나마 최소한의 직업적 양심을 되찾을 수 있었다.

"어른은 빨리 수술을 받으셔야 합니다. 제가 소견서를 써드릴 테니 어서 대학병원으로 가서 직장암 수술을 받으세요. 비록 조직검사를 한 것은 아니지만 경험상 이것은 직장선암이고, 만약 수술시기를 놓치시면 배에 인공항문을 달아야 합니다."

나는 진우 씨에게 상황을 설명하고 내일 다시 병원으로 나오실 것을 권했다. 일생 동안 그림자 속에 살아오신 분이 다시 끔찍한 암으로 고통받게 된 것이다.

다음날 나는 진우 씨에게 소견서를 써서 줘주고 일단 대학병원에 모시고 가서 정밀검진을 한 뒤 수술을 받게 하라고 설명한 다음, 대학병원에 전화해서 진료시간을 잡아주었다.

그런데 다시 일주일이 지나서 진우 씨가 병원에 나타났다. 진우 씨는 긴 한숨을 내쉬며, 아버지를 모시고 병원에 가는 것은 아무래도 불가능할 것 같다고 했다. 병원에 가자고 하면 어른이 문을 걸어 잠그고 아예 응하지를 않으신다는 것이었다. 연세가 드시면서 약간 어린아이 같은 행동을 하시는 부분이 있는데, 병원이란 곳에는 아예 공포심을 가지고 있어서 근처도 가지 않으려 하신다는 것이었다.

진우 씨는 내게 수술을 부탁했다.

"그래도 그날 원장님께서는 진료를 받으셨으니 원장님이 수술을 해주시면 안 되겠습니까? 제가 꼭 은혜를 갚겠습니다. 원장님이 아버지를 설득해서 이 병원에서 수술을 해주십시오. 만약 억지로 대학병원에 모시고 가면 아무래도 더 큰일을 당할 것 같습니다."

나는 난감했다. 우리 병원은 암수술을 감당할 수 있는 시설을 갖춘 병원이 아니었기 때문이다. 암수술은 최소한 3백 병상 이상의 종합병원에서, 아니 사실은 최소 5백 병상 이상의 대학병원에서 이루어지는 것이다. 암수술은 수술 자체가 중요한 것이 아니라 사후관리가 더 중요하기 때문에 우리 병원에서는 아무래도 무리였던 것이다.

나는 먼저 왜 우리 병원에서 할 수 없는지를 설명하고, 다시 진우 씨 집으로 어른을 찾아뵈러 갔다.

"어른, 수술을 받으셔야 합니다. 이 수술은 어른이 죽고 살고의 문제가 아니라, 수술을 받지 않으시면 항문이 암덩어리로 막혀서 아예 변을 보지 못하게 됩니다. 그렇게 되면 결국 입으로 똥을 토하게 되는데 그렇게 사시겠습니까? 며느리 손자 다 있는데 어른이 그렇게 되셔도 좋으십니까? 오래 사는 게 문제가 아니라 수술을 안 받으시면 주변 사람들에게 못 볼 걸 보여주시게 되는 겁니다."

처음에는 설득하다가 나중에는 반협박까지 해보았지만, 어른의 고집을 꺾을 수는 없었다. 하는 수 없이 어른과 진우 씨, 그리고 내가 타협을 했다. 인근 종합병원 수술실을 빌려서 아무도 모르게 야간에 수술을 하고 수술이 끝나면 우리 병원에 모시고 가기로 합의 아닌 합의를 했다. 말하자면 사람들 눈이 지나치게 부담스러운 어른을 위해, 수술 준비는 낮에 우리 병원에서 한 뒤 밤에 가서 수술을 하고, 수술 후에는 규모가 작은 우리 병원으로 옮겨 1인실에 혼자 입원해 계시면 아무도 부딪치지 않게 된다고 설득해서 겨우 수술을 하기로 한 것이다.

우리 병원은 지역 종합병원과 어텐딩 계약을 맺고 있어서, 우리 환자가 큰 수술을 해야 할 경우 종합병원 수술실과 중환자실을 빌려서 우리가 수술은 직접 하는 것이 가능했는데, 진우 씨 아버님이 어텐딩 계약 후 첫번째 대상 환자가 되었다.

그런데 여러 가지 번거로운 일이 생겼다. 일단 종합병원에 수술실 사용을 이야기하는 과정에서 야간수술을 해야 한다는 점에서 문제가 생겼고(원래 응급수술을 대비해서 마취팀이 부족한 지방병원에서는 정규 수술을 밤에 하지 않는다), 수술 전 처치도 문제지만 수술 후 중환자실을 거치지 않고 바로 우리 병원으로 모시고 가려면 우리 병원에 중환자 감시장치를 옮겨야 하는데 그것은 불가능한 일이었다. 아무리 사정이 그래도 남의 병원에서 수억 원씩 하는 장비를 그냥 빌려줄 리가 없는 것이다.

할 수 없이 종합병원의 좋은 감시장치만큼은 아니지만, 그래도 실시간 심전도와 산소포화도를 체크할 수 있는 간단한 포터블 장비를 하나 사기로 했다. 어차피 그런 장치가 우리 병원에도 하나 있으면 유용하게 쓰일 수 있는 것이라 핑계삼아 하나 준비하기로 한 것이다.

이런저런 난관 속에 어렵게 수술 날짜가 잡혔는데 또 문제가 생겼다. 수술 3일 전에 수술 준비를 위해 장 세척액을 2리터나 마셨는데도, 어른은 식은땀을 흘리면서 복통을 호소했을 뿐 장 세척액은 아주 조금씩밖에 배설되지 않았다. 암덩어리가 자라면서 직장을 막아버렸던 것이다.

이제는 강제로 모시고 가더라도 시티촬영을 할 수밖에 없었다. 처음에는 어른의 강력한 거부로 그냥 수술에 들어갈 생각이었지만, 지금 상황에서는 그것이 불가능해진 것이다. 우여곡절 끝에 찍게 된 시티촬영 결과는 암담했다. 이미 암세포는 직장벽을 넘어 골반 내로 번져 있었고, 복부의 임파선들이 모두 암세포에 의해 침범을 당해 있었다. 증상에 비해 전이가 심각했던 것이다.

수술계획은 바뀔 수밖에 없었다. 원래는 직장을 30센티미터 정도 잘라내고 항문을 막은 다음, 복부로 작은 인공항문을 내는 수술을 할 생각이었지만, 이렇게 되면 직장을 잘라내는 것이 아무런 의미가 없게 되었다. 직장을 드러내는 것은 직장 내의 암세포가 다른 데로 자라지 못하게 차단하는 것인데, 이 경우는 환자의 건강만 상하게 하는 것이었다. 할 수 없이 직장의 암덩어리는 그대로 두고, 환자가 살아 계시는 동안 배변이나 원활하게 해드리는 수술로 전환하기로 했다.

진우 씨의 실망은 컸다. 시티 결과를 들으면서 그의 눈은 붉게 충혈되었고, 그의 아내도 말없이 손으로 눈물만 닦았다.

수술이 일주일 연기되는 동안 금식을 하느라고 어른은 많이 지치셨다. 하지만 장이 막힌 상태여서 무엇을 먹게 할 수가 없었다. 그리고 그렇게 시간이 흘러 드디어 수술하는 날이 왔다. 그런데 나는 그쪽 병원에서 수술을 거부당할까봐 어른의 병력에 대해 사전에 알리지 않았다. 그러나 그것은 기우였다. 오히려 어른 방에서 엉덩이를 붙이지도 못하고 엉거주춤하던 나의 용렬함에 비해, 그쪽 마취과 선생의 자세는 훌륭한 것이었다.

마취과 선생은 수술에 들어갈 때까지 한마디도 하지 않다가, 환자가 마취 상태에 들어서고 나서야 "이분 참 힘드셨겠네." 이렇게 한마디 혼잣말을 하더니 너무도 태연하게 수술시간 내내 환자의 한쪽 손을 쥐고 기도를 해주었다. 그쪽 수술실의 간호사나 다른 직원들도 마찬가지였다. 아무래도 마음이 그리 편치 않았을 텐데도 내가 수술을 무사히 마칠 수 있게 최대한 배려를 해주었다.

그러나 그들에 비하면 나는 비겁했다. 처음에는 어른의 배를 가르고, 장을 만지고 복강을 세척하면서 흘러내리는 세척액이 내 몸에 닿을까봐 수술대에서 떨어진 채 엉거주춤한 자세로 수술을 시작했다. 환자의 몸에서 벌건 피가 솟구치거나, 장이 터져 썩은 고름이 흘러내려 속옷을 흥건하게 적셔도 아무렇지 않던 내가, 어른의 복강에서 흘러내린 용액이 닿을까봐 노심초사했던 것이다. 그러다가 도저히 허리가 아파서 어쩔 수 없이 수술대에 몸을 붙이고 수술을 하면서도 허리띠 아래로 천천히 젖어드는 환자의 체액에 대한 꺼림칙함이 수술 내내 머릿속을 헝클어놓았다.

우리는 길을 가다 걸인에게 동전을 던지고, 방송에서 소개되는 사연을 들으며 ARS로 1, 2천 원을 보내면서 뿌듯해한다. 그러면서 자신의 깊은 곳에 이렇게 어렵고 힘든 사람들에 대한 배려심과 휴머니티가 숨어 있음에 만족한다. 하지만 사실 그것은 스스로에게 값싼 면죄부를 주는 것에 지나지 않을지도 모른다.

나 역시 그런 사람들 중 하나다. 내가 이야기하는 나눔은 내 안에서의 나눔일 뿐, 나를 내놓는 나눔은 아니다. 내가 생각하는 정의는 내 기준에 부합하는 정의이지, 나를 낮추는 정의는 아닌 것이다.

나는 아무 사전 정보도 없이 수술을 맡은 환자가 나병 환자였음에도, 이 환자가 전염성이 있는지 없는지, 왜 이런 환자를 아무 말도 안 하고 데려왔는지 한마디 질문도 없이 조용히 손을 잡고 기도를 해주던 마취과 의사의 태도에서 비로소 나의 경박성을 깨달았다. 그는 묵언으로써 내게 삶을 가르쳐준 것이다.

나는 수술이 끝나고 어른이 회복실에서 나오자마자 바로 우리 병원으로 모시고 왔다. 수술 범위가 작아지는 바람에 당일 바로 모시고 와도 큰 무리가 없었다. 그리고 그로부터 3일 정도 후에 배에 낸 작은 구멍을 통해 빠져나온 대장의 한쪽 끝을 열어주었다. 그러자 며칠 동안 장 내에 갇혀 있던 가스와 배설물이 그곳을 통해 흘러나왔다. 일단 큰 문제는 없었다. 비록 환자의 몸에서 자라고 있는 암세포를 제거하지는 못했지만, 그래도 장이 막혀 내려가지 못하는 상황은 해결된 것이라 그나마 다행이라고 생각했다.

그런데 문제가 생겼다. 어른이 음식물 섭취를 거부하신 것이다. 스스로의 의지로 거부를 하시는 것인지, 거식증이 발생한 것인지는 몰라도, 아예 음식을 입에 대지 못하고 미음을 조금만 먹어도 구토를 했다.

복부 사진이나 기타 검사에서는 이상이 없는데 음식물은 물 한 방울도 삼키지 못했다.

어른은 3층 병실의 침대에 비스듬히 누워 멀리 창 너머로 보이는 태화봉 꼭대기만 쳐다보고 계셨다. 그쪽은 ○○원이 있는 쪽이고, 실제로 그쪽 언덕을 넘으면 바로 ○○원으로 이어지는 길이 나타난다. 어른은 평생을 문둥이로 살면서 온갖 수모를 다 겪고 살았는데, 이제 늙어서 죽기 전에 대변마저 배로 받아내야 한다는 사실을 받아들이지 못했다. 그래서 무엇인가를 먹으면 변이 나올 것이라는 생각에 음식물을 아예 거부했던 것이다.

그런 상황이 며칠 동안 이어지면서 단백질 부족 현상이 일어났고, 단백질이 부족해지면서 배에 복수가 차올랐다. 알부민을 투여하는 것도 한계가 있었다. 진우 씨가 한 병에 8만 원이나 하는 알부민을 일주일에 두 병씩이나 사오고, 우리는 50퍼센트 포도당과 아미노산, 포타슘, 소듐을 칼로리로 계산해서 링거를 통해 투여했다.

그러나 나중에는 대장을 밖으로 내기 위해 배에 낸 구멍 사이로 복수가 새나오기 시작했다. 감당을 할 수 없었다. 한 시간만 지나면 새어나온 복수에 패드가 축축하게 젖었고, 어른은 시간이 흐를수록 점점 말라갔다. 우리는 할 수 있는 모든 수단을 동원해서 어른에게 식사하시기를 종용했다.

"어른 이러시면 아드님이 알부민 사오느라 집을 팔아야 할지도 모릅니다. 식사를 하셔야지 집에도 갈 수가 있어요."

"아버지 정말 왜 이러세요. 이러시다 돌아가시면 저희들은 어떡하라고 이러세요?"

진우 씨와 아내, 그리고 내가 교대로 설득했지만 어른은 완강했다. 어쩌면 본인의 의지가 아니라 본인도 통제할 수 없는 거식증이었는지도 모르는 일이었다.

그래서 일단 퇴원을 시키기로 했다. 환경을 바꾸어 집으로 모시면 좀 나을지 모른다는 생각 때문이었다. 그리고 집으로 모시고 가되, 병원에서 링거와 포도당, 간단한 아미노산을 한 박스씩 가져가서 진우 씨가 바꿔 달기로 했다. 그러나 다음날부터 다시 왕진을 다닐 수밖에 없었다. 어른은 집에 가서도 좋아지지 않았고 말수까지 점점 줄어들었던 것이다.

그런데 어른이 퇴원하시고 3일이 지났을까 병원이 발칵 뒤집혔다. 어른이 계시던 병실에 입원한 다른 환자가 우연히 점심시간에 식당 아주머니에게 그 병실에 나병환자가 입원했었다는 이야기를 들었던 모양이다. 환자와 보호자가 진료실로 내려와서 내게 삿대질을 했다.

"뭐 이런 병원이 다 있어? 아니 미리 얘기를 해줬어야 하는 거 아냐? 세상에 문둥이가 입원했던 방에 멀쩡한 사람을 입원시켜? 내가 당장 청와대에 고발해버릴 거야! 당신 같은 사람도 의사야?"

"당신 같은 사람도 의사야?"라는 말이 가슴에 와 박혔다. 아주머니에게 뭐라고 할 자격이 없었기 때문인지도 몰랐다. 만약 내가 의사가 아니었다면, 내가 수술을 받고 누운 침대가 나병 환자가 대수술을 받고 누워 있던 침대였다면 나는 과연 아무렇지 않았을지 솔직히 자신이 없었다.

그 환자는 병원에서 난동에 가까운 소란을 부린 다음, 당장 고발할 거라는 위협을 남기고 그 길로 퇴원을 했다. 혼란스러웠다. 나도 솔직히 그 순간까지 어른과의 스킨십이 그리 편치 않았기 때문이다. 더욱이 내가 스스로 그 상황을 선택한 것이 아니었기에 더 심경이 복잡하고 착잡했다.

어른은 퇴원하시고 7일째 되는 날 밤에 유명을 달리하셨다. 나는 어른이 돌아가신 날의 이야기를 자세히 기록하고 싶지는 않다. 다만 지금 이 글을 쓰면서 어른이 돌아가신 그날, 하늘 아래 가장 착한 아들과 며느리, 그리고 손자들이 뼛속 깊이 담아내야 했던 한과 아픔들을 다시 되새김질했고, 그래서 그들의 슬픈 가족사를 다시 떠올렸을 뿐이다.

진우 씨는 문둥이의 아들로 태어나 세상의 온갖 편견에 당당히 맞서 왔다. 같은 상황의 많은 사람들은 자신이 미감아라는 사실을 숨기고, 고향에서 멀리 떨어진 곳에 살면서 가끔 나환자촌에 계신 부모를 찾아보거나, 부모를 영영 잊어버리고 살아간다. 그래서 나환자들은 대부분 연고가 없다.

대부분의 사람들은 미감아들의 이런 생활을 알게 되면 "아무리 그래도 천륜이 있지, 어떻게 부모를 버리고 모른 척하고 살 수가 있나." 하며 그들에게 또 손가락질을 할지도 모른다. 그러나 그들이 부모를 버리게 만든 사람들이 바로 누구이던가? 바로 우리가, 우리의 편견이, 우리의 질시가 그들이 부모를 버리게 하고 그들 부모와 자식을 갈라놓은 것이 아닌가.

진우 씨는 내게 돌아가신 어른의 배에 난 인공항문을 원래대로 해달라고 부탁했다. 사실 내가 그 순간 그를 위해 해줄 수 있는 일은 어른의 시신을 화장할 수 있도록 사체검안서와 사망진단서를 한 장 끊어주는 것과 어른의 배에 만들어진 작은 인공항문을 막아서 당신의 몸을 원래대로 되돌려드리는 것뿐이었다.

진우 씨는 어른을 고이 화장해서 자기 집 마당에 있는 어머니와 함께 합장을 했다. 두 분 모두 세상을 뜨면 저주받은 몸을 화장해달라는 말씀을 입에 달고 사셨다고 한다. 그리고 그제야 진우 씨는 문둥이의 아들이라는, 아내는 문둥이의 며느리라는, 아이들은 문둥이의 손자라는 굴레에서 해방되었다.

나는 진우 씨를 보면서 인생을 배웠다. 그는 자기에게 주어진 삶에 당당하게 맞선 용기 있는 사람이다. 그리고 인류가 무너진 시대에 정말 사람답게 살고자 노력한 사람이다. "인간은 무엇으로 사는가?"라는 물음에 당당하게 "사람답게 사는 것"이라고 말할 자격이 있는 사람이다. 그는 자신의 삶을 통해 세상을 향해 이렇게 소리친 것이다.

"그래 나는 문둥이 아들이다! 이 진짜 문둥이들아!"

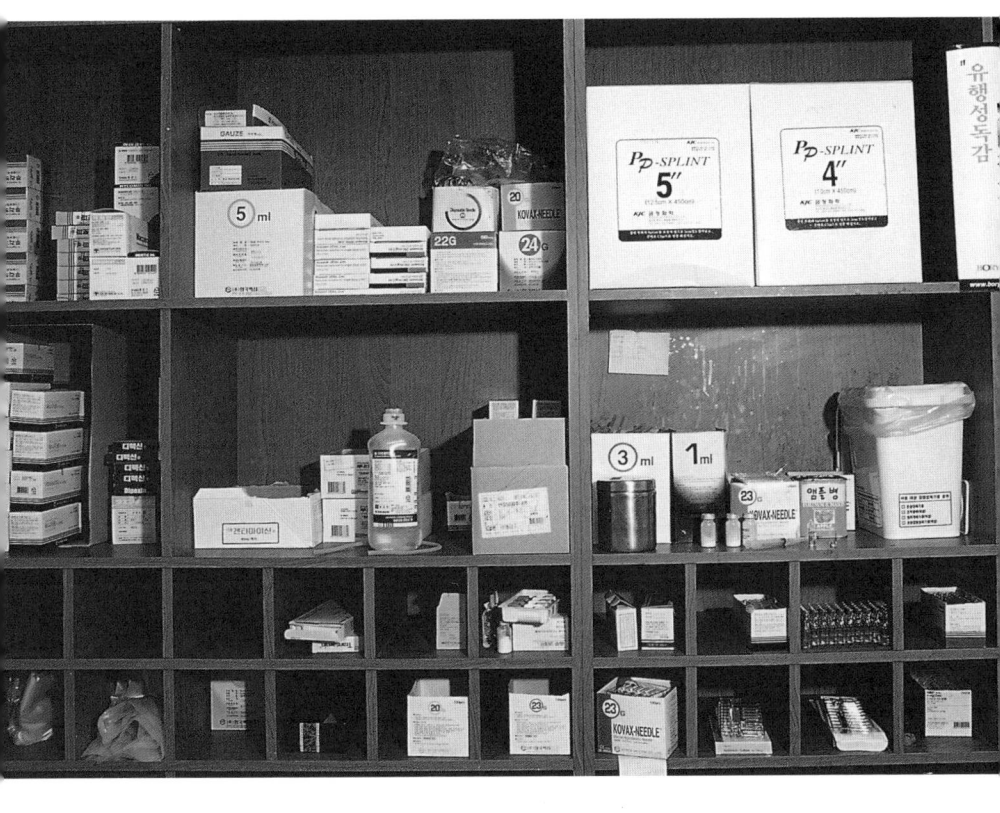

사람의 병을 치료하기 위해 개발한 수많은 약들.
하지만 이 약들 중에 마음의 병을 치료할 수 있는 약은 없다.
아무리 의사라도 마음의 병까지는 치료할 수 없다는 것, 그것이 참 안타까울 때가 있다.

할매 시스터즈

진호는 육십이 넘은 할머니가 혼자 키우는 세 살배기 아이다. 진호 아빠는 이제 스물 몇 살이고 진호 엄마도 그 엇비슷한 나이라고 한다. 진호 엄마는 진호를 낳고 어디론가 사라졌고, 진호 아빠는 앞으로도 한 5년은 더 있어야 출감한다고 한다. 그런 진호를 할머니 혼자서 키우고 있다. 할머니는 찢어지게 가난하다.

우리 병원 건물에서 뒤쪽으로 5분만 걸어가면 태화동 산 ○○번지로 시작하는 달동네가 나온다. 시골 달동네는 서울과는 좀 다르다. 그 차이를 꼭 집어서 말하기는 어렵지만 일단 평균연령의 차이가 크다.

아무리 삶이 힘들어도 새벽 인력시장에 나가는 아빠나 식당 설거지 하러 나가는 엄마라도 있는 서울과는 달리 이곳은, 대개 자식은 있어도 소식이 없는 자식들을 둔 노인들(이분들은 보호자가 있다는 이유로 보호시설에도 못 들어간다)이나, 늙고 지친 노부부들이 많다. 그래서 이 동네 복지사는 밤새 돌아가신 노인이 안 계시는지 알아보고 다니는 게 일이다.

진호는 그러한 달동네에서 할머니하고 둘이서 산다. 처음 병원을 개원한 지 얼마 되지 않아 진호 할머니가 내 진료실을 찾아왔다. 진호 할머니는 1종 의료보호대상자라 진료비 부담은 없어서 그나마 치료는 언제라도 받을 수 있었다.

나는 처음 진호 할머니를 본 순간 경악을 금치 못했다. 얼굴에 검둥칠을 하고 누더기 같은 옷을 입은 한 살이 겨우 넘어 보이는 아이가 할머니 등에 업혀 있었고, 할머니의 얼굴은 세상의 온갖 풍상과 시름에 찌들어 있었기 때문이다.

내 입에서는 어디가 아파서 왔냐는 질문보다, 사연이 어떻기에 두 사람이 이 꼴이냐는 질문이 먼저 나왔다. 그때부터 한 20여 분 동안 진호 할머니의 고단한 인생역정이 펼쳐졌다. 부끄러운 이야기지만 이야기를 듣는 동안 나와 내 방 간호사는 눈물을 훔쳤고, 나는 지갑에 들어 있던 몇 푼의 현금을 전부 할머니 손에 쥐어주었다.

그리고 한 2주가 지났는데, 점심시간에 친구가 한숨을 푹 쉬면서 그날 오전에 있었던 이야기를 꺼내놓았다. 진료시간에 한 할머니가 아이를 업고 나타났는데…… 지갑에 있는 돈을 몽땅 다 꺼내줬는데도 아직도 가슴이 답답하다는 것이었다.

나는 왠지 그 순간 그냥 입을 다물어야만 할 것 같아서 아무 말도 하지 않았다.

이후로도 진호 할머니는 아이를 업고 매일 물리치료를 받거나, 어떨 때는 아이가 아파서 소아과에, 또 어떨 때는 할머니의 감기로……. 하여튼 이런저런 진료를 받으시러 매일 병원에 들렀다.

그런데 어느 날 병원 물리치료실장이 내게 물었다.

"원장님, 아이들이 율무차를 많이 먹어도 괜찮습니까?"

"그건 왜?"

"그 왜 진호라는 아이 할머니 있잖아요. 율무차 수십 잔을 빼서 우유통에 받아가길래 왜 그러냐고 했더니 아기에게 우유 대신 먹인답니다."

맙소사……. 병원 물리치료실에는 환자나 보호자가 공짜로 차를 마실 수 있는 자판기가 있는데, 매일 진호 할머니가 보온병과 젖병에 율무차를 가득 담아가서 아이에게 먹인다는 거였다.

다음날 나는 진호 할머니가 병원엘 오셨다길래 주의를 드렸다.

"할머니, 율무차가 아까워서 이러는 것이 아니고요, 아이에게 우유 대신 율무차를 먹이면 영양실조에 걸릴 수 있어요. 그러니 그러지 마세요."

그런데 그 말에 할머니가 눈물을 글썽글썽하셨다.

"우유 살 돈이 있어야지……."

그제야 이건 아니다 싶어서 관청에 전화를 해서 아이가 이 지경이면 관청에서 무슨 수를 써야 하지 않느냐고 담당자에게 상황설명을 했다. 그랬더니 담당자는 대수롭지 않다는 식으로 말했다.

"아, 그 할머니 요새 원장님께 가나보죠?"

그 순간 좀 이상한 느낌이 들었다.

담당자의 계속 이어지는 말은 이랬다.

"그 할머니 우리가 아이를 데려다가 보호시설에 보내겠다고 하면 난리가 납니다. 할머니가 있는데 무슨 고아원이냐는 거죠. 법적 보호자 동의 없이는 수용이 불가능하기 때문에 할머니가 반대하는 한 저희는 어쩔 수가 없는데요. 그런데 원장님, 잘 모르시겠지만, 안동 시내 병원에서 그 할머니 모르는 분 없어요. 아마 의사회에서도 다들 아실 텐데요. 개원한 지 얼마 안 돼서 이야기를 못 들으신 게지요."

복지사 말로는 할머니가 아이를 내세워서 온갖 도움을 받는 재미로 아이를 직접 키우는 것 같다는 것이고, 아이의 위생상태나 기타 건강상태는 그래서 좋지 못하다는 것이다.

기가 막혔다. 나는 다음날 진호 할머니가 병원에 오시는 대로 내 방으로 모시고 오라고 간호사에게 일러두고 생각을 정리했다.

어차피 악순환의 연결고리를 끊지 못하면 안 될 일이니 여기서 중단시켜야 한다고 단단히 각오를 했다. 다음날 할머니가 병원에 오시자마자 만나서 물었다.

"할머니 얘기 다 들었는데, 할머니가 1종 의료보호대상자라 무료진찰과 약을 공짜로 타실 수 있어서 동네 노인들(다른 분들은 진찰비 3천 원에 약값 1천5백 원이면 4천5백 원이 든다) 아플 때 대신 약 타다주고 2천 원 남기는 장사도 하셨지요? 또 아기 업고 다니면서 병원 의사들이나 직원들, 심지어 대기실 환자들한테까지 아기를 앞세워 돈을 얻고 다니셨지요? 그리고 보호시설에서 준 우유는 어떻게 하고 율무차를 빼다가 아기에게 먹여요?"

내가 서슬이 퍼레서 추궁하자, 할머니는 또 특유의 눈물작전을 편다.

"아이고 무슨 말이랴? 율무차야 사실은 늙은이가 배가 고파서 먹으려고 가져간 거고(못 가져가게 할까봐 아기 먹인다고 한 거란다), 우리 손자 불쌍타고 사람들이 몇 푼 준 거 모아봐야 아기 옷 한 벌도 못 사 입혀. 아이구, 불쌍한 것……."

할머니가 그렇게 나오는 이상 나도 어쩔 도리가 없었다. 차라리 그냥 속아주는 게 편할 듯싶었다. 나는 '차라리 진실이라고 생각하면 내가 행복한 것이다.'라고 생각하기로 했다. 그 이후로는 계속 율무차를 빼가시든 생수통을 이고 가시든 그냥 마음대로 하시도록 놔뒀다. 그랬더니 요즘에는 ○주남 할머니, ○귀녀 할머니, ○순덕 할머니 세 분의 손을 잡고 나타나신다.

세 분 할머니도 독거노인이고, 당연히 1종 의료보호대상자들인데, 아무래도 몸에서 냄새가 좀 나고 위생도 그리 깨끗하지 않다 보니, 세 분이 함께 물리치료실에 들어서면 다른 환자들이 인상을 찌푸린다고 물리치료사들이 아우성이다.

그래도 그건 어쩔 수 없는 일이었다.

"자네 재주껏 '할머니 다음에 오실 때는 샤워 좀 하고 오세요.'라고 부탁드려봐."

나는 그렇게 말은 했지만, 몸에 직접 손을 대고 치료하는 물리치료사 입장이 이해가 되지 않는 것은 아니었다.

한번은 화장실에 들어서다가 남자 화장실에서 문을 활짝 열어두고 큰일을 보시는 ○주남 할머니와 맞닥뜨린 적이 있는데 그 순간 나와 얼굴을 마주친 할머니가 미안하다는 듯 씨익 웃으셔서 내가 도리어 어쩔 줄 몰라 했던 적도 있다.

진호 할머니는 이제 나를 볼 때마다 씨익 웃으신다.

"원장이 좋아서 내가 이 병원에 환자들을 많이 데려와. 오늘도 셋이나 데려왔어. 내가 동네 다니면서 이 병원 선전 얼마나 해주는지 알아?"

아마도 우리 병원이 안 망하고 친구들까지 밥을 먹고 살아가는 데에는, 필시 진호 할머니가 모시고 오는 환자들이 올려주는 매출과 진호 할머니의 특별한(?) '선전'이 한몫을 톡톡히 하고 있는 모양이다.

오늘도 아침에 1층 대기실을 지나다 보니, 진호 할머니가 이제 혼자서도 잘 걷는 진호를 여전히 등에 업고(힘도 좋으시다) 대기실에 앉아 있는 한 보호자 옆에서 진호의 슬픈 바이오그래피에 대한 이야기를 늘어놓고 계셨다. 그리고 그 옆에는 O주남, O귀녀 할머니가 협시보살처럼 앉아 있다가 이마에 한껏 주름을 지으신 채로 나를 보고 씨익 웃으신다.

병원이란 정말 울고 웃는 인생사의 축소판이다.

비정한 모성

그라목손은 제초제의 일종이다. 이 약은 사람이 섭취하게 되면 폐세포를 섬유화시켜 폐를 굳어버리게 만든다. 특히 이 약이 인체에 흡수되면 산소와 결합해 '유리산소 래디컬'을 발생시키고, 이때 발생된 래디컬이 폐를 굳어지게 만들기 때문에 이 약을 복용한 환자는 호흡이 어려워져 호흡부전으로 사망하게 된다.

더욱이 산소와 결합하면 더 많은 래디컬을 발생시키는 이 약의 속성상 가슴을 쥐어뜯으며 호흡곤란을 호소하는 환자에게는 산소를 투여할 수가 없다. 때문에 환자는 예전에 어떤 드라마에서 배우 김희애가 고통스럽게 연기하던 폐 섬유증보다 더 지독한 고통을 겪으며 점점 죽음에 이르게 된다. 내가 아는 한 이 약은 우리가 구할 수 있는 독극물 중에서 가장 치명적이며, 사망에 이르기까지 가장 무서운 경과를 거치는 약이다.

대개 농촌에는 농약을 마시고 자살을 시도하는 분들이 많다. 요즘 사회 전체가 몸살을 앓으면서 도시, 농촌 가리지 않고 자살자가 급증하고 있지만, 농촌지역은 더 심각하다. 사람이 죽고 사는 일에 도시, 농촌이 따로 있고 왕후장상이 따로 있을까마는 농촌의 경우에는 예상치 못한 사고에 가까운 자살도 많다.

사람이 죽고자 하는 결심을 하는 데는 대개 두 가지의 경우가 있다. 하나는 자신에게 주어진 삶의 무게를 견디지 못할 때, 그것이 시간이 지나도 도저히 개선될 기미가 없을 때, 잠이 들면 잊히지만 눈을 뜨면 다시 그 고통이 엄습할 때 사람들은 진지하게 죽음을 생각한다.

다른 하나는 이성적인 판단이 순간적으로 마비된 경우다. 이성보다 감성이 앞서 불행한 선택을 하는 경우가 그것이다.

물론 세상에서 가장 어리석은 것이 자살이다. 그러나 나는 그렇게 단호하게 말할 자신은 없다. 그것은 자살을 선택해야 할 정도의 절망을 겪어보지 않은 자가, 눈물 젖은 빵을 먹어보지 않은 자가 세 치 혓바닥으로 그들 앞에서 삶과 죽음을 감히 이야기하기가 송구스럽기 때문이고, 또 그렇게 자살을 선택할 수밖에 없게 그들을 극한까지 몰아붙인 이 사회의 구성원으로서 어떤 죄의식과 공범의식을 느낄 때가 있기 때문이다.

그래서 이런 말을 하기가 좀 그렇기는 하지만, 그래도 나는 아무리 상황이 절망적이어도 죽기보다는 살아서 꿈이라도 꾸어보는 게 더 나은 것이 아닌가 생각한다.

더욱이 절망 속에서도 열심히 살아가시던 분들이 약주를 하신 끝에 혹은 부부싸움 끝에 혹은 그날 날아든 한 장의 독촉장에 우발적으로 돌이킬 수 없는 선택을 하는 것은 그야말로 하룻밤만 자고 나면 넘어갈 일을 엄청난 결과로 만드는 경우라서 더욱더 안타깝다.

그러나 실제 농촌에서는 이런 일이 상시로 일어난다. 농촌에서는 농사를 짓는 데 필요한 농약을 늘 비치하고 있기 때문이다. 그래서 농촌에서는 돌발적인 상황이 생기면 자칫 사고로 이어지는 경우가 많다. 시골에서는 정말이지 우리가 상상도 하지 못할 어마어마한 숫자의 음독사고가 수시로 일어난다. 심할 때는 하루에 서너 분씩 응급실로 들어온다.

1년 내내 열심히 배추농사를 짓고도 수확기에 배추밭을 갈아엎어야 하는 현실, 또 정부에서 키우라는 송아지가 막상 팔 때가 되면 값이 폭락하고, 농촌지원자금 빌려 하우스를 지으면 태풍에 날아가는 따위의 일을 상시로 겪다보면 아무리 인심 좋고 느긋한 농촌분들이라도 홧김에 죽음을 생각하게 되는 경우가 많은 것이다.

어느 날 그라목손을 마신 환자가 우리 병원 응급실로 들어왔다. 일단 위세척을 하고 종합병원으로 후송했지만 회생 가능성이 거의 없었다. 농촌에서 음독하는 농약 중에서 파라티온이나 말라티온 계열의 유기인제 살충제들은 해독제가 있어서 대개 회복이 되거나 후유증으로 반신불수가 되더라도 생명은 구하지만, 그라목손의 경우는 내가 가운을 입은 이래 단 한번도 회생하는 것을 본 적이 없었다. 안타깝지만 그라목손을 마신 환자는 이틀이나 사흘 후 자신의 폐가 굳어져 더 이상

숨이 쉬어지지 않는 처절한 고통 속에 서서히 죽어간다.

그라목손은 푸른색의 악마다. 소주 한 잔의 분량이면 치사량이고 반병이면 치료의 의미조차 없다. 그래서 최근에 몇몇 뜻있는 의사들이 모여서 그라목손 판매금지 운동을 벌였고, 제조업체와 협상을 해서 그라목손 병에 "이 약을 마시면 끔찍한 고통을 겪다가 사망하게 됩니다."라는 문구를 집어넣는 데 성공했다고 한다. 잘한 일이다. 어떻게 치료할 것인가를 고민하는 것보다 아예 마시지 않게 하는 것이 상책일 것이다.

내가 대학 4학년 때 임상실습을 할 때의 일이다. 응급실에서 의대생 신분으로 임상실습조에 배치가 되었다. 그날은 10년 만에 가장 춥다는 날이었다. 응급실 유리창에 하얗게 성에가 끼어서 밖이 내다보이지 않을 정도로 추운 날이었는데, 119 구조대의 앰뷸런스가 숨가쁘게 달려왔다.

앰뷸런스에서 내린 환자는 처참한 모습을 하고 있었다. 검은색 잿물을 들인 낡은 군복 상의에 검은 기름때에 찌들은 바지를 입은 40대 남자가 들것에 누워 있었다. 그의 오른쪽 팔은 있어야 할 자리에 없었다. 그의 오른팔은 어린 시절 사고로 잃어버린 상태였고, 그래서 상의의 오른쪽 소매는 구겨진 채 아랫주머니에 들어가 있었다.

삶의 무게가 깊이 박힌 이마의 주름과 위생 상태를 말해주는 누런 앞니까지 한마디로 고달픈 삶을 살아가는 분이라는 것을 한눈에 알 수 있게 했다. 할머니의 입술과 혀는 마치 녹색 물감을 마신 듯 온통 푸른색으로 물들어 있었다. 게다가 보호자라고는 거의 칠십에 가까운 할머니 한 분뿐이셨다.

그런데 환자가 응급실에 들어오는 것을 보고 응급실 데스크에 서 있던 레지던트 1년차가 "그라목손이다."라고 말하며 머리를 절레절레 흔들었다. 나는 그때까지만 해도 왜 선배가 그렇게까지 머리를 흔드는지 몰랐다.

환자가 곧 응급실 침대에 뉘어지고 코에 레빈튜브가 삽입되자 응급실 인턴 선생이 고무장갑과 커다란 50cc 주사기로 위 세척을 시작했다. 무려 5000cc 이상의 물이 위 속으로 투입되면서 위 속에 들어 있던 내용물들이 몸 밖으로 흘러나왔다. 그때 농약 특유의 역한 냄새와 위 세척액마저 푸르게 변색시킨 그 악마와 같은 그라목손의 묘한 색깔은 처음 보는 내게 상당한 충격을 안겨주었다.

그렇게 환자의 위 세척이 끝나자 환자의 팔에 링거가 달리고, 알 수 없는 몇 가지 약제가 투입되기 시작했지만, 환자는 온몸을 사시나무 떨듯이 떨고 있었다. 그 추운 겨울날 아무리 실내라지만 차가운 위 세척액이 무려 5000cc나 몸속을 드나들었으니 저체온으로 떨 수밖에 없었을 것이다.

내가 옆 침대에 있는 담요를 가져다 덮어주자, 환자는 나를 쳐다보았다. 그 순박한 눈빛을 나는 아직도 기억하고 있다. 대개 그런 분들이 그렇듯이 그도 자세히 보니 참으로 순박하고 좋은 인상을 가지고 있었다. 이러한 느낌은 뭐라고 설명을 할 수 없는 그런 느낌이다. 세상에는 정말 삶에 찌들어 죽음을 선택하면서도 세상의 어느 누구에게도 화살을 겨누지 않는 분들이 있다. 내게 주어진 작은 시련도 모두 세상 탓으로 돌리는 사람이 있는가 하면 반면에 세상이 나를 죽였어도 다른 사람들에게 누를 끼쳐 미안하다고 생각하는 그런 사람들이 있는데, 그들에게서는 그들만이 가지고 있는 특별한 분위기가 있다.

그것은 가슴을 아리게 하는 묘한 모습이기도 하고, 이 각박한 사회에서 정상적인 방식으로는 도저히 살아갈 수 없을 만큼 순박한 사람들의 수동성이 갖는 애처로움이기도 하다.

담당 레지던트는 보호자인 할머니를 불렀다.

"할머니 제 얘기 잘 들으세요. 지금 아드님은 절대로 마셔서는 안 되는 무서운 약을 마신 겁니다. 한 병을 드셨고, 게다가 마신 시간이 너무 오래돼서 회생 가능성은 거의 없어요. 대개 이 경우에는 한 3일 정도 후에 돌아가시고, 살아 계시는 동안에도 숨을 쉴 수가 없어서 굉장히 고통스러워하실 거예요. 우리가 응급조치는 했으니 이제 중환자실로 모실 거구요."

그러자 설명이 다 끝나기도 전에 할머니가 물으셨다.

"치료비는 얼마나 들어요?"

"할머니, 원래 자살을 하려는 환자는 의료보험 적용이 안 돼요. 나라에서 의료보험 처리를 안 해주거든요. 그래서 일반으로 치료해서야 하니까, 아마 비용은 좀 많이 드실 거예요. 저는 비용은 잘 모르니 원무과에 가셔서 물어보세요."

"나는 돈 없어. 그냥 죽어야지 어떡해……."

레지던트의 지시로 내가 할머니를 원무과로 모시고 가서 설명을 들게 했다. 치료비는 당일 응급실 치료비만도 그때 돈으로 50만 원이 넘었고, 앞으로 중환자실에 입원하면 최소 몇백만 원이 더 들어가는 상황이었다.

생활에 찌들어 죽음을 선택한 사람들이 병원비라는 올가미에 다시 걸리는 셈이다. 대개 자살자들은 전혀 의료보험 적용이 되지 않는데, 이분들은 병원에서 생명을 건지면 건지는 대로 다시 주변 사람들(입원보증을 한 주위 분)이나 본인이 다시 어마어마한 치료비로 고통을 받는다. 돈이 없어 죽으려 한 사람이 병원비의 채무자가 되는 기가 막힌 상황이 되는 것이다.

할머니는 입원치료를 강력히 거부했다. 나는 결정권이 없는 학생신분으로 가타부타할 수가 없어서 다시 레지던트 앞으로 모시고 갔다. 그때부터 의사와 보호자 간의 길고 긴 줄다리기가 시작되었다.

"어차피 죽는다며? 그런데 왜 집에 못 가? 병원비를 의사 선생이 내 줄 거야?"

"할머니 그래도 어떻게 저런 상태로 사람을 집으로 데리고 가요?"

"살려준다면 몰라도 죽는다는데 왜 병원에 있어? 그냥 집에서 죽겠다는데 왜 그래?"

결국 담당 의사는 환자에게 다시 의사를 물었다. 아직 환자에게 호흡곤란은 나타나지 않고 있었다. 아마 고통은 그로부터 최소한 여섯 시간 이상은 지나야 시작될 것이기 때문이었다. 환자 역시 강력하게 집으로 돌아가기를 원했다. 담당 레지던트는 치프에게, 다시 치프는 스태프에게 보고하고, 주임교수의 허락까지 떨어진 다음에야 그들은 퇴원을 할 수 있었다.

나는 아직도 그때의 일을 생각해보며, 만약 내게 같은 상황이 주어진다면 어떤 선택을 했을까 자문해보곤 한다. 회생 가능성이 전혀 없는데, 단지 환자라는 이유로 중환자실에서 무리하게 치료(?)를 받아야 한다는 것은 무슨 의미가 있을까? 경제적으로 쪼들려서 농약을 마신 40대 장애인이 홀어머니에게 엄청난 병원비를 빚으로 남기고 세상을 떠난다면 그는 눈을 제대로 감을 수 있을까? 이럴 때 의료의 윤리 기준은 무엇일까? 의사는 환자의 형편에 관계없이 무조건 눈앞의 환자를 치료하는 것만이 능사일까? 아니면 이런저런 형편을 따져 어차피 죽어가는 환자를 집으로 돌려보내는 것이 더 나은 것일까?

얼마 전 보라매병원에서 보호자의 강력한 요청으로 뇌사 환자를 퇴원시킨 전공의 두 명이 살인죄로 기소되어 면허가 취소되었다. 이제 갓 가운을 입고 의사로서의 미래를 꿈꾸며 환자들 앞에 섰던 젊은 의사가 살인죄라는 엄청난 죄를 지은 전과자로 낙인찍혀버린 것이다. 나는 아직도 그 사건에 대한 판결이 아직 사회 경험이 적은 한 치기어린 검사의 객기 때문에 그렇게 났다고 생각한다. 그 검사는 환자들의 삶과 죽음에 대해, 또 남은 자와 떠나는 자의 관계에 대해 진지하게 생각해본 적이 있을까?

중환자실에 하염없이 누워 있는 뇌사자에게, 가족의 요청까지 거부하면서 마지막 심장이 멈추는 순간까지 소위 '치료행위'를 계속해야 하는 것일까? 그렇다면 그 과정에서 수천만 원의 병원비를 빚으로 안고 남겨지는 가족들의 삶은 어떻게 되는 것일까?

　아직 여기에 대한 우리들의 공론은 없다. 이제 이쯤에서 뇌사자나 희망이 없는 환자들에 대해 정부에서 일정 부분을 감당하든지, 그렇지 않으면 국공립병원에 치료센터를 설립해서라도 해결책을 찾아야 한다. 그러지 않으면 의사들은 선택의 여지가 없이 끊임없이, 환자 가족들로부터는 퇴원 압력을, 사법당국으로부터는 신변위협을 받게 되어 있다.

　그때의 환자도 결국은 그렇게 퇴원을 했다. 할머니는 당일 치료비에 대한 지불 각서를 쓰고, 한쪽 팔이 없는 40대 아들을 이끌고 병원 문을 나섰다. 평생을 세파에 시달린 탓인지 할머니답지 않은 서늘한 눈빛의 홀어머니와 그라목손의 푸른색에 염색되어 마치 잉크를 마신 듯 입술이 시퍼레진 아들은 위 세척을 하느라 젖어버린 군복 상의를 걸친 채 그 추운 겨울의 칼바람을 맞으며 비틀거리는 걸음으로 병원 문을 나섰다.

　그런데 응급실의 희뿌연 창문 너머로 비친 그들은 택시 승강장이 아닌 병원 정문을 향해 걷고 있었다. 당연히 택시를 타고 갈 거라고 생각했던 내 예상은 그저 내 기준의 상식이었을 뿐이었다. 그들은 그 추운 겨울날 예정된 죽음을 앞두고서도 1킬로미터 이상이나 되는 버스정류장 쪽으로 걸어가고 있었던 것이다.

　나는 어린 마음에 그들이 모습이 너무나 안쓰럽게 느껴졌다. 그래서 혼자 슬그머니 응급실을 나와 두 사람이 걸어가는 곳을 향해 뛰어갔다. 그리고 할머니에게 택시를 타고 가시라고 주머니에 들어 있던 7천 원을 건넸다. 할머니는 고맙다는 인사 따위는 할 경황도 없이 돈을 건네는 나를 한번 쳐다보시더니, 그 돈을 주섬주섬 주머니에 넣으시고는 다시 아들의 손을 잡고 그냥 가시던 길을 갔다. 환자의 오른쪽 소매는 힘없이 바람에 펄럭이고 있었다.

내가 잠시 그들의 뒷모습을 쳐다보다가 다시 돌아서는데, 수위 아저씨가 나를 보고 한마디 하셨다.

"학생, 저 할머니에게 택시비 줬지? 아까 그 내과 선생도 택시비하라고 주더만. 아마 학생이 준 돈도 그냥 할머니 주머니로 들어갔을 거야. 저 할머니 눈빛 봐. 아마 어딘지 몰라도 집에까지 걸어갈 거야."

나는 기분이 묘했다. 그리고 〈양철북〉이라는 영화에서 말의 머리에 뱀장어를 양식하는 장면을 보면서 느꼈던 구토를 느꼈다. 그것은 할머니에 대한 불편한 감정이 아니었다. 40대 장애 아들과 칠십의 노모, 그 라목손과 아들의 죽음, 그리고 40년간 아들의 수발을 들며 살아야 했던 노모의 증오에 가까운 시퍼런 눈빛, 당장 내일의 끼니와 바꾸어질 택시비……. 이런 것들이 복잡하게 엉켜 나를 어지럽게 했다.

할머니는 정말 버스정류장을 지나 지하도를 건너 아들과 함께 저 멀리 집을 향해 걸어가고 있었다. 차가운 겨울바람이 살을 에는 거리에서, 누비바지를 입은 할머니와 물에 젖은 군복을 입은 외팔의 아들이 서러운 한 풍경처럼 그렇게 비틀거리며 휘휘 걸어가고 있었다.

가난 때문에 목숨을 끊는 사람들을 볼 때마다 나는 불편해진다.
누추한 세상을 버리는 그 마지막 마음을 엿보다 들킨 사람처럼
나는 어느덧 죄인이 되어 있는 것이다.

태극기 휘날리며

오전에 진료실로 할아버지 한 분이 들어오셨다. 대개 그렇듯이 시골 어르신들은 처음 보는 사람들에게 항상 정중하게 대하신다. 문을 열고 들어오시면서 한 손으로 쓰고 계시던 모자를 벗으시며 허리를 굽혀 인사부터 하시는데, 이것은 말이 인사지 거의 절이다. 대개 이럴 때는 기미를 알아채고 벌떡 일어나서 맞절을 해야지 자칫 타이밍을 놓치면 어른에게 앉아서 절받는 꼴이 되기 쉽다.

그런데 내가 여기저기 아프신 곳을 묻고 잠시 이야기를 나눈 후, 약을 처방하고 인사를 드리려는데 할아버지께서 간곡히 부탁을 하신다.

"원장어른, 나는 일을 나가면 일주일씩 집에 못 들어오니까 아예 약을 일주일치 주이소."

"어르신 연세가 칠순이 넘으셨는데, 어떻게 일주일씩 일을 나가십니까? 그리고 약을 일주일치 처방하면 약값이 비싸지는데 괜찮으시겠습니까?"

"노가다가 어디 정년이 있니껴. 입에다 밥술이라도 떠넣으려면 일해야 하니더. 지금 영천에 다리 놓는 데 가서 일하고 있니더. 그라고 나는 의료원에 가면 돈 안 내도 되는데 여기가 하도 용타고 해서 이 병원에 왔니더."

할아버지는 몸도 성치 않으신데 일주일 동안 영천에서 일을 하고, 일주일에 한번 정도 집에 오신다고 했다. 그런데 의료원에 갈 때 치료비를 안 낸다는 뜻은 국가유공자라는 의미다. 사연을 여쭤보니 역시 어른은 육이오 보훈대상자셨다.

"어른께서는 육이오 보훈대상자신데, 그래도 다행히 크게 다치시지는 않으셨나봅니다."

그러자 할아버지는 일어서시다가 도로 자리에 앉으시더니 한숨부터 푹 내쉬셨다.

"내가 육이오 때 안동농고 1학년이었니더. 그때 인민군이 바로 코앞에까지 쳐들어왔는데 어디 군인이 있어야지. 그래서 안동 시내 중학교 3학년 이상은 모두 학도병으로 징집이 됐었니더. 안동중학교 3학년 학생들하고 우리는 같이 안동역에서 기차를 타고 전선에 투입됐었니더. 그라고는 총 쏘는 것만 대충 배워서 전쟁에 나간 게 낙동강 다부동 전투였니더. 아마 모르긴 몰라도 같이 갔던 사람 중 반은 거기서 죽었을 깁니더. 나는 거서 어째어째 살아서 그 다음에 안강 기계 전투에 투입됐는데, 거기도 더하면 더했지 조금도 덜하지는 않았심더. 나는 거기서 15일 동안 단 1초도 총알이나 폭탄소리가 멈추는 것을 못 봤니더. 전쟁에서 젤로 무서운 게 먼지 아니껴? 총알은 안 보이고 폭탄은 어차피 운이라 눈이 뒤집히면 하나도 안 무섭니더. 제일 무서운 게 착검하고 육박전하는 기라요. 서로 벌건 눈을 마주보고 칼로 찌르고 막 기리대는데, 그때는 내가 못 기리면 상대가 나를 기리뿜니더. 무조건 죽기 살기로 총검을 휘두르는 깁니더. 육박전이 끝나면 바지에 오줌이 줄줄 흐르니더."

할아버지는 그렇게 말하시고는 오른팔을 걷어 커다란 상처를 보여주셨다. 인민군의 총검에 베인 긴 상흔이었다.

"그라고 좀 있다가 전세가 좀 나아져서, 우리가 안강에서 영천 넘어 안동 쪽으로 밀고 올라왔는데, 그때는 우리도 탱크가 있어서 탱크를 한 대 앞세우고 우리 대대가 안동 부근까지 올라오는데 진짜 감개가 무량했심더. 드디어 고향 아입니꺼. 그때 매복을 피하느라 보병들은 산비탈로 행군을 했는데 비는 오늘처럼 주룩주룩 오지예, 발을 디디면 전부 시체라, 시체에 미끄러지고, 넘어지고, 아차 잘못하면 군화가 썩은 시체 뱃속으로 쑥 빠지기도 했었니더. 그때는 온 산과 들이 죽어 넘친 시체였고 벌건 핏물이었니더."

"……."

"그래서 겨우 안동 밑에 길안까지 행군을 했는데 그기서 인민군에 포위가 됐었니더. 이제는 꼼짝없이 다 죽었다는 생각이 들었니더. 앞세운 탱크는 이미 벌집이 됐고 인민군 기관총은 비 오듯이 날아오는데 그기서 우리 대대 중에 살은 사람이 열 명도 안 됐었니더. 나도 그때 영덩이에 총을 맞아서 엉덩이가 반쯤 날아갔었니더."

그러시면서 이번에는 바지를 내리시는데, 우측 둔부의 근육이 반쯤 날아가고 푹 파인 흔적만 남아 있었다.

"다행히 지원부대가 와서 그 길로 후송돼서 수술하고 며칠 지내니까 궁디에서 구데기가 더글더글했었니더. 그때 먼 약이나 있었니꺼? 그래도 몇 달 만에 상처가 아물자마자 다시 고성 피의 능선 전투에 또 투입됐었니더. 그 태극기 하는 영화 우리도 단체로 봤는데, 그건 실제의 반의 반도 안 되니더. 고성에서는 시체를 쌓아서 방벽을 만들고 시체를 포개놓고 그기다 총을 얹고 싸웠니더."

할아버지는 또 한숨을 푹 내쉬었다.

"그래그래 해서 전쟁이 끝나고 학도병으로 시작한 내가 금성 화랑 무공훈장을 받고 상사로 제대했으니 얼매나 씨기 싸웠는지 알만 안 하니꺼."

그러시면서 뒷주머니에서 보훈중을 꺼내서 보여주신다.

"그런데 나라에서는 내보고 7급 줬니더. 궁디는 반이 날아가고 얼굴은 몽땅 파편 맞아 흉칙하게 됐는데 오늘 이때까지 나라에서 아무도 내보고 고생했다는 말 한마디 안 했니더. 몸이 그꼴인데 취직을 할 수가 있니꺼. 그래서 지금까지 약 한 첩 안 묵고는 하루도 못 사는데도 이 나이까지 노가다 해서 먹고 사니더. 내가 그동안 보상 한번 제대로 받았나, 하다못해 존소리 한번 들었나. 내가 무슨 죽을 죄를 졌니꺼? 아이마, 내가 무신 큰 죄인이니꺼?"

그러고는 다시 옷을 주섬주섬 입으시더니 일어서신다.

"아이고, 원장어른 안녕히 계시소. 바뿌신데 씰데없는 소리를 너무 마이해서 미안니더."

할아버지는 오른팔로 눈물을 쓱 훔치고는 다시 허리를 굽혀 인사를 하시면서 모자를 쓰시고 나가셨다.

나는 할아버지가 나가신 뒤에도 잠시 동안 멍하니 있었다. 그리고 "내가 무신 큰 죄인이니껴?"라고 말씀하시던 그 한 섞인 말씀이 자꾸 메아리가 되어 돌아왔다.

그녀의 미니스커트

희망과 절망. 이 두 단어의 차이는 상황의 차이일까? 아니면 인식의 차이일까?

다른 사람들이 감히 쳐다보지도 못할 만큼 많은 것을 가지고도 자살을 한 재벌그룹 회장과 교통사고로 사지마비가 되어 휠체어 신세를 지고도 웃고 있는 사람의 차이는 무엇일까?

몇 년 전 일이다. 경부 고속도로에서 교통사고가 났다. 승용차를 운전하던 한 젊은 여성의 차량이 중앙선을 넘어 전복된 화물트럭에 깔렸다. 처음 응급실에 도착했을 때 환자의 상태는 차마 눈뜨고 볼 수가 없었다. 오른쪽 다리는 찌그러진 차체에 짓눌려 무릎 위까지 형체를 알 수 없을 정도로 짓뭉개져 있었고, 복부는 또 다른 외상으로 인해 소장과 대장이 여섯 군데나 파열되어 있었다. 처음 응급실에서 환자를 대하는 순간 생명을 구하기 어렵다는 느낌이 들었다.

보통 사고가 났을 때, 병원에서 처치를 하는 순서는 제일 먼저 호흡을 확보하고 두번째로 지혈을 시키고, 세번째로 혈압을 올리고, 네번째로 약물을 투여하는 것이다. 그리고 수술을 하는 순서는 가슴 → 머리 → 배 → 팔 → 다리 순서다. 예를 들어 뇌출혈과 폐기흉이 동반되면 폐기흉을 먼저 수술한 다음 뇌를 수술하는 것이고, 뇌출혈과 장파열이 동반되면 뇌수술을 먼저 하는 것이다. 물론 장파열과 동시에 장출혈이나 기타 복강 내 출혈이 있으면 배를 먼저 수술한다.

어쨌거나 어떤 경우에도 팔다리는 생명을 구하는 응급수술에서는 가장 후순위로 밀린다. 그러나 인주 씨의 경우에는 문제가 달랐다. 오른쪽 다리가 압착손상으로 완전히 짓눌려 있어서 정상적인 지혈이 불가능했고 근육이나 혈관, 기타 인대와 대퇴골의 손상이 워낙 심각해서 만약 수술이 늦어질 경우에는 심각한 합병증이 초래될 뿐 아니라, 현재와 같은 출혈성 쇼크 상태를 개선할 가능성이 없었다.

그러나 세상의 어떤 의사가 20대 후반 여성의 다리를 본인이나 보호자의 동의도 없이 함부로 절단하겠는가. 하지만 차량이 전파되면서 환자만 후송된 탓에 신원 확인이 늦어져 수술 동의서를 받을 수가 없었다. 환자는 쇼크 상태였고 보호자도 없는 상황에서 아무도 고양이 목에 방울을 달 수가 없었던 것이다.

더구나 복부 시티촬영상 복부의 출혈은 보이지 않았지만, 장파열이 확실한 상황에서 수술시간을 늦추는 것은 환자를 포기하자는 것과 같은 것이었다.

정형외과와 외과 팀은 다 같이 난감해하면서 선뜻 먼저 수술을 하겠다는 말은 하지 못하고 머뭇거리고 있었다. 그러다가 결국 전체 의료진이 연대 서명하고 수술을 감행하기로 했다.

우리는 우선 폴라로이드 카메라로 환부 곳곳을 돌아가며 상세히 사진을 찍었다. 그리고 간호사와 양 과의 스태프 네 명이 병력 기록지에 응급수술과 우측 하지 절단술, 아울러 개복수술에 대한 필요성을 적은 다음 전원이 비장하게 사인을 했다. 얼른 생각하면 당연한 일 같지만 내가 그때 그런 아이디어를 낸 것은 내 일생에서 가장 잘한 일 열 가지 중에 하나로 꼽을 정도로 쉽지 않은 일이었다. 보호자 동의 없는 수술은 자칫하다간 엄청난 소송의 회오리에 휘말릴 수 있었기 때문이다.

우여곡절 끝에 인주 씨는 수술실로 들어갈 수 있었다. 나는 외과 의사다. 그리고 국가기관에서 의뢰하는 공식 검안 및 부검의이기도 하고 법의학 자문의이기도 하다. 이 말은 내가 잘났다는 말이 아니라, 그만큼 이 바닥에서는 볼 것 못 볼 것 다 봤다는 말이다. 그런데도 내가 제일 싫어하는 수술이 바로 절단수술이다. 그것은 나뿐만 아니라 대한민국의 어떤 외과 의사도 다 같은 마음일 것이다. 게다가 특히 환자가 여성이나 어린아이의 경우라면 그야말로 할 짓이 못 된다.

나는 정형외과에서 절단수술이 끝나는 대로 바로 이어서 개복수술을 하기로 하고, 수술 대기실에서 수술이 끝나기를 기다리고 있었다. 그런데 한편으로 내가 수술할 환자의 다리가 절단되는 상황을 지켜보지 않는다는 것은 비겁한 일이라는 생각이 들었다. 그래서 마취과 스크린 뒤쪽에서 젊은 여성의 가늘고 고운 다리가 골반 아래쪽에서 잘려

나가는 과정을 묵묵히 지켜보았다.

　메스가 부딪히는 소리, 켈리와 모스키토가 혈관들을 결찰하면서 일으키는 금속성 마찰음, 메스가 근막을 절개하는 소리, 그리고 대퇴골을 절단하는 전기톱의 소름 돋는 소리가 수술실을 가득 채우더니, 불과 30분 만에 한 여인의 다리가 잘려나갔다.

　정형외과 스태프는 절단된 다리를 남은 피부로 덮어씌우고는 위쪽에 있는 나를 힐끗 쳐다보더니 "수고해!"라고 한마디를 남기고 수술실을 나갔다. 이런 수술이 진행될 때는 아무도 말을 하지 않는다. 이렇게 부담스러운 수술은 얼른 끝내고 기억에서 지우고 싶어하는 것이다.

　복부수술은 쉽게 진행되었다. 소장이 몇 군데 파열되었지만 다행히 장간막의 손상이 심하지 않았고, 대장파열에 대한 우려가 컸지만, 다행히 대장은 문제가 없었다. 만약 대장이 파열되었다면 생명을 보장하기가 어려웠겠지만, 소장의 일부를 잘라내고 이어 붙인 다음, 식염수 20리터로 복강 내를 세척하고 쉽게 배를 닫을 수 있었다.

　수술이 진행되는 동안 환자의 바이탈도 좋아지기 시작했다. 일단 다리에서 나는 출혈이 멈추었고 복강 내의 적지 않은 양의 출혈도 곧 지혈이 되었다. 그리고 병원에 도착해서 지금까지 10파인트 이상의 수혈을 받은 때문인지 환자의 피 색깔도 비교적 선명했고, 수술칼이 지나간 자리로 적당하게 선홍색 피가 흘러나왔다. 장의 색깔이나 피부의 온도까지 이만하면 환자가 쇼크 상태를 벗어난 게 틀림없었다.

　휴게실로 나가니 정형외과 스태프가 기다리고 있었다.

　"괜찮을까? 퍼미션도 없이 앰퓨테이션까지 했으니, 나중에 이거 떡

살 잡히는 거 아냐?"

정형외과 스태프의 걱정도 일리는 있었다. 비록 내가 같이 동의서를 작성하고, 불가피한 상황이니 절단을 하라고 주도적으로 부추기긴 했지만, 절단한 사람은 내가 아니라 그였으니 말이다. 그러나 그래도 도리가 없는 일이었다. 어쨌거나 환자는 살았고 상황은 이미 엎질러진 물이었다.

얼마 후 환자의 의식이 돌아왔다. 회복실에서 이미 의식이 돌아오기 시작해서 중환자실로 옮겨졌을 때는 의식이 거의 회복되었다. 행운이었다. 자동차가 전파되고 다리가 압착손상을 입고 장파열이 된 환자가 생명을 구할 수 있었다는 사실은 의사 입장에서는 행운이었다. 그녀가 어느 순간 자신의 귀중한 다리가 없어져버렸다는 것을 어떻게 받아들일지는 별개의 문제였다.

우리는 긴장했다. 환자를 중환자실로 옮긴 다음, 그때서야 도착한 보호자를 상대로 나와 정형외과 스태프는 릴레이로 길고도 신중한 설명을 해야 했다. 다행히 환자 보호자는 상황을 납득했다. 우리가 수술실에서 자칫하면 소송이 걸릴 가능성이 있으니, 수술 전후의 정황을 잘 기록하고, 폴라로이드 사진을 첨부해서 미리 자료를 만들어두자고 했던 작은 모의(?)들은 필요가 없어진 셈이다. 오히려 보호자들은 동의 없이 수술해서 생명을 구할 수 있었다며 고마워했다. 특히 그녀의 약혼자는 오히려 내가 민망할 정도로 감사하다며 머리를 숙였다.

그러나 문제는 환자였다. 환자는 외국계 은행에 근무하는 여성이었다. 그녀는 나이 스물일곱에 이미 자신이 근무하는 외국계 은행에서 능력을 인정받고 있는 미모의 젊은 커리어 우먼이었다. 게다가 다음달에는 회사에서 보내주는 MBA 과정을 수료하기 위해 해외 유학까지 예정되어 있었다.

그러니 자신의 사회적 위치만큼이나 그녀의 절망도 컸을 것이다. 그녀는 중환자실에 있는 동안 동의 없이 자신의 다리를 절단한 우리를 향해 끊임없는 원망을 쏟아냈고 교통사고를 일으킨 상대방 운전자를 저주했으며 자신의 처지를 심각하게 비관했다. 아울러 한동안 치료까지 완강하게 거부해서 의료진의 속을 엄청나게 태우기도 했다. 우리는 그녀가 이해되었다. 세상에 어느 누가 그 사실을 순순히 받아들일 수 있겠는가.

평일 낮 고속도로를, 그것도 모든 규칙을 준수하며 안전하게 운전하던 자기에게 난데없이 중앙선을 넘은 트럭이 돌진하고 그 충격에 정신을 잃었다가 눈을 떠보니 배에는 30센티미터 길이의 수술 자국이 나 있고, 옆구리에는 네 개나 되는 드레인 호스가 끼워져 있으며, 무엇보다도 자신의 소중한 다리 한쪽이 사라져버렸을 때, 과연 어느 누가 그 상황을 운명이라고 순응할 수 있겠는가.

그녀는 무려 한 달간을 팬텀현상(유령현상)에 시달렸다. 인간에게 바디이미지란 무서운 것이다. 인간은 뇌의 기억 단위 안에 스스로의 바디이미지를 치밀하게 저장하고 있다. 때문에 어느 날 갑자기 몸의 일부가 사라져버리게 되어도 뇌는 그것을 받아들이지 않는다.

그녀의 경우도 오른쪽 다리는 분명히 27년간 항상 그 자리에 있었다. 때문에 자신도 모르게 몸을 일으키거나 걸음을 걸으려고 할 때 그녀의 뇌는 예전의 습관처럼 그 다리의 근육에게 자신의 몸을 지지하라는 명령을 내린다. 또 그녀의 뇌는 지난 27년간 그래왔듯이, 걸음을 걸을 때 왼쪽 다리를 디딘 다음에는 자연스럽게 오른쪽 다리를 교대로 디디라고 명령한다. 그러면 그때마다 그녀의 몸은 그 명령에 따라 저절로 왼쪽 다리에서 오른쪽 다리로 중심을 이동하고, 그 결과 매번 자리에서 쓰러지고 만다.

그뿐 아니다. 밤에 잠자리에 들 때는 극심한 통증에 시달린다. 분명히 그 다리는 잘려나가고 없는데, 밤이면 짓눌려 으깨어진 오른쪽 다리의 고통 때문에 몸부림친다. 그녀의 뇌가 27년 동안 기억하는 바디이미지는 분명히 두 다리가 멀쩡히 존재하고, 다만 한쪽 다리가 무엇인가에 짓눌려 있는 것뿐이다. 즉 그녀의 뇌는 단지 그녀의 다리가 짓눌려진 마지막 상황, 그것만을 기억할 뿐이다.

그래서 그녀는 매일 밤, 없어진 다리가 짓이겨지는 고통에 식은땀을 흘리면서 울부짖었고, 그때마다 고강도의 진통제를 찾았다. 그녀는 새로운 바디이미지가 생겨날 때까지 거의 몇 달간을 고단위 마약성 진통제를 맞지 않고서는 잠을 이루지 못했다. 이런 현상이 바로 팬텀현상이다. 그녀는 상당 기간 이러한 현상에 시달렸으며, 정신적 고통의 크기만큼 우울증의 강도도 깊어갔다.

한 달이 지나자 정형외과에서도 더 이상 치료를 할 필요가 없었고, 나도 그녀에게 더 이상 치료를 해줄 것이 없었다. 쉽게 말해서 그녀는 의학적으로 완치 상태에 이른 것이다. 비록 한쪽 다리가 사라진 상태이지만, 또 본인으로서는 죽어도 받아들일 수 없는 상황이지만, 그래도 우리가 의사로서 그녀에게 도움을 줄 수 있는 것은 더 이상 없었다. 다행히 정신과적 치료와 약혼자의 눈물겨운 노력 덕분에 그녀의 우울증은 많이 나아졌다. 그러나 그 아름다운 얼굴에 여전히 드리워져 있는 어두운 그림자는 감출 수 없었다.

그녀는 퇴원하던 날 목발을 짚은 채 약혼자와 함께 내 방에 들렀다. 그녀의 길고 우아한 왼쪽 다리는 그녀의 긴 바짓단을 지나 왼쪽 종아리와 발목을 거치면서 아름다운 자태를 드러냈지만, 잘려나간 오른쪽 다리 아래쪽은 마치 신장개업식에 쓰이는 공기인형의 다리처럼 걸음을 옮길 때마다 애처롭게 바람에 흔들렸다.

나는 외래에서 그녀의 오른쪽 바짓단을 매듭으로 묶어주면서 짐짓 태연하게 말했다.

"원래 반대쪽 바짓단은 이렇게 동여매고 다녀야지 아니면 거치적거려서 걷다가 넘어져요."

그녀는 내가 자신의 바짓단을 묶어주는 동안 약혼자와 부모님에게 어깨를 기댄 채 알듯 말듯한 미소를 지었다.

그녀가 입원해 있는 동안 내가 가장 크게 걱정했던 부분은 엉뚱하게도 약혼자와의 관계였다. 그녀의 다리 하나가 사라진 상황을 두 사람이 과연 무난히 극복해낼 수 있을지, 설령 그녀의 애인이 현실적인 어려움을 받아들인다 하더라도 자존심 강해 보이는 그녀가 과연 그것을 수용할 수 있을지 걱정스러웠다.

그래서 인주 씨가 입원해 있는 동안 그녀의 부모보다는 오히려 애인을 진료실로 자주 불러서 그녀의 상태를 설명해주었다. 재활에 대한 조언이나 장파열 이후의 유착 관리, 아울러 절단 환자들의 심리상태나, 겉으로는 멀쩡해 보이지만 자칫하면 순간적으로 자해를 할 가능성 등에 대해 자세히 얘기해주었고, 그는 진지하게 내 말에 귀를 기울였다. 그것은 두 사람의 관계가 계속 유지되기를 바라는 내 나름의 심모원려였다.

다행히 그녀와 그의 관계는 나와 같은 오버맨이 잔꾀를 부린다고 어떻게 할 수 있는 간단한 관계는 아니었다. 가끔 1~2주에 한번씩 외래로 들리는 그녀의 얼굴에는 차츰 어둠이 걷히기 시작했다. 이젠 목발도 제법 잘 사용하고, 꽤 긴 시간 동안 혼자 목발을 짚고 서 있을 만큼 팔의 힘도 길러졌다.

그녀는 퇴원 후 직장을 그만두고 다른 직장을 준비하고 있다고 했다. 비록 전에 다니던 회사가 외국계 회사였고 그녀가 뛰어난 능력을 갖고 있었다 하더라도, 아직 우리 사회에서 한쪽 다리가 없는 장애자에게 열어줄 수 있는 이해의 한계란 고작 그 정도였다. 나는 회사에서 사직을 권고한 것인지, 스스로 그만둔 것인지, 또 새로 얻는 직장은 어디인지 묻고 싶었지만 묻지 않았다. 그것은 그녀가 누군가의 도움을 받지 않아도 얼마든지 난관을 당당히 헤쳐나갈 수 있는 능력을 가진 사람이어서 잘 선택을 했으리라 생각했기 때문이다.

그러나 정작 그것보다 더 걱정스러웠던 것은 어느 날부터 항상 그림자처럼 붙어 다니던 그녀의 애인이 모습을 보이지 않는다는 것이었다.

최근 네댓 번 동안은 한번도 병원에 같이 오지 않았다. 나는 속으로 그녀가 직장을 그만둔 것과 같은 사유로 그와의 관계를 정리한 것은 아닐까 염려스러웠지만 차마 그녀에게 물어볼 수는 없었다.

두어 달의 시간이 흘러 이제 더 이상의 외래 통원도 필요없게 되었다. 그녀는 여전히 자신의 다리를 부담스러워하고 있었지만 그래도 그것을 극복해야 한다는 사실은 알고 있었다. 나는 언제든 문제가 있으면 다시 찾으라는 말을 인사로 그녀와 마지막 악수를 나누었다.

그런데 그로부터 서너 달이 지난 어느 날, 인주 씨가 다시 외래를 찾아왔다. 이번에는 그녀의 곁에 그동안 보이지 않았던 그녀의 애인이 같이 서 있었다. 그리고 그녀의 고운 손에는 하얀색 봉투가 쥐어져 있었다. 청첩장이었다. 다음달에 두 사람이 결혼식을 올린다는 소식을 담은 세상에서 가장 가슴 벅찬 청첩장이 그녀의 손에 쥐어져 있었다. 두 사람은 손을 꼭 잡고 말했다.

"바쁘신 선생님들 꼭 오시라고 드리는 건 아니고요, 왠지 제가 결혼한다는 걸 선생님들께 알려드려야 할 것 같아서 왔어요."

그녀의 얼굴에는 햇살 같은 웃음이 지나갔다. 그녀가 새로 얻은 직장이 바로 두 사람의 가정이었던 것이다. 그런데 그날 나는 일생에서 경험하기 어려운 감동적인 모습을 보았다. 이제 곧 결혼할 두 사람이 서로 어깨를 기대고 청첩장을 들고 서 있는 모습도 아름다웠지만 그보다 더 아름다운 모습을 보게 되었던 것이다. 그 모습은 마치 동화 속 그림처럼 혹은 어느 봄날의 꿈속처럼 참으로 가슴 벅찬 아름다운 광경이었다. 그것은 바로 그녀의 '미니스커트'였다.

그녀는 무릎 바로 위까지 올라오는 미니스커트를 입고 있었다. 아름다운 자태가 돋보이는 고운 왼쪽다리는 스커트 아래에서 길게 뻗어 땅을 디디고 있었지만, 사라진 오른쪽 다리는 당연히 있어야 할 그 자리에 없었다. 그러나 나는 그녀의 사라진 오른쪽 다리가 다시 그 자리에 있는 것처럼 착각이 될 정도로 눈부신 아름다움을 느꼈다.

한쪽 다리가 절단된 아름다운 숙녀의 미니스커트. 나는 그것으로 그녀가 드디어 가혹한 운명과의 싸움에서 승리했음을 알았다. 그녀는 가혹하고 잔인한 운명과 정면으로 맞서 당당하게 이긴 것이었다. 이 세상에 어떤 아름다움이 있어 그녀의 한쪽 다리만큼 아름다운 감동을 줄 것이며, 어떤 강인한 자가 있어 그녀의 승리보다 더 단단한 승리를 자랑할 수 있을 것인가.

인주 씨의 미니스커트. 그것은 작은 시련 앞에서도 쉽게 나약해지고 무력하게 무너지고 마는 우리들에게 웅변보다 더 큰 교훈을 주고 있는 것이 아니겠는가.

가혹하고 잔인한 운명과 정면
으로 맞서 당당하게 이긴 사람
에게,이깟 목발쯤이야 뭐 대수
로울까. 하지만 오직 자신에게
만 불행이 닥친 것 같은 절망감
을 이겨내기란 결코 쉬운 일이
아니리라.

내 마음을 다시 두드린 이름

오후에 진료실 컴퓨터에 뜬 대기 환자의 이름을 보다가 가슴이 철렁 내려앉았다. 내가 그 이름을 보고 누군가를 금방 기억해내고 가슴이 철렁해진 것은, 동렬 씨의 성이 희귀성이라 한번 들으면 잊히지 않아서도 아니고, 나를 해롭게 했던 인물이어서도 아니다.

아주 오래전 레지던트 시절, 당시에는 레지던트 3년차 정도가 되면 농어촌에 있는 자매병원으로 파견을 나갔다. 농어촌에서 전문의를 구하기 어려웠던 시절이었으므로 농어촌 병원들은 대학병원들과 자매결연을 맺어 레지던트를 파견받아 준전문의 수준의 의사를 확보했다. 물론 레지던트들에게는 임상경험을 좀더 쌓는 좋은 기회가 되었다.

나는 파견지로 가서 업무를 인수받고 다음날 바로 진료를 시작했다. 그날 책상 위에는 신경외과에서 온 '타과 진료의뢰서—컨설팅 시트'

가 있었다. 내용은 흉추손상으로 3년째 하체마비가 된 환자가 신경외과로 다시 입원을 했는데, 가슴과 배의 통증을 호소하고 숨도 제대로 못 쉬어 답답해한다는 것이었다.

나는 일단 환자를 진찰하기 위해 신경외과 병실로 올라갔다. 환자는 어쩌면 이럴 수 있을까싶을 정도로 인상이 좋은 사람이었다. 가슴 아래쪽이 마비가 되어 3년 동안이나 몸을 가누지도 못하고 있는데도 얼굴에서 짜증이나 절망의 표정을 조금도 발견할 수 없었다. 그는 오히려 자신의 몸 때문에 다른 사람들에게 누가 되고 있다고 늘 송구스러워하는 사람이었다.

그에게는 다섯 살과 일곱 살짜리 딸이 있었다. 아내가 1년 전 소리 없이 사라진 후 두 딸은 하반신이 마비된 아빠 곁에 늘 붙어 있었다. 그를 돌봐주는 사람은 아무도 없었다. 부모형제도, 친척도 없었다. 병실에는 항상 두 딸과 그뿐이었다.

그를 진찰하고 난 느낌은 좋지 않았다. 흉부에 결핵 혹은 다른 것이 의심되는 소견이 나왔던 것이다. 이 경우 최선의 결과래야 활동성 결핵이었다. 다음날 흉부 시티를 촬영했다. 그리고 불행하게도 결과는 최악인 폐암이었다. 그는 대학병원 수술비를 감당할 처지가 못 되었다. 그래도 수술해서 나을 병이라면 도둑질을 해서라도 대학병원에 데려가야겠지만 회생 가능성은 거의 없었다. 그럼에도 얼마간의 연명을 위해서라도 수술은 해야 했다.

의사들과 파견의들, 그리고 행정 담당자들은 충분히 논의를 했다. 그리고 수술은 그 병원에서 하되, 집도의를 대학에서 모셔오는 방법을 택하기로 했다. 그 병원에는 흉부외과가 없었을 뿐 아니라, 설령 있다 해도 그런 수술은 대가가 해야 하는 것이었다. 곧 여러 경로를 거쳐 대학병원 흉부외과에서 수술팀이 파견되었고 수술이 시작되었다. 그의 두 딸은 영문도 모르고 수술실 앞에서 간호사들이 쥐어준 과자 봉지를 들고 천진난만한 표정으로 놀고 있었다.

그러나 수술은 한 시간도 채 되지 않아서 끝이 났다. 시티촬영 결과와는 달리 실제 가슴을 열어보니 암세포가 폐 전체에 전이되어 있었고, 종격동과 복부까지 전이가 이루어져 있었던 것이다. 수술팀은 결국 종양을 제거하지 못하고 그대로 가슴을 닫아버렸다.

그는 중환자실로 옮겨진 뒤 이틀 만에 다시 일반 병실로 옮겨졌다. 수술 후 그의 경과 관찰과 치료는 내 몫이 되었다. 비록 흉부외과 의사는 아니지만 그래도 전공이 가장 유사했기 때문이다.

나는 수술 결과를 감추지 않고 그에게 다 말해주었다. 그에게는 이 엄청난 상황을 수습할 시간이 그리 많지 않았다. 그는 담담하게 받아들이는 듯했다. 이후부터는 나도, 간호사도, 병원 직원도, 다른 의사도, 아무 말을 할 수가 없었다. 섣부른 위로나 그렇다고 애써 보이는 무관심이나 과잉 배려도…… 그 모든 것이 서로에게 어색했다.

그리고 며칠이 지나 어린이날이었다. 파견의들은 공휴일에는 콜을 받지 않는다. 다들 휴일에는 그곳을 떠나 각자 집으로 돌아가기 때문이다. 나는 그의 치료 때문에 전날 출발하지 못하고 어린이날 아침에 서울을 가기로 했다.

아침 일찍 그의 병실에 들렀다. 그런데 병원을 들어서는데 그의 두 딸이 마음에 걸렸다. 벌써 몇 해째 어린이날을 잊어버리고 있었을 것이다. 그리고 그나마도 아이들은 다음 어린이날부터는 비록 하체를 쓰지 못하더라도 자신들을 목숨만큼 사랑해주는 아버지가 없는 어린이날을 맞이하게 될 것이다.

나는 병원 앞 슈퍼에서 작은 선물을 두 개 사서 그의 병실로 들어섰다. 치료를 끝내고 아이들에게 선물을 주려니 이미 병원 직원들이 따로 가져다준 선물들이 가득했다. 치료를 마치고 돌아서는데 그가 내 손을 잡았다. 그는 내게 처음으로 눈물을 보였다. 자신이 죽는 것은 두렵지 않은데, 저 아이들이 눈에 밟혀 차마 죽을 수가 없다면서 많은 눈물을 흘렸다. 눈물은 그칠 줄 모르고 철철 흘러내렸다. 결국 나도 같이 울고, 옆에 있던 간호사도 울었다. 병실에서 나와 진료실로 돌아가서도 감정이 억제되지 않아 거의 한 시간 동안 눈물이 났다.

그는 며칠 후 퇴원했다. 더 이상 무의미한 치료를 받으면서 병원에 폐를 끼치기도 싫고, 어차피 죽을 목숨에 한푼도 더 쓸 수가 없다는 것이었다. 나도 그의 생각에 동의했다.

그가 퇴원한 뒤 나는 금방 일상으로 복귀했다. 사람이란 참 이상한 동물이다. 마치 대단한 일이라도 생긴 양 수선을 떨다가도 그 상황이 종료되면 금방 원래 자리로 돌아가버린다. 그후로 가끔 그와 두 딸이 생각났지만, 더 이상 그를 생각하며 가슴 아파하지는 않았다.

그리고 파견근무가 거의 다 끝날 때쯤이었다. 주말이면 파견이 끝난다고 짐도 정리하고 돌아갈 준비를 하는데 응급실에서 연락이 왔다. 그가 응급실로 들어왔다는 것이다.

응급실로 내려가 보니 처참했다. 불과 한 달 전까지만 해도 나름대로 적당한 체중을 유지하고 있던 그는 부지깽이처럼 말라서 모로 누워 가파른 숨을 몰아쉬고 있었다. 전형적인 말기 암 환자의 모습이었다. 그는 숨을 제대로 쉬기가 어려워 바로 눕지도 못했다. 가슴근육이 말라 제대로 호흡근육을 움직이지 못해 숨 쉬는 게 너무 힘들어 보였다. 그는 다시 내 손을 잡고 눈물이 그렁그렁해서 딸 걱정을 했다. 나는 그를 안심시키고 산소마스크를 달아 병실로 올려보냈다. 두 딸은 여전히 그의 곁을 지키고 있었다.

그리고 그날 저녁, 그는 모로 돌아누운 채 눈도 감지 못하고 세상을 떠났다. 아마 마지막까지 두 딸아이의 얼굴을 놓지 않으려고 그랬던 것 같다.

또 며칠이 지나 나는 일상으로 다시 복귀했다. 가끔 그가 생각나거나 두 딸의 안부가 궁금했지만 시간이 지날수록 내게서 점점 멀어지는 일상일 뿐이었다. 그리고 우연히 그와 같은 이름의 환자를 보고 몇 년 만에 그를 다시 기억해냈다. 이미 일상 속에 묻어버렸던, 그의 아픔에 대한 엠퍼시가 내 마음을 다시 두드렸던 것이다.

그가 마지막까지 눈에 담으려 했던 두 딸은 지금 어떻게 살고 있는지…….

누군가의 이름을 보는 것만으로 가슴이 철렁해질 때가 있다.
가슴 아팠던 기억들은 잠시 잊은 듯해도 그 자국까지 없어지진 않는 모양이다.

새옹지마? 새옹지우!

영양 할아버지가 병원에 오셨다. 영양 고추를 말려서 빻은 오리지널 영양 고춧가루를 정말 한 말은 넘게 가지고 오셨다.

"이거 농사진 고추니더. 병원 김장할 때 쓰이소."

할아버지는 고춧가루를 전해주시고는 하회탈처럼 웃으신다. 할아버지는 앞니가 많이 없으셔서 영락없는 하회탈 모습을 하고 계신다.

"내가 얼매나 더 살지는 몰라도 지금 사는 거는 개평 아잉교."

영양 할아버지는 한두 달쯤 전에 우리 병원에 오셨다. 영양에서 농사를 지으시는데, 집에서 키우는 소가 어느 날 들이받아서 우측 갈비뼈가 네 개나 부러지고, 폐 속에 피가 차는 '폐혈흉'이 되었던 할아버지다. 그래서 가슴을 조금 절개하고 호스를 집어넣어 피를 빼내지 않으면 안 되었다. 그나마 피가 그렇게라도 멈추면 다행인데 고인 피를 빼내고도 피가 멈추지 않으면 '개흉'을 해서 피가 나는 곳을 묶어야 했다.

어쨌든 할아버지는 병원으로 오시면서 화가 나서 계속 "망할노무 소 잡아 묵어뿌려야지."라고 하셨단다. 할아버지는 많은 연세에도 불구하고 국소마취를 하고 가슴에 구멍을 내는 수술을 잘 참으셨다. 그러나 얼마나 화가 나셨는지 수술을 하는 동안에도 계속 "망할노무 소새끼, 내 집에 가면 당장 잡아 묵어뿌린다."라고 중얼거리셨다.

그런데 그로부터 이틀 후 수술을 했던 친구가 아침에 할아버지 가슴 사진을 들고 내 방으로 들어왔다.

"야, 이거 봐라. 피 고인 거 다 빠졌는지 알아보려고 가슴사진을 찍었는데 좌측 폐에 뭐가 보인다."

자세히 보니 좌측 가슴에 폐암으로 의심되는 덩어리가 보였다. 우리는 즉시 흉부 시티촬영을 해보았다. 아니나 다를까 역시 폐암이었다. 부랴부랴 대구 동산병원에 연락을 취해놓은 후에 다음날 바로 할아버지를 후송했다. 그러니까 할아버지는 갈비뼈가 부러진 채로, 혈흉으로 인한 호스가 그냥 박힌 채로, 졸지에 폐암수술까지 받게 된 것이다.

그런데 그로부터 열흘 후 동산병원에서 진료회신서가 날아왔다.

"폐암 1기. 수술 부위 경계 면에 암세포가 발견되지 않았음. 주변 조직으로 전이 없음."

원래 폐암은 대부분 수술을 하나마나한 병이다. 폐는 조직이 연질이고 혈관이 발달해 있어서 일단 암이 걸리면 몇 달 내에 빠른 속도로 전이가 되어버린다. 때문에 극적으로 초기에 발견된 경우(제1기)를 제외하고는 수술을 해도 구명하기가 가장 어려운 암 중 하나다. 그런데 할아버지가 다행히 1기라는 것이었다. 만약 소뿔에 받치지 않았다면, 내년 초쯤이면 벌써 말기 암 환자가 되어 계실 일이었다.

그날 이후로 영양 할아버지는 '새옹지마' 아니 '새옹지우'의 대표적인 사례로 우리들 사이에 몇 번이나 화제가 되었는데, 드디어 '짠!' 하고 건강한 모습으로 나타나신 것이다. 할아버지는 못내 우리에게 고마워하셨지만, 사실 우리가 잘한 건 하나도 없었다. 폐암은 정말 우연히 사진에 나타난 것이고, 의사라면 누구나 그렇게 판단했을 일이다.

할아버지는 연신 고맙다면서 면구스러울 만큼 계속 인사를 하셨다. 그러나 이러한 행운은 일생을 순박하게 사신 할아버지를 우신牛神이 도와준 것이 분명하다.

"어르신, 그런데 그 소는 어떻게 잡아 잡수셨니껴?" 하고 사투리로 농을 드렸더니, 할아버지께서는 다시 하회탈처럼 웃으시면서 "아유~ 아들 삼았니더." 하신다.

이렇게 병원이란 울다가 웃다가, 슬프다가 기쁘다가 하는 곳이다. 영양 할아버지 덕분에 병원 분위기는 화기애애해졌다. 또한 직원들과 환자들은 영양 고추 덕에 올 한 해 김장김치를 아주 맛있게 먹게 생겼다.

"새옹지우塞翁之牛, 어떻게 생각하시니껴?"

우식이의 꿈

우식이는 장애인이다. 태어날 때부터 뇌손상으로 뇌성마비가 왔다고 한다. 뇌성마비는 대개 출산시의 손상으로 머리를 다쳐서 발생하는 경우가 많은데, 이완형과 강직형 두 종류가 있다. 이완형은 문자 그대로 몸이 축 늘어지는 형이고, 강직형은 몸이 굳어지는 형이다.

얼른 생각하면 굳어지는 강직형이 더 나쁠 것 같지만 이완형이 더 심각하다. 강직형은 입이 돌아가거나 팔다리가 틀어지는 경우가 많지만 아주 심각하지 않으면 보행이나 사지를 사용하는 일이 그래도 가능하다. 물론 의지대로 몸이 움직여주지 않고 초점이 맞지 않아서 당사자가 굉장히 힘들어하지만 그나마 낫다.

그런데 이완형은 너무나 고통스러워서 대부분의 환자가 거의 은둔해 있다. 근육에 힘이 없어서 앉을 수도 없고 무엇을 들거나 움직일 수조차 없다. 특히 사지 이완형은 누군가의 수발이 없으면 생존 자체가 힘겹다. 이완형의 경우는 거의 사회생활을 할 수 없기 때문에 사람들 눈에 잘 띄지도 않는다.

대개 출산 후 아이가 8개월이 지나도 뒤집지 못하거나 침을 많이 흘리고, 열 달이 지나도 무엇을 잡고 일어서지 못하고 한쪽 방향의 팔다리만 쓸 경우에는 빨리 뇌성마비에 대한 진단을 받고 신속하게 재활치료를 시작해야 한다.

우리나라의 장애인들, 특히 강직형은 조기에 재활치료만 제대로 했어도 지금보다 더 나은 삶을 사실 수 있는 분들이 많은데 그렇지 못하다는 점이 참 안타깝다. 어쨌거나 이런 뇌성마비에는 지능에 문제가 있는 경우도 있고 아닌 경우도 있다.

다행히 지능에 문제가 없는 경우 뇌성마비 환자들은 놀라운 집중력을 발휘해서 뛰어난 학업 성취도를 보이는 경우도 있다. 사실 우리나라에서도 무조건적인 장애인 대책보다는 장애인들이 어느 부분에 뛰어나고 어느 부분이 유지가 되는지를 파악해서 부분별 대책을 세워야 한다.

우식이도 그런 아이 중 하나다. 우식이는 우리 병원 단골 환자다. 강직형 사지마비가 있었지만 그래도 두 다리와 좌측 팔은 정상의 70퍼센트 수준은 되고, 우측 팔은 비틀어져서 전혀 쓰지 못한다. 그래서 우식이는 늘 넘어지는 게 문제다.

아마 한 달에 두어 번은 넘어져 얼굴이나 팔, 무릎이 까지거나 찢어져서 병원을 온다. 대개 장애인 학교는 아이들을 보살펴주지만 우식이 같은 중증 환자가 스스로 일반학교를 선택한 경우에는 보호가 되지 않아 늘 위험 속에 놓여 있다.

그런데 이 녀석은 병원에만 오면 나를 부러운 눈으로 쳐다본다. 넘어져서 얼굴이 온통 벌겋게 까져서 치료를 받으면서도 내 방에 꽂힌 의학서적들에 시선을 주고, 항상 사방을 두리번거린다.

이 녀석은 꿈이 의사다. 보통 의사가 되려는 아이들은 자기의 의지보다는 부모님들의 생각에 따르고, 내가 왜 의사가 되고 싶은지에 대한 철학도 없지만 우식이는 정말 진지하게 의대를 가고 싶어한다. 게다가 이 녀석은 현재 평준화 지역이 아닌 안동지역에서 우수한 고등학교를 다니면서도 전교 1, 2등을 다툰다고 한다. 이 녀석이 의대를 가고 싶어하는 이유는 굳이 설명을 안 해도 알 것이다.

어느 날 녀석이 또 넘어져서 병원에 왔다. 그러고는 또다시 나를 괴롭힌다.

"선생님 나도 의대 갈 수 있어요?"

솔직히 나는 지금까지 거짓말을 해왔다. 녀석이 그렇게 물을 때마다 현행법으로는 곤란하지만 요즘은 시대가 바뀌었으니 가능할지 모른다, 만약 안 되면 같이 투쟁이라도 해보자, 나는 될 거라고 생각한다. 그렇게 말해왔는데, 대입제도로는 이미 한번 실패했다고 한다.

중간지원에서 실패했다면 정시모집에서도 안 될 건 뻔한 일이고, 게다가 우식이 같은 경우는 현행법으로도 불가능한 일이다. 의사면허증이란 기본적으로 모든 진료과목에 걸쳐 진료를 할 수 있는 기초자격을 얻는 것이기 때문에, 다리가 좀 불편한 건 가능하지만 팔이 불편하면 힘들 수 있다.

  물론 방사선과나 병리과 의사, 아니면 기초의학을 전공하는 방법은 가능하지만 이 경우도 어디까지나 전체 진료과목의 진료가 가능한 자격을 갖춘 다음에 정해지기 때문에 어려운 건 마찬가지다.

  이날따라 녀석은 상당히 집요했다. 녀석의 눈을 똑바로 보기가 버거울 정도였다. 비록 입과 사지는 틀어지고 걸음걸이는 비틀거려도 육신의 장애에 대한 보상인가싶을 정도로 눈빛은 살아 있다.

  녀석이 의사가 되려는 의지는 너무 강렬해 사실 이제는 좀 부담이 된다. 같이 싸워줄 용의는 있는데 이길 자신이 없다. 녀석은 정말 투쟁이라도 할 기세다. 이제라도 녀석을 설득해야 하는 건지, 아니면 끝없는 싸움을 같이 시작해야 하는 건지 판단이 안 선다. 이길 자신만 있다면 같이 머리띠를 싸매고 싸우겠지만, 만약 이 상황에서 선불리 싸우자고 했다가 부추기는 상황이 되어버리면 끝도 모를 싸움 속으로 이 녀석의 인생이 끌려들어갈 수도 있다.

  그렇다고 이 녀석에게 그 꿈마저 사라진다면 그것은 너무 가혹한 일이 될 것이다. 우식이의 꿈을 생각하면 그저 답답하고 안타까운 마음뿐이다.

히포크라테스는 늘 내게 묻는 것 같다. "너는 왜 의사가 되었는가?"라고.
의사가 되겠다는 꿈을 가진 아이들을 볼 때면 그 물음은 따끔한 회초리로 되돌아오기도 한다.
나는 정말 왜 의사가 되었을까?

지상에서의 마지막 인사

정문이는 외동아들이다. 초등학교 1학년의 어린 정문이는 어느 날 집에 와서 엄마에게 걸어 다닐 때마다 왼쪽 무릎이 아프다고 말했단다. 그러나 엄마는 그 나이에 흔히 겪게 되는 성장통이라고 생각하고 "원래 크느라고 그래. 조금만 지나면 안 아파."라고 말해주었다고 한다.

그런데 그로부터 한두 달이 지나면서 정문이 왼쪽 무릎 아래쪽이 불그스레해지고 주변에서는 가벼운 열이 느껴졌다. 아빠도 그때까지는 그러려니 했다. 그러다가 그 자리를 누르면 압통이 느껴지고 염증이 있는 듯하자, 아내에게 정문이를 데리고 가까운 정형외과에 가보라고 했다.

그러나 정문이의 엑스레이 사진을 본 동네 병원의 의사는 난감한 표정을 지으며 종합병원에 데려가서 정밀 검진을 받아볼 것을 권했다.

무언가 심상치 않은 느낌을 받은 엄마는 그 길로 정문이를 대학병원으로 데리고 왔고, 그곳에서 어린 정문이는 골육종, 그러니까 10대에 많이 발생하는 무서운 골종양 판정을 받았다. 그리고 치료방법은 즉각적인 하지 절단술밖에 없었다.

정문이 엄마 아빠에게는 청천벽력과 같은 일이었다. 두 사람은 다리를 절단하는 방법밖에 없다는 사실을 알면서도 받아들이지 못했다. 초등학교 1학년 외동아들의 한쪽 다리를 절단한다는 것을 어느 부모가 쉽게 받아들일 수 있겠는가. 그들은 필사적으로 다른 방법을 찾기 시작했다. 방사선 치료를 통해 해결을 시도해보기도 하고, 모 한의원에 가서 암을 치료한다는 한약을 지어 먹이기도 하고, 엉터리 민간요법 전문가를 찾기도 했다. 그들은 수술을 하지 않고 고칠 수만 있다면 전 재산을 팔아서 미국이라도 가겠다고 했다.

결국 정문이는 수술 외에는 다른 방법이 없다는 우리 병원을 떠나 다른 병원으로 갔다. 어느 부모, 어느 환자라도 그랬을 것이다. 그들은 혹시 진단이 잘못된 것은 아닌지, 그리고 0.1퍼센트라도 오진이었기를 바라는 마음으로 다른 대학병원을 세 군데나 다녔다. 그들은 그만큼 절박했다.

그로부터 석 달 후 정문이는 다시 우리 병원으로 돌아왔다. 그러나 그때는 이미 골육종이 경골 다리뼈를 넘어 폐와 간으로, 그리고 뇌속까지 전이되어 있었다. 불과 두 달 만에 정문이의 왼쪽 다리는 썩어서 커다란 구멍이 뚫려 있었고, 상처에서는 살이 썩는 냄새가 진동을 했다. 민간요법으로 치료를 하다가 가뜩이나 약한 환부에 상처를 입힌 것이다.

나는 육이오 전쟁 때 상처에서 구더기가 나왔다는 이야기를 들은 적은 있었지만, 직접 내 눈으로 살아 있는 사람의 몸에서 구더기가 들끓는 것을 본 것은 그때가 처음이었다. 12월의 날씨인데도 어떤 곤충이 알을 낳는 것인지, 무릎 주변이 썩어버린 정문이의 몸에는 가느다란 실지렁이 같은 이름을 알 수 없는 애벌레들이 수백 마리씩 들끓었다.

정형외과에서는 하루에 두 번씩 정문이의 상처를 드레싱했다. 그러나 드레싱 거즈로 그 징그러운 것들을 아무리 닦아내어도 어느새 위쪽 근육 사이에서 혹은 아래쪽 살 속에서 구더기가 다시 스물스물 기어나오곤 했다.

이제는 수술도 불가능한 상황이었다. 정문이는 오후가 되면 뇌압이 올라가 머리를 감싸 쥐며 두통을 호소했고, 폐에 들어차기 시작한 삼출액들은 호흡을 제약했다. 더욱이 간으로 전이된 암세포는 복수까지 만들어내기 시작했다.

나는 매일 오전에 커다란 주사바늘을 정문이의 7번과 8번 늑골 사이의 가슴에 꽂고, 또 다른 바늘을 배꼽 아래의 복부에 꽂아넣은 다음 50cc 주사기로 정문이의 가슴과 배에 찬 물들을 빼주어야 했다. 한번에 50cc씩 아주 천천히 스무 번쯤 뽑아내면 그 작은 가슴이 비로소 숨을 제대로 내뱉고, 영양실조에 걸린 난민처럼 부풀었던 배도 조금씩 가라앉았다. 그리고 그제야 하루 중 가장 편안한 시간을 맞이했다.

아이의 복수를 제거하는 데는 30분 정도의 시간이 걸렸다. 자리에 앉아 주사기로 복수를 기계적으로 빨아들이고 다시 버리고 하는 작업을 하는 도중에 나는 꾸뻑꾸뻑 조는 경우도 있었다. 그럴 때면 정문이는 "선생님이 나한테 큰절한다!" 하며 나를 놀리곤 했는데 그 모습은 영락없이 장난기 많은 어린아이였다. 오후만 되면 머리를 쥐어뜯으면서 울부짖는 아이가, 다리가 썩어 들어가고 몸에서 구더기가 나오는 아이가, 진통제를 놓고 복수를 빼주면 잠깐 동안이나마 동심을 되찾았던 것이다.

우리는 결국 절단수술을 강행하기로 했다. 이제는 치료목적의 수술이 아니라 썩어 들어가는 다리를 더 이상 감당할 수가 없어서였다. 어찌 보면 별 의미가 없는 수술일지도 모르고 정문이의 건강 상태가 수술을 감당해낼 수 있을지도 확실치 않았지만, 정문이의 수술에 모두가 동의했다. 그렇게 반대하던 엄마와 아빠도, 주치의인 나도, 정형외과 스태프도, 현 상황에서 더 이상 아이를 방치한다는 것은 인간의 존엄성이라는 측면에서 받아들일 수가 없었다. 아무리 아이라지만 정문이의 몸에서 나는 그 지독한 악취와, 살을 파먹고 살아가는 그 끔찍한 구더기들을 제거하지 않고서는 인간으로서의 존엄성을 유지할 수가 없었다.

12월 21일 드디어 수술이 이루어졌고, 정문이는 고관절 아래의 왼쪽 다리를 모두 잃었다. 그런데 22일과 23일이 되면서 상태가 악화되기 시작했다. 모두가 우려하던 패혈증이 시작된 것이다. 면역기능이 거의 바닥에 이른 여덟 살의 어린 육체가 가혹한 수술을 이겨내기란 그야말로 기적이 일어나지 않고서는 불가능한 일이었다.

　12월 24일, 정문이의 몸에서 나는 고열이 더 이상 컨트롤되지 않았다. 정문이의 상태는 점점 더 나빠졌고, 그날 저녁 여덟시쯤 정문이의 심전도에서는 더 이상 전기신호를 발견할 수 없었다.

　우리는 그동안 어린 몸을 포박하고 있던 각종 수액 줄과 생명유지 장치, 모니터들을 정문이의 몸에서 떼어냈고, 호흡을 위해 절개했던 정문이의 목을 다시 깨끗하게 봉합했다. 간호사들은 아세톤을 솜에 적셔서 어린 몸에 덕지덕지 붙어 있던 반창고 자국들을 지웠다.

　정문이 엄마와 아빠는 우리가 정문이의 몸을 수습하는 과정을 뒤에서 묵묵히 지켜보았다. 정문이 엄마는 눈물을 흘리다 못해 그 자리에서 쓰러지고 부축받아 다시 일어서고를 반복하면서, 그래도 어린 아들의 마지막을 끝까지 지키겠다며 우리가 수습하는 과정을 힘들게 지켜보았다. 아빠는 조용히 눈물만 흘리며 아이의 발치에서 침대 머리를 잡고 간신히 서 있었다.

　상처가 깨끗이 봉합되고 몸에서 접착제의 흔적들이 지워진 다음, 영안실에서 올라온 직원들과 간호사들이 뼈만 남은 정문이의 몸에 하얀 시트를 씌우고 스트레치카에 정문이를 옮겨 실었다. 그런데 그 순간 가만히 지켜보고 있던 정문이의 엄마 아빠가 영안실 직원들을 제지했다. 그러고는 정문이의 시신으로 다가가서 환자복을 벗기고 집에서 준비해온 옷으로 갈아입히기 시작했다. 옷을 갈아입히면서 아이의 귀에 대고 나지막한 혼잣말로 계속 이야기를 하던 정문이 엄마는 마지막으로 양말을 신기면서 결국 인내심을 잃고 그 자리에서 몸부림치며 가슴을 쥐어뜯었다.

정문이 아빠는 몸부림치는 엄마를 달랜 후 정문이 침대 옆으로 다가가서 아이를 두 팔로 안아 들고는 아이의 볼에 입을 맞추었다. 그리고 아직도 내 가슴에 그대로 새겨져 있는 잊혀지지 않는 마지막 인사를 아이에게 전했다.

"사랑한다……."

그 말은 우주의 무엇과도 바꿀 수 없는 소중하고 눈물겨운 말이었다. 그러고 나서 정문이 아빠는 내게 부탁했다.

"선생님 그냥 제가 안고 영안실에 내려가겠습니다."

나는 순간 당황했지만, 영안실 직원들과 스트레치카를 물리고, 아이 아빠가 직접 아이를 안고 영안실로 가도록 했다.

정문이가 세상을 떠나던 날은 크리스마스 이브였다. 나는 중환자실 복도에 교회와 성당에서 온 봉사자들이 빨간 티셔츠를 입고 손에 촛불을 든 채 노래를 부르고 있었다는 사실을 그제야 깨달았다. 외과 중환자실 문틈으로 복도에서 부르는 캐롤이 들려왔다.

"고요한 밤, 거룩한 밤, 어둠에 묻힌 밤…… 아기 잘도 잔다, 아기 잘도 잔다."

나는 도저히 참지 못하고 문을 박차고 달려나갔다.

"지금 이 안에서 어떤 일이 벌어지고 있는지 아십니까? 당장 그만두세요!"

내가 얼굴이 벌게서 소리치자, 영문을 모르는 봉사자들이 당황스러워했다. 그때 내 마음이 어떠했든 간에 지금 생각하면 그들에게 죄송스럽고 미안한 마음이다.

　정문이는 자신을 그토록 사랑하는 아빠의 품에 안겨 촛불을 든 성가대가 도열해 있는 중환자실 복도를 지나 그렇게 영안실로 내려갔다. 나는 그와 함께 정문이의 몸을 안치할 장소로 같이 걸어갔다. 성탄절이라 사람들로 어수선한 병원 복도를 지나 계단을 내려가면서 우리를 스쳐 지나간 사람들은 한 남자의 품에 안긴 아이가 캐롤의 가사처럼 그렇게 곱게 잠들어 있는 것이라 생각했을 것이다.

　나는 그때 가운을 입은 이후로 처음 영안실을 가봤다. 수없는 사람들의 죽음을 지켜보면서도 정작 그들이 이 병원 안에서 마지막으로 머무는 그곳은 한번도 찾아보지 않았던 것이다.

　영안실 뒷문으로 들어가자 관리인에 의해 시신 안치소의 스테인리스 문이 열렸다. 정문이가 누워야 할 자리는 그 가녀린 몸집에 비해 너무 크고 황량했다. 문을 열고 레일이 달린 차가운 스테인리스 관이 밖으로 빠져나오자, 정문이 아빠는 어깨를 들썩이면서 정문이를 그곳에 내려놓았다.

　나는 스테인리스 관을 보며 사방을 가늠할 수 없는 어두운 굴 속에 갇혀 있는 듯한 한기와 두려움을 느꼈다. 내가 그러한 마음이었는데 정문의 아빠의 마음은 오죽했을까.

　그가 정문이의 몸을 내려놓자 정문이의 몸은 다시 레일을 타고 차가운 냉장고 속으로 사라졌다. 마지막으로 스테인리스 철문이 닫히는 소리가 나자, 정문이 아빠는 차가운 스테인리스 손잡이를 두 손으로 부여잡은 채 그 자리에서 무너져 내렸다.

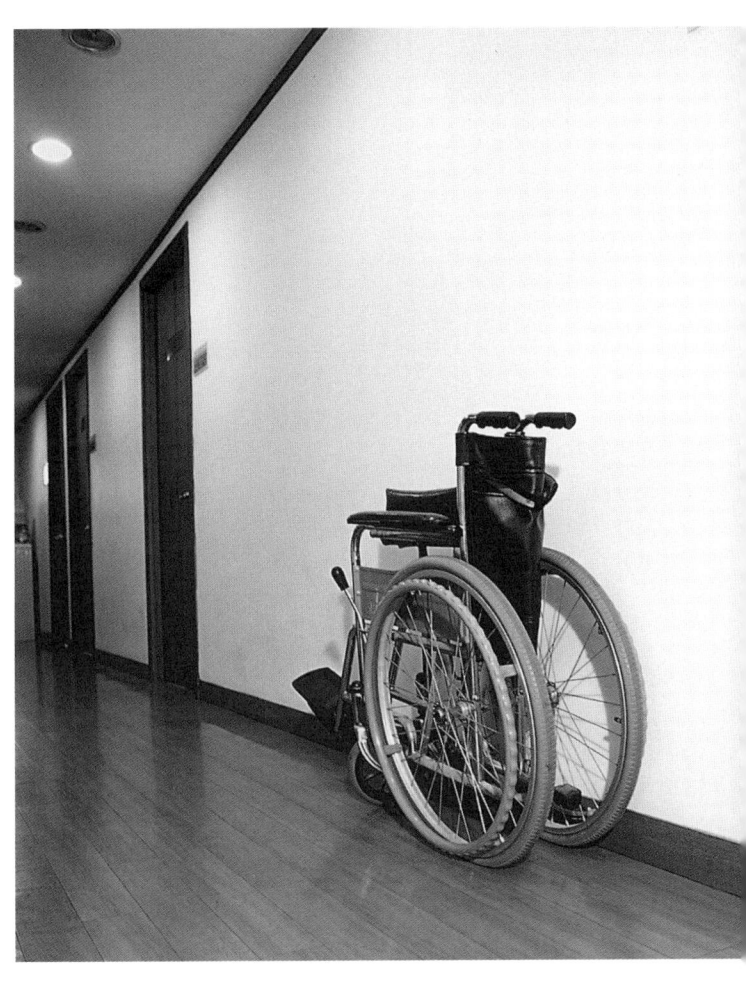

그저 살아 있기만을 바랐는데…….
사람이 겪는 고통 중에 사랑하는 사람을 떠나보내는 고통만한 것이 있을까?
더욱이 떠나보내는 사람이 어린 자식이라면…….

아름다운 리뽀

 진화 씨는 동료가 아주 오래전부터 돌보던 환자였다. 그녀가 고등학교 1학년 때, 친구는 대학병원에서 심장혈관외과 레지던트 1년차였다.

 친구는 대학 시절부터 심장병에 관심이 많았다. 하지만 당시 집안 사정이 넉넉지 못했던 친구에게 흉부외과를 전공한다는 것은 어려운 선택이었다. 친구가 인턴 시절 흉부외과(심장혈관외과)를 지원한다고 주임교수 방을 찾아갔을 때, 주임교수는 두 가지를 질문하셨다고 한다. 첫번째는 집이 부자냐는 것이었고, 다른 하나는 클래스 커플이냐는 질문이었다. 주임교수의 질문은 개업도 못하는 춥고 고달픈 흉부외과를 지원하면 일생 동안 경제적인 스트레스를 받을 수 있는데 그것을 견딜 자신이 있냐는 뜻이었다. 즉 집안이 빵빵해서 돈걱정을 안 해도 되거나 아내가 의사라서 다른 벌이가 있다면 몰라도, 그렇지 않으면 생각을 다시 해보라는 뜻이었다.

친구는 그럼에도 불구하고 철없이(?) 굶어 죽어도 심장수술을 배우겠다고 했고, 그때부터 고행이 시작되었다. 사실 흉부외과의 레지던트 생활은 가히 살인적이다. 그들이 받는 스트레스와 육체적 노동량은 상상을 초월한다.

이때 친구가 CCU(흉부외과 중환자실)에서 만난 환자가 진화 씨였다. 그녀는 류머티즘의 합병증으로 승모판 협착증을 앓고 있었고, 이미 기능을 잃어버린 심장판막으로 인해 심방에서 심실로 피가 넘어가지 않았다.

심방에서 심실로 피를 보내주는 길에 달린 밸브가 승모판인데 승모판이 잘못되면 심실이 피를 짜내도 몸으로 나가지 못하고 거꾸로 역류하면서 심부전을 만들거나 폐에 부종을 만들어 결국에는 생명이 위협받게 된다. 진화 씨가 바로 그런 경우였다. 심장은 박출량이 시원찮았고, 폐 쪽으로 역류된 심장의 피로 인해 항상 폐에 물이 차거나 호흡이 곤란했다.

이 경우 수술 과정은 대개 이렇다. 어린 여고생의 가슴이 쇄골하에서부터 흉골의 중앙으로 갈라지고, 좀 전까지 펄떡거리면서 뛰던 심장은 심정지액을 주자마자 즉시 박동을 멈추었을 것이고, 수술 집도의는 심장이 멈추고 있는 시간을 최소한으로 줄이기 위해 심장이 멈추자마자 긴장된 손으로 서둘러 심방을 절개하고, 심방과 심실 사이의 밸브를 인공 밸브로 갈아 끼우는 수술을 했을 것이다. 그리고 다시 심장이 닫히고, 제세동기로 심장에 충격을 가하는 순간 멈추었던 심장이 가늘게 뛰기 시작하다가 5초 정도 지나면 다시 힘차게 박동을 시작하게 되는 것인데, 이때는 그야말로 의료진들로서는 온몸의 피가 마르는 순간이기도 하다.

어쨌든 당시 진화 씨의 수술은 무사히 끝났다고 한다. 그런데 수술 후 상태가 어느 정도 좋아져 의료진들과 농담을 하기도 하고, 책도 읽고, 음악도 듣고 할 즈음에 갑자기 수술 부위에서 출혈이 시작되어 수술을 두 번이나 더 했다고 한다.

진화 씨의 경우처럼 사람의 심장은 꿰맨다고 쉽게 아물지 않는다. 심장에는 항상 강력한 압력이 작용하기 때문에 봉합사의 바늘구멍 하나 혹은 카테터 구멍 하나로 피가 새어도 순식간에 생명이 왔다 갔다 할 수 있는 것이다. 또한 수술이 두세 번 반복되면 주변 조직의 손상과 면역기능의 악화로 환자의 상태를 보장할 수 없게 된다.

이때 의료진은 그야말로 죽을 맛이다. 사람의 몸이 볼트와 너트처럼 갈아 끼운다고 해결되는 것이 아니기 때문이다. 의료진 입장에서는 생명이 달린 일이고 최선을 다해야 하지만, 인간의 신체는 특정한 경우 어떤 인위적 조작도 거부할 때가 있다. 어쩌면 그것은 신의 영역인지도 모른다.

대개 레지던트 1년차 시절에는 이런 일에 큰 스트레스를 받는다. 이때는 환자와 가장 많은 시간을 보내는 기간으로서 환자의 삶과 죽음에 대한 정신적 스트레스가 가장 많은 때다. 환자 역시 자신을 수술한 스태프들도 중요하지만, 매일 자신의 침대에 엎드려 새우잠을 자면서 자신을 지켜준 1년차 주치의에게 심정적인 의지를 많이 하게 된다. 이렇게 의사와 환자가 서로 아름답게 교유하게 되는 심리적 기제를 프랑스어로 '라뽀'라고 한다.

진화 씨는 친구와 '라뽀'가 강하게 형성되었다. 친구는 머리를 양갈래로 땋은 꽃 같은 여고생이 삶과 죽음의 갈림길에서 외롭게 투쟁하는 것을 안쓰러워했고, 그녀는 친구를 자기를 지켜주는 수호천사쯤으로 생각하고 있었던 것이다. 다행히 진화 씨는 세 번의 수술 끝에 출혈이 멈추었고, 우여곡절 끝에 건강한 몸으로 무사히 퇴원을 했다고 한다.

세월이 흘러 친구 녀석은 드디어 전문의 자격을 취득하고 입대를 했다. 녀석은 영천에서 군의관 교육을 받고, 다행인지 불행인지 현역 입대가 아닌 공중보건의로 발령이 났다. 알다시피 공중보건의란 군복무 대신 의사가 부족한 지역에서 의무적으로 병원이나 보건소 근무를 하는 것이다. 이때 신분은 군의관이고 외형적으로는 근무병원(대개 농촌 도시)의 해당과 과장이 된다.

녀석은 지금으로부터 9년 전 경북 북부지역을 통틀어 유일한 흉부외과 전문의로 지역의 종합병원에서 흉부외과 과장으로 근무하면서 엄청난 수의 생명을 구했다. 나는 아마 녀석이 그동안 살면서 알게 모르게 지은 업장들을 이곳 3년간의 공중보건의 생활에서 모두 보속했으리라 믿는다.

어쨌든 친구 녀석은 그곳에서 레지던트 시절에 돌봐주었던 심장수술 환자 진화 씨를 다시 만나게 되었다. 두 사람은 너무 반가워서 말을 잊지 못했다고 한다.

원래 승모판 수술 환자는 평생 동안 항응고제를 복용하면서 한 달에 한번씩 의사를 만나야 한다. 인공 승모판이 심장에 들어 있는 한 심장 내의 피가 그곳에 엉겨 혈전을 일으킬 가능성이 있고, 그럴 경우 색전증으로 즉시 사망하기 때문이다. 그래서 승모판 수술을 받은 환자들은 피가 응고되지 않도록 평생 항응고제를 복용해야 하고 혈액응고 능력 검사도 정기적으로 받아야 한다. 진화 씨는 그때까지 대학병원에 한 달에 한번씩 다니고 있었다.

그런데 하루는 대학병원에 들렀더니, 이제 안동에도 전문의가 있으니 안동에서 진료를 받으라고 해서 왔는데 거기서 만난 의사가 바로 삶과 죽음의 경계를 넘나들던 때, 곁에서 새우잠을 자면서 자신을 돌보던 1년차 레지던트였으니 두 사람의 반가움이 얼마나 컸겠는가. 진화 씨는 어느덧 어엿한 숙녀가 되어 있었고 안동에서 미용일을 하고 있었다고 한다.

역시 진화 씨와 친구 사이의 라뽀는 강했다. 진화 씨는 병원에 올 때마다 일 이야기, 연애 이야기, 결혼 이야기들을 시시콜콜 친구에게 다 얘기했고, 얘기하는 와중에 친구 녀석의 책상을 말끔히 정리해주고 갈 정도로 깊은 속정을 보였다. 그리고 몇 달 후 진화 씨는 결혼을 하고 친구는 사직을 했다. 우리 병원 개원 기념식 때 그녀와 그녀 남편이 같이 꽃을 들고 찾아와서 축하인사를 건네던 모습을 나도 기억한다.

그 다음부터 친구가 진료하던 환자들 수백 명이 우리 병원으로 몰려왔다. 대개 종합병원에 근무하다가 병원을 옮기면 진료의 연속성 때문에 환자분들이 같이 이동하는 경우가 많은데, 친구 녀석의 역할은 누가 대신 할 수 있는 것이 아니었다.

진화 씨도 당연히 친구를 따라 우리 병원으로 왔다. 그녀는 항상 병원에 오면 다른 대기 환자들에게 친구가 얼마나 훌륭한 의사인지를 설명하느라 바빴고 직원들이나 심지어 내게도 그렇게 살갑게 대할 수가 없었다. 진화 씨는 정말이지 너무나 곱고 착한 사람이었다.

그런데 문제가 생겼다. 진화 씨가 임신을 하게 된 것이다. 진화 씨는 한 달에 한번씩 출혈시간과 응고시간을 체크하고 코우마딘이라는 항응고제를 복용하고 있었는데, 임신을 하게 되면 코우마딘을 복용할 수 없었다. 기형아를 만들 가능성이 높았기 때문이다. 친구는 임신을 축하하면서도 내심 두 가지 걱정이 앞섰다.

첫째, 앞으로는 코우마딘 사용을 금하고, 태아에게 비교적 나쁜 영향을 덜 끼치는 헤파린을 투여해야 하는데 헤파린은 경구로 복용이 불가능해, 당뇨병 환자들이 인슐린 주사를 맞듯이 복부에 매일 일정량을 주사해야 한다.

둘째, 임신 과정은 그렇다 치고 혹시 출산시에 만의 하나라도 난산이 되어 제왕절개를 해야 하는 상황이 온다면 그야말로 큰일이다. 항응고제를 맞고 있는 환자가 제왕절개를 받을 경우는 결과가 뻔했기 때문이다.

친구는 진화 씨의 남편과 장시간 상담을 했다. 남편을 설득해서 어지간하면 유산을 시키려고 했던 것이다. 남편도 상담을 한 뒤 위험성을 인식하고 진화 씨를 설득했지만 모성본능을 꺾지는 못했다. 진화 씨가 출산에 대해 너무나 강한 의지를 보였던 것이다. 결국 친구는 대학병원에 컨설팅을 해가면서 임신기간 내내 진화 씨를 돌봤다.

진화 씨의 길고도 끔찍한 투쟁은 그때부터 시작됐다. 헤파린을 맞아 응고기능이 떨어지면서 주삿바늘을 찌른 자리마저 피가 잘 멈추지 않았다. 보통 엉덩이 주사를 맞고 알코올솜으로 한두 번 문지르면 끝날 일을 진화 씨는 30분씩 누르고 있어야만 했다.

그러던 어느 날, 친구의 부탁을 받고 진화 씨의 배를 보는 순간 나는 경악을 금치 못했다. 배꼽 아래가 전부 시커멓게 변해 있었고, 배에는 마치 납판처럼 두터운 덩어리가 잡혀 있었다. 반복되는 헤파린 주사와 지혈을 시키기 위한 압박으로 인해 피가 피하조직에 스며들면서 아랫배가 멍이 든 것처럼 시커멓게 변했던 것이고, 복근 내의 핏덩이들이 뭉쳐 굳어지면서 납판처럼 두터운 덩어리가 된 것이었다.

그녀는 그렇게 열 달 동안의 길고 긴 고통을 이겨냈다. 임신 후반기로 갈수록 배가 커지면서 복벽이 점점 얇아져 더 이상 주사를 놓을 부위도 없었지만, 그녀는 만삭까지 임신을 유지하는 데 결국 성공하고 말았다.

출산 예정일을 20일 앞두고 그녀는 대구의 모 대학병원에 미리 입원을 했다. 대구로 갈 때 우리가 복사해서 첨부해준 진료의뢰서만도 10페이지가 넘을 만큼 그녀의 진료기록은 복잡했다. 다행히 그녀는 대학병원에서 예정일에 맞춰 정상 분만에 극적으로 성공했다. 그러나 진화 씨는 출산을 마치고 바로 돌아올 수가 없었다. 안타깝게도 그렇게 어렵게 출산한 아기의 뇌가 없었던 것이다. 뇌수종, 치명적인 기형아었다.

뇌에 물이 차서 정상기능을 할 수 없는 진화 씨의 분신은 세상에 태어나서 5일 만에 그렇게 숨을 거두었다. 진화 씨는 다시 우리 병원으로 왔다. 자신의 생명을 걸고 지키려 했던 아기를 영원히 가슴에 묻고, 그녀는 또다시 코우마딘을 복용해야 하는 심장판막증 환자로 돌아와 있었다.

진화 씨는 그후로 우울증 증세를 보였고, 가끔 호흡 곤란을 호소했으며, 가벼운 심부전 증상까지 보였다. 친구는 다시 그녀를 대학병원으로 보내서 정밀 진단을 받게 했고, 다행히 출산 후의 후유증이므로 정신과 육체 모두 1년 정도 잘 관리하면 큰 문제가 없겠다는 소견을 받고 돌아왔다.

그런데 얼마 후 다시 문제가 생겼다. 진화 씨가 6개월 만에 또 임신을 한 것이다. 친구는 이번에는 정말 강력하게 반대했다. 남편을 불러 호통을 치고 진화 씨도 진지하게 설득했다.

"진화야! 너 이번에 다시 출산하면 정말 죽을지 모른다. 몸이 좀더 좋아지면 출산해도 늦지 않아. 아직 나이도 젊은데 굳이 지금 애를 낳을 필요는 없잖아. 그러니 이번에는 제발 그냥 유산시켜라."

친구는 친누이동생에게 문제가 생긴 것처럼 안타깝고 애절한 마음으로 진화 씨를 설득했다. 남편도 필사적으로 말렸다. 하지만 누구도 그 고집을 꺾을 수는 없었다. 그녀는 다시 대학병원으로 보내졌고, 그곳에서도 역시 '절대 불가'라는 답변을 듣고 돌아왔다. 그러나 아이에 대한 그녀의 집착은 상상을 넘어서는 것이었다.

결국 우리는 그 상황에서 최선을 다할 수밖에 없었다. 다시 한번 삶과 죽음의 줄타기가 시작된 것이다. 이번에는 일주일마다 검사를 받아야 했고, 그나마 임신 4개월째에는 입덧마저 심해져 일주일간 입원을 하기도 했다.

나는 병실 회진을 할 때마다 그녀가 입원실 복도에서 수액병을 거는 폴대를 붙들고 힘겹게 앉아 있는 모습을 자주 보곤 했다. 심부전이 심해 눕지 못하고 앉아 있어야만 했던 것이다. 그녀는 숨이 차서 힘들어했지만 아기 때문에 산소조차 쉽게 투여할 수가 없었다.

그러나 다행으로 진화 씨는 그 고비를 무사히 넘겼다. 가장 위험한 임신 4개월까지를 무사히 넘겼고, 입덧도 가라앉았다. 그리고 다시 검사를 받으러 올 때마다 헤파린 주사를 타 가서 스스로 맞았다. 이젠 그것도 이력이 나서 지난번처럼 배를 시커멓게 만들지도 않았으며 그 덕에 우울증도 많이 사라졌다. 게다가 진화 씨의 사정을 아는 산부인과에서 몰래 아들이라는 기쁜 소식까지 전해주었던 터라 진화 씨는 점점 예전의 모습을 되찾아갔다.

그런데 어느 날 밤 열두시경에 대구 본가에 내려가 있던 친구의 핸드폰이 울렸다. 그것은 숨이 턱밑까지 차오른 진화 씨의 목소리였다.

"원장님, 저, 진……화……예……요. 지금 숨……이 너무 차……요. 원장님, 와……서 저…… 좀 도……와……주……세……요."

"진화야! 진화야! 내 말 잘 들어! 지금 당장 내가 전에 근무하던 종합병원 응급실로 빨리 가! 내가 그쪽에 연락해둘 테니 지금 당장 빨리 그리로 가! 신랑 바꿔봐! 진화야!"

친구는 다급하게 소리를 질렀지만 그녀의 남편은 집에 없었다. 친구는 그녀에게 119를 부르라고 소리치고는, 예전에 자기가 근무했던 종합병원 응급실로 전화를 했다. 그리고 그곳에 근무 중이던 당직의를 연결해서 상황을 설명하고 지금 당장 자신이 그리로 갈 테니 그녀가 도착하면 자기가 올 때까지 이뇨제를 투여하고 응급조치를 하고 있으라고 당부했다. 그리고 나서 친구는 그 길로 대구에서 차를 몰고 안동으로 출발했다.

그런데 친구가 집에서 출발해서 군위휴게소를 지날 무렵 전화벨이 다시 울렸다.

"선생님 ○○병원 응급실입니다. 방금 진화 씨가 119로 응급실에 도착하셨는데 DOA입니다."

구급차를 타고 응급실에 도착했을 때 그녀는 그렇게 애착을 보였던 아기와 함께 싸늘한 주검으로 변해 있었던 것이다. 친구는 눈물을 뿌리면서 안동으로 내달렸고 친구가 응급실로 들어섰을 때에는 이미 진화 씨의 몸에 하얀 시트가 덮여 있었다.

일요일 아침에 강연회가 있었던 부산에서 나는 친구 녀석의 전화를 받았다.

"사람 사는 게 정말 와 이렇노……."

의사와 환자가 서로 아름답게 교유하게 되는 심리적 기제를 프랑스어로 '라뽀' 라고 한다.
의사들은 때로 그렇게 환자들에게 수호천사가 되기도 한다.

농담 같은 이야기들

사람이 죽고 사는 일은 정말 알 수가 없다. 특히 의사라는 직업을 갖고 살면서 가장 혼란스러운 점은 99.99퍼센트의 사람은 과학적으로 논증된 법칙을 따르는데 0.001퍼센트의 사람은 우리가 알고 있는 법칙을 따르지 않는다는 것이다.

이제는 사기꾼으로 밝혀졌지만 몇 년 전에 모 신문사가 발행하는 시사주간지에서 암을 고치는 비법을 개발한 사람의 약을 소개한 적이 있었다. 이 잡지에서는 이 약을 먹고 기적처럼 완치된 암 환자의 종양 시티를 비교해가면서 은근히 효험이 있다는 식으로 기사를 썼던 것으로 기억한다. 일종의 황색 저널리즘이다.

그러나 이런 현상은 확률게임이다. 사실 암 환자 중에 절망적인 선고를 받고도 거짓말처럼 회복되는 사람이 아주 드물게 있다. 때문에 암 환자들은 그런 사람이 먹었던 것이라면 소 오줌을 받아먹는 일이라도 마다하지 않는다. 왜 아니겠는가. 그것이 사는 길이라 믿고 싶은데…….

그래서 병원 주변에는 지푸라기라도 잡고 싶어하는 이런 사람들을 이용해서 등치는 나쁜 사람들의 사기행각이 자주 일어나기도 한다. 그러나 안타깝게도 같은 기적은 반복되지 않는다.

어느 날 점심시간에 친구들과 점심을 먹다가 TV 드라마 얘기가 나왔다. 한 친구가 그 드라마를 봤는데, 여주인공이 죽어서 강을 건너다가 먼저 돌아가신 아버지가 뱃전에서 밀어버려 큰 연꽃이 피어난 연못에 풍덩 빠졌고 눈을 떠보니 되살아났다는 내용이란다.

드라마 내용은 황당했지만 친구가 꺼낸 뒷이야기는 매우 놀라운 것이었다. 친구의 이야기를 빌리면, 대학병원 심장센터에서 근무할 때, 심장수술이 끝나고 심장박동이 돌아오지 않는 환자가 있었다고 한다.

대개 혈압이라는 것은 주로 심장이 펌프질을 하는 압력에 의해 좌우되며, 심장이 피를 모아서 힘차게 짜주면 그 압력으로 팔과 다리, 그리고 머리 곳곳으로 피가 흐르게 되는 것이다. 그런데 심장박동이 힘차지 못하고 꿈틀거리는 현상이 있는데, 이를 심세동이라고 한다. 심장마비 환자에게 전기충격기를 사용하는 것은 바로 이 심세동을 없애기 위한 것이다.

어쨌든 당시에 수술을 막 끝낸 환자는 심장박동이 돌아오지 않아 심세동 상태에 빠졌고, 갖은 노력에도 불구하고 심세동 상태인 채로 중환자실로 옮겨졌단다. 그렇게 되면 당연히 심장이 뿜는 압력이 낮아져서 몸에 피가 고르게 가지 않고, 신장으로도 피가 전달되지 않아 신부전에 빠지고, 뇌에도 문제가 생겨 사망하게 된다. 결국 우여곡절 끝에 그 환자는 뇌사 판정을 받았다고 한다.

의학적으로 판정되는 뇌사는 기준이 대단히 엄격하며, 회생 가능성이 전무하다는 의미를 갖는다. 입원 15일 만에 환자는 뇌사 판정을 받고 가족들은 장기기증 문제를 상의했다고 한다. 그런데 새벽 두시경에 중환자실 당직을 하던 친구가 그 환자의 병상을 지나가고 있는데 누군가 가운을 덥석 잡더란다.

그리고 그것이 진짜 드라마의 시작이 되었다고 한다. 병원이 발칵 뒤집힌 것은 물론이고 극적인 상황들이 지나간 후 이틀 만에 환자는 침대에 앉아서 밥을 먹었다고 한다. 그 환자는 친구에게 수술실에 들어가서부터 회생되기까지의 과정을 들려주었는데 그 내용인즉슨, 길을 가는데 사람들이 많이 모여 있어서 거기로 갔더니 사람들이 아는 척도 하지 않고 끼워주지도 않아서 쑥스러워 되돌아왔는데 거기가 바로 중환자실이었다는 것이다.

환자는 한 달 후 퇴원을 했고 다시 한 달쯤 시간이 지난 후, 응급실에서 호출이 와서 가보니 다시 그 환자가 심장마비 상태로 응급실에 들어와 있었다는 것이다. 예전의 사례가 있어서 무려 한 시간 동안 소생을 시도했지만 심장은 돌아오지 않았다. 이번에도 사망선고를 하려는데, 보호자가 마지막으로 에피네프린(강심제)을 한번만 더 써달라고 해서 썼더니 또다시 되살아났다는 것이다.

그리고 세월이 한 10년쯤 흘러 친구는 얼마 전에 대구 수성못에 있는 큰 사우나에서 그 환자를 다시 만났단다. 환자가 자신을 알아보고 씩 웃는데, 가슴에 선명한 수술자국과 당시의 기억들로 인해 기분이 혼란스러웠다고 한다.

이렇듯 사람의 운명에는 백만 명의 보편적인 운명과 한 사람의 특별한 운명이 겹쳐 있는 것이다. 그렇다면 우리가 믿고 있는 "사람은 모두 죽는다."라는 명제는 참일까?

모든 사람이 죽는 것을 일일이 확인해본 적이 없으니 그것은 모를 일이다. 혹 첩첩산중 어딘가에 수천 년을 살아온 신선들이 시조를 읊으며 노닐고 있는 것은 아닐까. 엉뚱한 생각이지만 어쨌거나 기적같이 벌떡 일어난 사람들의 이야기를 전해 듣다보면 그런 농담 같은 일들이 어딘가 존재해 있을지도 모른다는 좀 해괴한 상상을 해보게도 된다.

"사람은 모두 죽는다."라는 명제는 과연 참일까?
의사라는 직업을 가지고 있으면서도
사람이 살고 죽는 일은 정말 알다가도 모를 일일 때가 많다.

바깥 세상으로의 여행

청송은 주왕산과 달기약수로 잘 알려져 있지만, 요즘 인권문제로 뜨거운 논란이 되고 있는 청송교도소와 청송보호감호소가 있는 곳으로 잘 알려진 곳이기도 하다. 왜 하필이면 우리나라 최고의 흉악범들을 수용하는 보호감호소를 청송에다 세웠을까? 그것은 청송이라는 곳이 지리적으로 얼마나 접근성이 떨어지는지에 대한 답과 일치한다.

사실 근래에 중앙고속도로가 생겨서 그렇지 그 전에는 서울에서 청송을 가려면 장장 여섯 시간 동안 중부고속도로 → 진천 → 음성 → 괴산 → 이화령 → 문경 → 예천 → 안동 → 진보를 거쳐야 도착할 수 있었다. 가장 가까운 대구에서 출발해도 다섯 시간은 족히 걸렸다.

물론 영양이나 봉화는 더욱 만만찮아서 영양 고추로 유명한 영양으로 가다보면 정말 우리나라에서 가장 아름다운 가을 단풍길과 아직도 문명이 버려놓지 않은 자연 그대로의 세상을 만날 수 있다. 사실 나그네 입장에서야 안동 → 진보 → 영양 → 수비 → 태백(또는 백암)으로 이어지는 그 길은 하늘이 내려주신 천혜의 선물이지만, 그곳에 사는 분들의 불편함이야 이루 말로 다할 수 없을 것이다.

하여간 이런 곳에 보호감호소가 들어선 것은 아마도 그곳이 세상으로부터 고립되어, 가능하면 그 안에서 일어나는 일들은 세상의 관심을 받지 않았으면 하는 뜻이 담겨 있지 않을까싶다.

청송교도소의 수형자가 병이 걸리면, 일단은 교도소 의무관이 살피고, 만약 정도가 심하면 안동 시내 민간병원으로 위탁진료를 오게 되는데, 우리 병원은 청송교도소에서 위탁된 환자들이 가끔 진료를 위해 들르는 안동 시내 몇 군데 병원 중의 하나다.

어느 날 수형자 한 분이 병원에 왔다. 그곳 환자들의 방문은 솔직히 반갑지 않은 것이 사실이다. 그곳에는 대개 수십 년 형을 받거나 무기수로 계시는 분들이 대부분인데, 바깥 병원의 진료를 받는 경우는 일반 형기가 남은 분들보다는 무기수들이 많다. 무기수들이 외진을 받는 이유 중 하나는 삶을 포기하고 건강관리를 제대로 하지 않기 때문이다. 이 경우에는 중환자가 되는 경우가 많다. 건강이란 몸의 주인이 스스로 지키려는 의지를 포기하면 무너진 둑처럼 순식간에 망가지게 된다.

무기수들이 외진을 많이 받는 또 하나의 이유는 그들이 막가파식으로 수형생활을 하기 때문이다. 화가 난다고 자해를 하고, 여차하면 교도관이나 다른 사람들을 공격하고, 그야말로 추가로 사형선고를 받을 일만 아니라면 무슨 짓을 해도 그들에게는 소위 본전인생인 것이다.

그 다음 이유로는 좀 가슴이 아픈 이야기지만 바깥 구경을 하기 위해서다. 오랫동안 교도소 안에 갇혀 있으면 바깥이 궁금해지는데, 바깥 구경을 하려면 병에라도 걸리는 수밖에 없다는 것이다. 무기수들은 자해를 해서라도 호송차의 창문으로 비치는 바깥 세상을 보고 싶어하는 것이다.

그 중에서 가장 압도적으로 많은 유형은 세번째다. 이 경우 어지간한 상처로는 교도소 내에서 치료를 받기 때문에 칫솔을 삼키거나 숟가락 또는 젓가락을 삼켜 큰 일을 만들어낸다. 일단 이런 일이 발생되면 내시경으로 제거하거나 심하면 개복을 해서 수술로 제거해야 하므로, 수감자들이 이물질을 삼키지 못하게 방어하는 것도 교도관들에게는 큰 업무 중의 하나라고 한다.

며칠 전 병원에 온 수형자는 몸에 포승줄을 수십 겹으로 감고 수갑을 손목과 발목, 심지어는 허리까지 가죽으로 된 계구를 차고 교도관 네 명과 함께 병원으로 왔다. 포승과 수갑을 푸는 데만 20분 이상 걸릴 정도로 그야말로 겹겹이 묶여 있었는데, 병원에 온 이유는 대못을 삼켰기 때문이다.

그는 호흡이 가빠 고통을 호소하면서도 눈은 연신 사방을 돌아보느라 정신이 없었다. 주변에서 쳐다보든 말든 개의치 않고, 세상이란 곳을 호흡하고 자신의 눈으로 세상의 그림을 찍어대기라도 하듯 얼마간은 정신이 나가 있었다.

흉부엑스선 촬영을 했더니 기가 막힌 결과가 나왔다. 못이 식도로 넘어간 것이 아니라 기도로 넘어간 것이었다. 말하자면 못을 삼킨 것이 아니라 마신 셈인데 정말 어이가 없는 일이었다. 호흡이 거칠고 통증이 심했던 것은 바로 그 때문이었다. 못이 위로 들어간 것이라면 내시경으로 간단히 제거를 하면 되지만, 기관지는 기관지경을 통해 해야 하는 거라서 안동에서는 곤란했다.

그래도 환자를 대구로 후송하는 것은 힘든 일이라 일단 위 내시경으로 시도를 해보려고 했다. 교도관들이 환자의 수갑과 포승을 푸는 것은 위험한 일이라고 만류를 해서, 수면제를 먼저 투여하고 동작이 둔해진 뒤 교도관들이 포승과 수갑을 풀었다. 내시경 진찰은 수형자를 수갑으로 양 팔다리를 침대의 네 모서리에 채운 다음에야 할 수 있었다.

내시경으로 기관지를 보니 기가 막히게도 시커멓게 녹이 슨 대못이 거꾸로 기관지에 박혀 있었다. 결국 포기하고 환자를 깨워 대구로 후송하기로 했다. 교도관들이 다시 환자를 묶는 데는 거의 20분 이상이 걸렸다.

그가 의식이 돌아왔을 때, 대구로 후송을 해서 대구에서 일단 기관지경으로 시도를 해보고, 실패하면 수술을 받아야 할지 모른다고 하니, 그의 얼굴에는 희색이 가득했다. 드디어 그는 소원대로 바깥 구경뿐 아니라, 대구라는 대도시까지 구경하게 된 것이다. 그에게 기관지를 절개하는 일 따위는 중요한 일이 아니었다.

그는 곧 대구로 후송되었다. 그런데 불행하게도(?) 그로부터 몇 시간 후에 영남대 병원에서 내시경으로 대못을 제거했다는 진료회신서가 팩스로 날아왔다.

"선생님께서 의뢰하신 김○○ 환자는 수면하 기관지 내시경으로 무사히 이물이 제거되었고, 다행히 기관지의 깊은 손상이 없어서 당일 퇴원조치하였습니다."

그의 실망(?)이 얼마나 컸을지는 굳이 짐작을 하지 않아도 알 만했다.

일전에는 이런 일도 있었다. 한 무기수가 어떻게 구했는지 날카로운 면도칼 같은 걸로 자신의 가슴을 좌에서 우로 쫙 그어버렸다. 거의 50센티미터 이상이나 가슴 근육이 절개되었는데, 교도소 의무실에서 일단 응급조치만 해서 데리고 왔다.

그는 그 와중에도 소리를 지르고, 그야말로 목불인견의 모습으로 병원에 실려 왔다. 입에서는 온갖 욕설이 쏟아져 나왔고(오래 갇혀 있는 분들은 피를 보고 흥분하면 통제가 어렵다), 압박붕대를 감은 몸통에는 배어 나온 피들로 흥건했다.

이 수형자는 수갑과 계구 장비를 푸는 열쇠 뭉치만도 한 다발이었다. 일단 허리 위의 포승을 풀어 봉합을 할 수 있게 눕히고 양팔은 침대 모서리에 수갑으로 묶은 다음, 다시 다리 쪽은 가죽으로 된 억제대로 채워졌다.

찢어진 상처는 보기보다 길었다. 결국 두 사람이 양쪽에서 동시에 봉합을 해야 했다. 사실 이런 경우 끝을 맞추기가 상당히 어렵다. 대충 보면 봉합이 쉬울 것 같아 보이지만, 상처의 길이가 길 경우 눈대중으로 꿰매면 한쪽이 남거나 모자라서 나중에 살이 울거나 울퉁불퉁하게 된다. 그래서 이때는 대개 찢어진 상처를 일단 손으로 당긴 다음, 펜으로 중간중간 상처의 아래위를 가로지르는 표식자를 만들고 거기에 맞춰서 봉합을 해야 한다.

그러나 그 사람은 그런 절차가 필요 없었다. 그의 가슴에는 거대한 용 문신이 새겨져 있어서, 그냥 용 모양을 따라 봉합을 하면 되었다. 용의 몸통 중간과 꼬리 부분이 찢어진 셈이니, 그냥 퍼즐 맞추듯 이어주면 되었던 것이다.

한 30분을 끙끙거리면서 봉합을 하고 나니, 드디어 가슴의 용이 다시 화려하게 부활했다. 똑바로 안 꿰매면 ××하겠다는 욕설을 들어가면서 꿰맨 터라 우리는 더욱 감개가 무량했다.

그러나 상처가 너무 깊어서 일단 하루 정도 입원이 필요할 것 같았다. 우리는 난감해하는 교도관을 설득해서 입원을 시켰는데(사실 나라고 입원을 시키고 싶었겠는가), 다음날 아침 드레싱을 겸해서 회진을 갔다가 그야말로 엄청난 장면을 보게 되었다.

4인용 병실에서 환자는 큰 대자로 누워 양 손목과 발목이 침대 모서리에 수갑으로 채워져 있었고 허리 중간으로는 가죽으로 만든, 허리띠처럼 생긴 장비가 침대를 가로질러 이중으로 묶여 있었던 것이다. 그리고 교도관 두 명은 앉아서 밤을 새고, 나머지 두 명은 그래도 불안했는지 침대를 나란히 붙여서 자신들의 손목과 환자의 손목을 함께 수갑으로 채워 연결한 채로 자고 있었다.

드레싱을 위해 그의 가슴에 감긴 붕대를 풀었더니, 어젯밤 내가 살려놓은 용 한 마리가 마치 무슨 일이 있었냐는 듯이 그가 숨을 쉴 때마다 두터운 가슴 위에서 꿈틀거렸다.

청송교도소에서 오는 분들은 대개 우리가 상상을 하기 어려울 정도의 중범죄를 저지른 분들이다. 그래서 아무리 편견을 버리고 그들을 대하려고 해도, 나처럼 담대한 사람조차 마음이 편치 않을 정도로 위협이 느껴지는 것이 사실이다.

그러나 그것도 잠시, 그들 중에서도 이제 형기를 상당히 넘겨서 나이가 오륙십이 넘어가면 언제 그랬냐는 듯이 그 형형하던 눈빛이나 쇠의 성정을 가진 사람에게서만 느껴지는 강한 피의 기운이 사라져버린다. 대신 인생의 패배자로 확정되어버려, 버림받은 한 인간으로 낙인찍혀 일말의 가능성도 없는 사람만이 갖게 되는 무기력과 좌절만이 그 자리를 대신하게 된다.

그런 사람들은 자신의 인생이 패배자로서 결정지어지는 그 순간부터 중병에 걸리거나, 큰 병이 없이도 시름시름 앓다가 무너지는 경우가 많다. 그리고 그렇게 무너져 내리면 우리가 세상에서 접하는 여느 약자와 다를 바 없이 인간 본연의 성정을 되찾게 된다.

오늘 새삼 수형자들의 삶에 대해 생각해본다. 태어나면서부터 악한 자는 없을 터인데, 과연 인간을 처벌할 수 있는 힘은 누가 가지고 있으며 그 한계는 어디까지일까. 수형자들을 진료할 때마다 나는 이렇게 많은 숙제를 안고 있는 듯한 마음이 된다.

흔히 칼은 사람을 살리기도 하고 죽이기도 한다는 말이 있다.
늘상 봐와서 익숙한 물건들이지만,
가끔은 내가 과연 이것들을 올바르게 사용하고 있는지 자문하는 마음이 되기도 한다.

업장을 쌓는 일

몇 년 전 종합병원에 근무할 때였다. 어느 날 내 진료실에 모자를 푹 눌러 쓴 여자가 들어왔다. 화장을 상당히 짙게 하고 챙이 깊은 모자를 쓰고 들어와서인지 그 여자에 대한 첫인상은 상당히 거북했다.

그러나 여자가 모자를 벗는 순간 나도 모르게 "억!" 하고 소리를 지를 뻔했다. 눈과 입을 제외하고는 얼굴이 전부 구슬보다 커다란 사마귀들로 뒤덮여 있었는데, 그야말로 괴기영화의 주인공보다 더 끔찍한 모습이었다.

첫눈에 나는 이 환자가 레클링하우젠이라고 불리는 병을 앓고 있음을 알았고, 얼굴에 생긴 엄청난 크기의 사마귀들은 카페오레 반점이라고 불리는, 말초신경 가지에 생긴 종양 덩어리들이라는 것을 짐작했다. 나는 잠시 마음을 가다듬고 의사로서의 본연의 자세를 기억하며 침착하려고 했지만, 당혹감은 쉽게 사라지지 않았다.

레클링하우젠은 신경종양의 일종으로 신경섬유증이라고도 한다. 이 병은 클라라 하스킬이나 자클린느 뒤 프레가 앓았던 다발성 경화증 등과 비슷하기는 하지만 여러 가지 특성이 많이 다르다. 첫째 경화증에 비해 수명을 단축시키는 일은 그리 많지 않다. 즉 생명을 위협하는 후유증이 많지 않다는 것이다. 둘째, 일상생활에서는 경화증과는 비교도 되지 않을 정도로 끔찍한 삶을 살게 되는 천형 중의 천형이다.

환자가 병원을 찾은 이유는 명치가 아프고 숨이 답답했기 때문이다. 검사 결과는 종격동의 종양이었다. 이 병은 인체의 신경말단 조직까지 종양이 침범한다. 그래서 감각을 느낄 수 있는 모든 부위에 종양이 생길 수 있다. 머리카락, 손톱, 발톱을 제외하고 전부 거대한 사마귀로 덮일 수 있는 것이다. 환자는 이미 그 과정에서 가슴과 배 사이의 신경조직에까지 종양이 퍼졌고 그것이 복부와 가슴을 압박해왔던 것이다.

곧 수술이 시작되었고 복부와 가슴을 압박하던 덩어리들을 제거했다. 그리고 수술을 들어가기 전에 성형외과에 통사정을 해서 성형외과적인 수술도 함께 했다. 얼굴과 손에 있는 종양들 중에서 큰 것들만 제거해도 훨씬 보기가 나을 것 같아서, 복부-흉부 종양에 대한 두 개 과의 합동수술이 진행되는 동안, 성형외과에서는 얼굴과 손에 있는 종양들을 가능한 한 많이 제거를 했다.

인간은 자기 일이 아니면, 아무리 충격적인 일도 쉽게 잊어버린다. 특히 의사란 직업은 더욱 그렇다. 내가 평생을 근무할 것 같았던 종합병원 봉직생활을 그만두고 왜 개업가로 돌아서야 했는지 얘기할 기회가 있을지 모르겠지만, 하여간 의사라는 직업을 가진 사람이 평생 동안 경험하는 희로애락의 양은 일반인들의 백 배, 천 배, 아니 만 배쯤 된다고 생각한다. 그러다가 그런 것들에 너무 둔감해지거나 민감해지면, 스스로 의사로서의 자격을 잃어버리게 되는 것이다. 그래서 의사란 그러한 감정들에 적당히 느슨해지다가도 가끔은 다시 팽팽하게 조이고 당겨야 하는데 사실 나는 그것에 실패한 사람이다.

하여튼 그때의 일은 그렇게 상황이 끝났다. 그런데 얼마 지나지 않아 우연히 〈다큐멘터리 이야기 속으로〉라는 TV 프로그램을 보다가 잠시 잊고 있었던 그 환자에 대한 기억이 되살아났다. 프로그램의 내용은 이랬다.

어린 시절 아버지가 약에 쓴다고 두꺼비를 잡아다가 처마 밑에 산 채로 매달아놓았다(시골에서는 두꺼비를 말려 가루를 내서 피부병에 바르기도 한다). 그런데 그 두꺼비가 매달린 채 바로 죽지 않고 버티다가 백 일만에 죽었다. 두꺼비가 죽던 날 어머니는 출산을 했고 그 아이가 바로 레클링하우젠 환자였다.

이야기 소재를 제공한 주인공은 얼굴을 모자이크로 처리하고 TV에 나와서 자신은 그때 그 두꺼비의 저주로 온몸이 커다란 사마귀 같은 종양에 뒤덮인 채 숨어서 산다고 말했다. 그래서인지 그 프로그램의 소제목이 '두꺼비의 저주'였던 것으로 기억된다. 이야기를 끝낼 때쯤에는 전문가가 나와서 그 병은 불치병이고 어쩌고저쩌고하며 한 5분간 설명을 했다.

나는 TV를 보며 그 환자가 다시 기억이 났고 그녀가 겪고 있을 고통에 대해 잠시 생각해보았다. 그러나 이내 애써 잊어버리려고 했다. 그런데 다음날 오전에 한 통의 전화가 걸려왔다.

"저 김○○인데 기억하시겠어요, 선생님?"

나지막한 목소리를 듣고 있는데 왠지 전날의 TV 프로그램이 생각나면서 불길한 느낌이 확 밀려왔다.

"선생님, 제 병은 앞으로 의학이 발달해도 평생 못 고치는 거 맞죠?"

나는 순간 아찔한 기분이 들어서 거짓말을 하고 말았다.

"○○씨, 아닙니다. 요새 미국에서 신약을 하나 개발 중인데 임상시험에서 고친 사람이 많답니다."

"……선생님 거짓말 하시는 거 다 알아요. 어제 텔레비전을 봤어요. 거기서 ○○대 교수님도 못 고친다고 하디군요……."

계속해서 불안한 느낌이 들었던 나는 일단 병원으로 나와라, 지금 어디냐, 우선 좀 만나자, 치료 방법을 알려주겠다 등등의 말로 필사적으로 그녀를 설득했다.

그러나 그녀는 감사하다는 말만 남기고 전화를 끊었다.

나는 그 길로 원무과로 가서 주소를 조회해 가족들에게 전화를 하고 경찰서에도 신고를 하라고 했다. 그러나 다들 나를 이해 못하겠다는 표정으로 바라보았다. 그녀가 죽는다고 한 것도 아니고, 그 병을 한두 해 앓은 사람도 아닌데 너무 과민하게 반응하는 거 아니냐는 눈치들이었다.

논리적으로는 그들의 생각이 옳았다. 그러나 나로서는 그렇게 해야 될 일처럼 느껴졌다. 어쨌든 그러고 나서 나는 또다시 일상으로 돌아갔다. 그런데 그로부터 4~5일 후 응급실 당직 의사가 진단서 사인을 부탁하러 내 방으로 올라왔다.

"선생님 이 환자 DOA로 들어왔는데, 선생님이 주치의셨더라구요. 사인에 대해서 오류가 없는지 좀 봐주세요."

순간 나는 머릿속이 하얘지는 기분이었다. 결국 그 여자는 한 사찰 뒤에서 목을 맨 시신으로 발견되었던 것이다.

나는 곧바로 응급실로 내려가 커튼을 걷고 여자의 얼굴을 보았다. 질병으로 거뭇거뭇하던 피부는 하얗게 바뀌어 있었고, 보기 흉하던 종양 덩어리들도 그렇게 몸의 주인과 같이 죽어 있었다. 그리고 심전도를 찍기 위해 풀어헤친 가슴에는 커다란 수술자국이 마치 상이군인의 낡은 훈장처럼 남아 있었다.

방송국에서도 그 프로그램을 제작하면서 그것이 누군가의 마지막 희망과 삶을 빼앗는 일이 되리라고는 생각하지 못했을 것이다. 또한 그날 출연했던 대학 교수도 자신이 한 이야기가 연기緣起의 사슬이 되어 누군가의 생목숨을 빼앗을 것이라고는 생각지 못했을 것이다.

내가 무심코 던진 말, 뜻 없이 행한 일들, 이런 것들이 나도 모르게 연기의 사슬로 이어져 두고두고 업장을 쌓아나가는 일임을 나는 그때서야 비로소 깨달았다.

의사라는 직업을 가진 사람이 평생 동안 경험하는 희로애락의 양은
아마도 일반인들의 만 배쯤은 될 것이다.
같은 길을 함께 걷는 동료가 아니라면 그 많은 감정의 파장들을
어디에 쏟아 부을 수 있을까.

밥벌이의 고통

중국성 철가방인 영규 씨가 병원에 왔다. 밤새 피를 거의 한 말이나 토했단다. 몇 달 사이에 얼굴은 더 검어졌고, 눈은 노랗다 못해 이제는 거의 짙은 회색빛이었다. 몸에는 거미줄 모양의 실핏줄이 군데군데 드러나 있었고 복수도 차기 시작했다.

초음파를 해보니 간 조직이 시멘트 덩어리처럼 굳어 있었다. 대정맥이 확장되고 담도가 두 배는 늘어나 있었는데, 우측 횡경막 아래쪽에 아기 주먹만한 덩어리도 보였다. 분명히 6개월 전에는 없었는데 그새 생긴 것이다.

돈 때문에 망설이는 영규 씨에게 복부 시티촬영과 내시경을 권했다. 동료는 인근에 있는 종합병원에 전화를 해서 예전에 같이 근무하던 방사선과 과장에게 부탁을 했다. 원무과에 등록하지 말고 방사선과 과장

재량으로 그냥 프리로 처리해주었으면 하는 아쉬운 부탁이었다.

종합병원에서 의사의 재량권은 대개 10퍼센트 정도다. 특별한 경우를 제외하고 10퍼센트 이상 치료비를 깎아줄 수는 없는 상황이라서, 아예 방사선과에서 자체로 무상으로 해줬으면 하는 어려운 부탁이었는데 흔쾌히 승락을 해주었다. 그래서 영규 씨는 내시경 비용만 내고 검사를 받았다. 결과는 다행히 간암은 아니었지만 간경화로 인해 발생한 식도정맥류였다.

또다시 어려운 싸움이 시작됐다. 나는 일단 영규 씨를 진료실이 아닌 원장실로 오라고 해서, 앞에다 차를 한 잔 놓고는 먼저 담배를 권했다. 영규 씨는 내 앞에서 담배를 피는 것이 어려운지 잠시 머뭇거렸다. 그래서 나도 같이 담배를 피워 물고 이런저런 사는 이야기부터 꺼냈다.

재윤이는 건강하냐, 아내는 요즘도 아파트에 청소하러 다니냐, 모친이 어제도 병원에 오셨는데 아무래도 노인이라 쉽게 호전이 안 되는 것 같다, 이제 중국집 주방일은 좀 배웠나…… 등등.

재윤이는 영규 씨의 외아들이다. 재작년에 동료에게 감기진료를 받다가 심실중격 결손증이라는 선천성 심장병이 발견되어 수술을 받은 아이다. 그때도 수술을 해야 한다는 동료와 돈이 없어서 수술을 받을 수 없다는 영규 씨의 딱한 사정이 충돌했다.

그래서 나는 심장재단으로 방법이 없나 알아보고, 친구는 친구대로 대학병원과 접촉했다. 심장재단은 순서를 기다려야 하는데, 아이는 호흡기 감염이 진행되고 있는 상황이라 수술을 서둘러 해야 했다. 할 수 없이 친구가 영규 씨와 타협 아닌 타협을 했다. 친구는 수술비가 백만 원이면 할 수 있겠느냐고 물었고, 영규 씨는 그 돈이라면 어떻게든 마련해보겠다고 했다.

친구는 그날 자신이 근무했던 대학병원 은사들에게 부탁을 해서, 가능한 한 모든 약제나 수술도구는 제약 회사나 의료기구 회사에서 준 샘플들을 사용하고, 교수 특진비 등등을 빼어 백만 원 수준에서 수술을 하기로 허락을 받았다. 그렇게 해서 재윤이는 수술을 받았고, 지금은 세 살배기 건강한 아이로 자라나 가끔 할머니 손을 잡고 병원에 따라와 재롱을 부린다.

다음 문제는 영규 씨였다. 얼굴 색깔이 검어지고 눈에 황달기가 보여 검사를 한 결과 만성간염에 이은 간경화였다. 이 병은 대단히 무서운 병이다. 절대적으로 휴식이 필요하고 좋은 섭생과 치료를 필요로 하는 것이다.

그런데 영규 씨는 그럴 처지가 아니었다. 영규 씨 아내는 3급 장애인이고, 노모가 계신데 지능이 약간 모자라는 분이시다. 그래서인지 영규 씨는 일을 무섭게 한다. 예전에는 목욕탕에서 때를 밀었는데, 호흡기가 나빠져 습한 환경에서 근무를 할 수 없게 되자 다른 일을 하고 있다.

그는 놀랍게도 하루에 네 시간 정도밖에 안 잔다. 밤 열두시 반에 우유대리점으로 출근해서 새벽까지 배달 나갈 우유를 분류한 뒤 집으로 들어가 잠깐 눈을 붙이고는, 다시 오전 열시에는 중국집인 중국성으로 출근한다. 중국성에서 하루종일 배달을 하고 청소를 끝내고 나면 밤 열시 정도가 되는데, 그때 집에 들어가서 저녁을 먹고 또 잠깐 눈을 붙이고는 다시 밤 열두시면 우유대리점으로 출근을 하는 것이다. 물론 아내와 얼굴을 마주할 시간은 이때뿐이다.

그가 그렇게 해서 버는 돈은 중국집에서 70만 원, 우유대리점에서 30만 원이다. 그리고 그의 아내가 아파트 계단을 청소하면서 받는 임금은 한 달에 40만 원이다. 정말 터무니없는 임금이지만 요즘은 살 만하단다. 불과 얼마 전까지 아내가 일자리가 없었을 때는 정말 먹고살기가 너무나 어려웠다고 한다.

그런 그에게 나와 동료들은 일을 그만둘 것을 권해야 했다. 간염이 동반된 간경화 환자가 과로를 한다는 것은 매일 독약을 들이키는 것과 같다. 그러나 그에게 일을 그만두라는 것은 네 식구더러 그대로 굶어 죽으라는 소리와 같은 이야기였다.

그래서 나는 진단서를 끊고 소견서를 첨부해서 시청에 생활보호대상자 신청을 하게 했는데, 자기 집(집이래야 달동네 판잣집 수준이다)이 있고 직업이 있다고 반려되었다. 할 수 없이 행정 부시장에게 따로 부탁을 하고, 우유대리점 일은 일용직으로 바꾸고 해서 겨우 생활보호대상자로 만들어주었다.

그런데 영규 씨는 이제 치료비도 안 드는데 병원에 오지 않았다. 병원에 오면 늘 일을 그만두라는 소리가 듣기 싫었던 것이다. 그러다가 결국 이 꼴이 되어버렸다.

식도정맥류는 간기능이 완전히 없어졌음을 의미한다. 간으로 통하는 혈관들이 딱딱해진 간 조직에 눌려 피를 흘려보낼 수 없게 되면 주변 조직으로 피가 역류하는데, 그렇게 되면 가장 조직이 약한 식도의 혈관들이 부풀어 오르고 결국 압력에 의해 혈관이 터져버리게 된다. 다행히 그런 일은 없었지만 지금 그의 상황은 살아 있되 죽어 있는 목숨이었다.

영규 씨는 즉시 중환자실로 입원하라는 권유를 뿌리치고 다시 내게로 왔다. 식도정맥류가 발생한 간경화 환자를 살리는 방법은 간이식 수술뿐이다. 아니 사실은 이미 그것도 늦은 상태였다.

그는 그 지경임에도 담배를 물고 산다. 그는 착하기는 하지만 달리 말하면 미련하다는 뜻도 된다. 그런 그에게 담배를 꺼내 권하고는 나도 같이 피웠다. 그러고는 천천히 그가 완전히 이해할 수 있도록 그의 병에 대해 설명했다.

그는 약간 느리기는 해도 사리분별은 했다. 그의 눈에서 곧 닭똥 같은 눈물이 떨어졌다. 그의 머릿속으로는 이미 재윤이와 아내, 그리고 어머니의 모습이 주마등처럼 지나갔을 것이다. 인간이 할 수 있는 극한의 노동량을 감당하면서도 우선 먹고 살 만해진 형편이 한없이 행복했던 그가 이제야 자신의 병의 심각성을 이해하기 시작한 것이다. 아니 사실 불안하면서도 설마설마 했을 테고, 아니면 이미 죽을 각오를 했을지도 모른다. 나와 동료들이 계속 그렇게 고집을 부리면 죽는다는 소리를 백 번도 더 했으니 말이다.

이제 그의 여생은 그에게 달려 있다. 식도정맥류는 요즘은 다행히 수술 대신 내시경으로 묶어줄 수 있으니 대학병원에 가서 정맥류를 묶으면 된다. 그리고 일을 하지 않고 요양하면서 간에 필요한 영양을 충분히 섭취하면 1년, 5년, 10년, 혹시 하느님이 도우시면 20년을 살지도 모른다. 그러나 지금처럼 일을 하면, 그는 머지않아 자장면 배달통을 안고 길거리에서 쓰러져 피를 토하면서 죽어갈 것이다.

나는 겨우 그를 설득해서 대구의 대학병원으로 가게 했다. 그는 그 외중에도 입원 안 하고 정맥류만 묶고 안동으로 다시 오면 안 되느냐고 물었다. 이제 겨우 모은 돈을 치료비로 날릴까봐 걱정이 되는 모양이었다. 나는 의료보험이 되니 큰 부담은 안 될 것이라고 또 설득을 했다. 나머지 의료보험 혜택을 받을 수 없는 고가치료는 어떻게든 선후배들에게 시술을 부탁해볼 참이었다.

그러나 그를 설득한 것으로 모든 문제가 해결되는 것은 아니었다. 이제 누가 그와 그 가족을 부양한단 말인가. 사람이란 참 상황에 따라 많이 변한다. 가능성으로만 생각하고 있을 때는 담담하던 사람이 막상 현실이 되면 암담해하고 두려워하는 것이다. 그래서 나는 그가 일단 일을 쉬고 치료를 받겠다는 결심을 하는 순간, 지금까지와는 반대로 이야기를 했다.

걱정하지 마라, 왜 걱정을 하느냐, 당신이 여태까지 말을 안 들어서 그렇지 치료만 잘하면 이 병은 충분히 나을 수 있는 병이다, 쉬면서 잘 치료하면 완치된다, 그리고 그 다음부터 더 열심히 일해서 돈을 벌면 된다, 충분히 희망이 있다, 왜 두려워하느냐고 말이다.

그런데 이제는 이런 고통스러운 전쟁이 점점 힘들고 지친다. 그래서 인지 요즘에 들어와서는 가운을 벗는 상상을 더 많이 하게 된다.

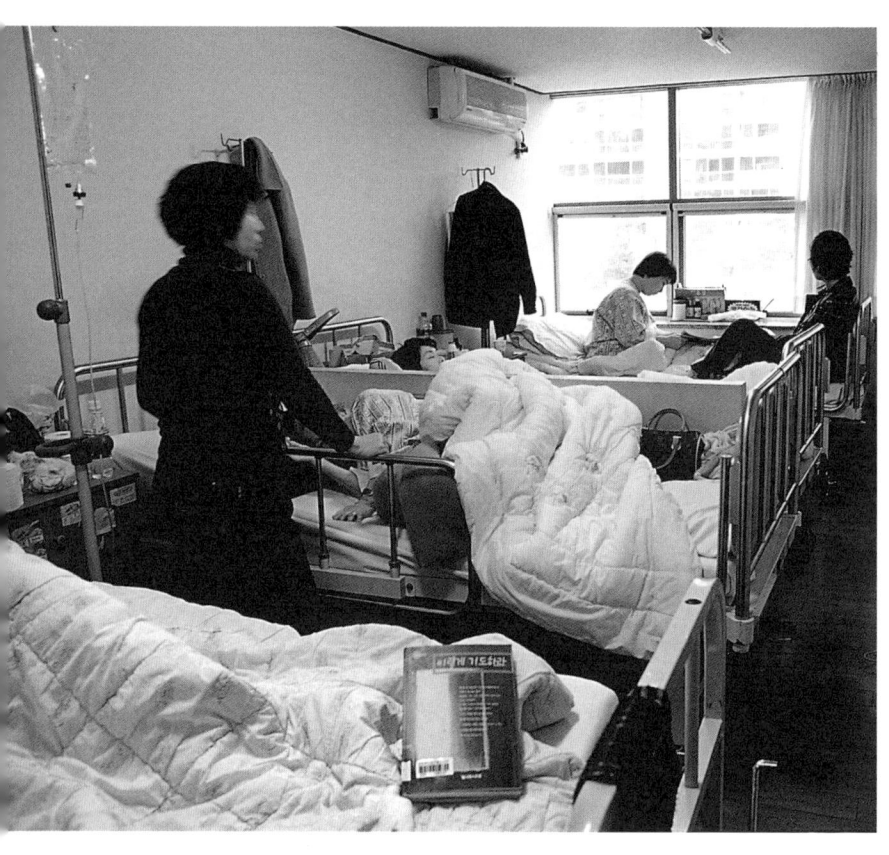

몸이 아파 병원에 입원을 하게 되면 본인의 고통이야 말할 것도 없고
가족들까지 참 힘든 시간을 보내게 된다.
그래서 병원생활을 해본 사람들은 삶에 있어서
건강이 최고의 재산이라는 걸 누구보다 잘 알고 있다.

나는 지금 부끄럽다

드디어 건강보험공단의 흑자가 수천억이 났다고 한다. 그리고 경제특구에 외국인 의사가 진료하는 병원을 만들어 의료보험 적용을 하지 않는 대신, 그곳을 이용할 수 없는 서민들에게는 국가가 공공의료를 확충해서 의료혜택을 늘려주겠다는 발표가 났다.

의약분업을 시작할 때 의료보험료 인상은 없을 것이라는 말은 처음부터 거짓말이었다. 의료보험료를 거둬서 이제는 약국에까지 보험료를 지급해줘야 하는데, 보험료가 오르지 않으면 말이 안 되는 것이다. 비록 의약분업이 필요한 제도라 하더라도 이런 사실을 정부가 속이는 것은 옳지 않다.

의료보험료가 천정부지로 올라 한 해에 수천억씩 흑자가 나니까 이제는 흑자를 남겨서 기금화를 한다고 한다. 기가 막힌 일이다. 당연히 그만큼 보험료를 깎아주거나, 아니면 국민들에게 보험혜택을 더 주든지 해야 하는데, 기금화라니…….

종합병원에 근무하는 야전 의사로 있을 때는 정말 의료보험제도가 저주스러울 때가 많았다. 겉으로만 생색을 내고 있지, 실제 우리나라 의료보험제도는 사람을 죽이는 제도다.

종합병원에 근무할 때 있었던 일이다. 미진이라는 아이가 계단에서 넘어지면서 배를 부딪쳐서 응급실로 들어왔다. 복부가 부풀어 오르고, 안색이 창백하고, 수축기 혈압은 80 수준에 맥박수는 120회, 전형적인 실혈성 쇼크였다. 뱃속에 있는 간이나 비장 같은 장기 혹은 동맥이 터져서 뱃속에서 대량의 출혈이 일어나고 있다는 증거였다.

아무리 의사라는 직업이 이런 상황들에 무뎌진다 해도, 환자가 다섯 살 아이라면 눈이 뒤집힌다. 혈액형 검사가 늦어져 수혈이 지연되자, 내 입에서 쌍욕이 튀어나왔다.

"임상병리 담당하는 ××는 뭐하고 뒤집어져 있어? 빨리 피 가져오라구 해!"

사실 이 정도면 완화된 표현이다. 아이의 의식이 가물거리고, 쇼크 상태로 점점 빠져들면 혈액이 준비되는 5분 10분은 그야말로 다섯 시간 열 시간처럼 길게 느껴진다. 레지던트가 옆에서 "선생님, 그래도 일단 복부 시티를 찍어보고 어디가 문제인지를 알아야 수술을 하지 않겠습니까?" 하고 한마디 거들다가 "야 이 ××야! 니 눈에는 얘가 지금 30분 넘게 버틸 수 있을 거 같아?" 하고 욕만 잔뜩 얻어먹었다.

피가 도착하자마자 수혈봉지를 주렁주렁 매달고 일단 수술실로 내달렸다. 수술실에서도 분쟁이 시작되었다.

"마취를 하기에는 혈압이 너무 낮습니다. 일단 혈압을 높여야 마취를 할 수 있어요."

마취과 의사로서는 당연한 이야기가 나온다. 이때에도 일단 욕부터 한다.

"야 이 ××야! 뱃속에 피가 줄줄 새는데, 혈압을 어떻게 높여? 일단 마취해! 책임은 내가 진다잖아!"

이런 상황은 그야말로 살벌하게 보이지만, 종합병원에서는 거의 일상적인 일들이다. 보호자 동의 또한 수술실 앞에서 그냥 말로 주고받는다.

"일단 수술합니다. 살릴 확률은 거의 없지만, 그래도 무조건 수술은 합니다. 동의하신 거죠?"

나는 대답도 제대로 듣지 않고 수술실로 아이를 밀고 뛰어들어갔다. 개복과 동시에 벌건 피가 천장으로 솟구쳤다. 천장에서 환자를 비추고 있던 무영등까지 피가 튀어오르고, 마스크를 쓴 얼굴은 물론이고 내 몸을 붉은 피로 물들인 다음 다시 허벅지를 타고 흘러내렸다. 뱃속에 있는 피를 빼낼 시간조차 없이 피가 솟구쳤다.

나는 커다란 수술용 그릇을 집어넣어 피를 퍼내고 황급히 손상 부위를 찾았다. 그런데 머리 쪽을 담당하고 있던 마취과가 난리가 났다.

"어, 어, 일단 중지! 혈압이 너무 떨어져!"

황급히 거즈 수십 장을 뱃속에 틀어박고 일단 압박을 한 다음, 마취과에서 피와 링거를 쏟아 부어서 혈압이 올라가도록 조치할 때까지 5분 정도 기다렸다. 다시 거즈를 하나씩 빼내면서 다친 자리를 확인해야 하는데, 짐작으로는 아무래도 간이 다친 것 같았다. 기다리는 동안에는 "주님……." 하며 본능적으로 기도문을 읊는다.

다시 수술을 시작했다. 다행히 비장파열이었다. 좌측간도 일부가 찢어졌지만 상처는 크지 않았다. 비장은 맹장처럼 일단 떼어버리면 산다. 깨어져서 피가 철철 흐르는 비장을 황급히 제거하고 찢어진 간을 조심스럽게 봉합했다. 수술기구들이 부딪히면서 나는 금속성의 소음 이외에 수술실은 쥐 죽은 듯 조용했다. 드디어 비장이 들려나오고, 비장으로 지나가던 혈관이 묶여지면서 출혈이 멈추자 안도의 탄식들이 터져나왔다.

"바이탈 어때요?"

마취과에 물어보지만, 마취과 선생은 나의 만행(마취과의 수술동의 없이 수술을 한 것)에 화가 나서 대답도 하지 않는다. 어쨌거나 서서히 혈압이 올라가고, 아이는 극적으로 회생했다. 미진이는 자기 몸 안에 있는 전체 피의 총량보다 더 많은 피를 수혈받으면서 그렇게 생환했다.

응급실로 들어온 지 열흘째, 일반병실로 옮겨진 지 사흘째 되던 날, 이제 퇴원을 준비하고 있는 미진이는 언제 사선을 넘었냐는 듯 명랑했다. 형편이 어려운 부모들이 병원비 걱정에 날이 새는 것도 모르고 온종일 재롱을 부려서 병동의 사랑을 독차지했다.

그런데 퇴원 하루 전날 밤에 미진이는 갑자기 열이 났다. 38도였다.

타이레놀을 처방해 잠시 열은 내렸지만, 다음날 오후에 다시 열이 났다. 나는 재차 타이레놀을 처방했다. 그런데 기분이 찜찜했다. 실밥을 뽑은 상처를 봐도 상처 주위가 약간 붉은색을 띠고 있는 것 외에는 이상이 없었다. 그래도 혹시나 하는 마음에 상처를 살짝 벌려보기도 했지만 역시 별 이상은 없었다.

다음날 아침에도 또 열이 나기 시작했다. 나는 미심쩍은 기분이 들어서 혈액배양 검사를 해보기로 했다. 팔과 다리에 작은 붉은색 반점이 생기면서 열이 두 시간 간격으로 오르내리는 것이 패혈증이 의심되는 상황이었다.

나는 일단 미진이를 다시 중환자실로 보냈다. 이때에는 반코마이신을 긴급히 투약해야 했다. 비장을 제거한 환자는 약 2주 정도 후에 면역 기능의 교란으로 패혈증이 올 수 있다. 설령 패혈증이 아니더라도 반코마이신을 쓰고 봐야 한다. 혈액배양은 결과가 3~4일이 걸려야 나오기 때문이다.

그런데 환자가 당장 오늘 죽어도 반코마이신을 쓰면 안 되는 상황이었다. 의료보험규정에는 반드시 혈액배양 검사상 패혈증이 확인되어야만 사용할 수 있다고 되어 있는 것이다. 규정대로라면 이미 죽을 지경이 될 때 쓰라는 것이다. 나는 하는 수 없이 보호자에게 사정을 설명하고 급히 반코마이신을 쓰는 것이 좋겠는데, 우리나라 보험규정상 비싼 약은 결과가 나올 때까지 투약을 하지 못하게 되어 있다, 그러니 대형 약국에 가서 일반으로 주사약을 사가지고 오면 우리가 몰래 주사하겠노라고 했다. 그러나 그것도 몰래 해야지, 환자가 당장 죽더라도 규

정상 보험 가능한 약을 일반으로 반입하면 안 되는 상황이었다.

보호자들은 난감해했다. 이미 중환자실에 있을 때, 알부민을 그렇게 몇 병이나 사왔기 때문이다. 미진이처럼 간을 다치고 큰 수술을 한 환자들은 간기능이 원활하지 못해서 알부민 수치가 떨어진다. 상처를 회복시키고 부종을 내리고 면역력을 증강시키기 위해서는 알부민 투여가 필수다. 대개 알부민은 3.5 수준이 정상인데 미진이는 2.8이었다. 당연히 알부민 투여가 절대적으로 필요했지만, 의료보험규정상 투여할 수 있는 상황은 아니었다. 알부민 수치가 2.5 이하여야 투약이 가능했던 것이다.

우리나라 의료보험규정으로 보면 아이가 사선을 넘나들어도 알부민 수치가 이제나저제나 떨어지기를 기다리다가 어느 날 뚝 떨어지면 "이제 드디어 떨어졌다!" 하고 만세를 부르면서 알부민을 투약해야 하는 형편이다. 게다가 한 병을 투약하고 재검사해서 2.7이나 3.0 정도로 올라가면 다시 떨어질 때까지 기다려야 투약이 가능해진다.

가끔 레지던트들이 혈기를 못 참고 수치가 기준 미달이더라도 처방을 할 때가 종종 있지만, 그 경우에는 치료비를 삭감당하고, 부당청구자로 낙인찍혀버린다. 기가 막힌 현실이지만 어제도, 오늘도, 내일도, 이런 허울 좋은 의료보험제도를 운영하면서 매해 의료보험료만 죽어라 인상하고 있다.

또한 그러고도 모자라 경제특구에 내국인 일반진료를 허용하고, 대신 공공의료를 확충한단다. 그러면 경제특구에서 비보험으로 수천만 원짜리 진료를 받을 수 있는 귀족들과, 검사 결과가 나올 때까지는 당장 죽어도 약을 쓰지 못하는, 소위 공공의료를 이용하는 자의 생명의 가치는 어떻게 달라지는 건가. 누구는 사람 목숨이고, 누구는 짐승 목숨이라는 말인가.

그런 정책을 세우는 자들은 아프면 어디서 진료를 받을지 무척 궁금해진다. 설령 그들이 일반병원에서 진료를 받더라도 목숨이 왔다 갔다 하는 상황에서 과연 의료보험규정을 지키라고 할 수 있을지 궁금하다. 그들은 빛 좋은 개살구로 국민을 속이고 있는 것이다.

하여튼 미진이 부모님은 난색을 표했다. 그것이 꼭 필요한 거냐고 다시 물었다. 검사상 확진된 것은 아니지만 그럴 가능성이 많아 즉시 투약해야 한다고 이야기했지만 마음이 무거웠다. 저녁까지 미진이 부모는 약을 사오지 못했다. 최소 몇십만 원 이상 하는 약값을 구하느라 뛰어다니고 있는 모양이었다.

나는 하는 수 없이 임의로 투약을 결정했다. 검사 결과가 나오기 전에 규정을 어기고 투약을 한 것이다. 부당청구에 과잉진료자로 낙인 찍히더라도 어쩔 수 없었다. 약간 늦은 감이 있었지만, 일단 반코마이신 투약이 시작되었다. 그리고 그날은 중환자실에서 레지던트와 함께 미진이를 지켜보면서 보냈다.

다음날 아침식사를 한 다음 다시 미진이를 보러 갔더니 미진이가 인사를 했다. 나는 다행이다 싶었는데 문제가 또 생기고 말았다. 마침 보호자 면회시간이어서 미진이 부모가 같이 들어왔는데, 누워 있는 미진이에게 침대 오른쪽에 있는 나는 보이고, 침대 왼쪽에 서 있는 엄마는 보이지 않았던 것이다.

시야의 좌측 절반이 소실되어버린 것이다. 긴급히 신경과 의사가 호출되고 응급으로 뇌 단층촬영이 이루어졌다. 이유는 뇌출혈이었다. 패혈증이 오면 피 속의 혈구들이 파괴되고 새로 생겨나지 않는다. 미진이 몸에서는 무서운 속도로 백혈구와 적혈구, 혈소판이 파괴되어나갔다. 또한 혈소판 감소로 곳곳에서 출혈이 유발되고 몸 곳곳에 붉은 출혈반이 생기기 시작했다.

신경외과에서는 수술을 할 수 없다고 했다. 혈소판 저하로 출혈이 멈추지 않아 수술을 할 수 없다는 것이었다. 혈소판 수혈을 시작했지만, 나도 이미 그것이 무의미한 것임을 알고 있었다. 그렇게 오전이 지나간 뒤 오후에는 어린 몸에 인공호흡기가 달리고 붉은 수혈관이 다시 줄줄이 달리기 시작했다. 그리고 반코마이신은 뒤늦게 물처럼 쏟아 부어졌다.

그러나 그날 오후 네시쯤 미진이는 의식이 사라졌다. 뇌출혈이 점점 심해지면서 동공도 열리기 시작했다. 그러고도 어린 심장은 쉽게 멈추지 않다가 그로부터 다섯 시간 정도 지나서 힘들게 뛰던 새 같은 어린 심장이 멈추었다.

미진이가 세상을 떠난 지 이틀 후, 혈액배양 검사 결과가 나왔다. 역시 포도상구균에 의한 패혈증이었다. 나는 더 이상 이런 일을 감당하기가 벅찼다. 어린 생명을 앗아간 제도에 분노하고, 하루를 망설이면서 시간을 보낸 나의 비겁함에 분노하고, 사악한 세균에 분노했다.

그때부터 나는 의료시스템에 잘 적응하지 못했다. 비슷한 일이 몇 번 반복되고, 그때마다 의사로서의 소신과 제도에 복종해야 하는 사회인으로서의 규범 사이에서 일종의 사회부적응자가 되어버린 것이다. 나는 결국 종합병원에서 전문의로 근무를 시작한 지 1년 만에 스스로 옷을 벗었다.

물론 지금의 나는 행복하다. 당장 최소한 일주일에 한 명씩 내 환자의 임종을 지켜봐야 했던 끔찍한 상황이 없어졌고, 하루에도 서너 번씩 피를 말리는 상황도 없다. 또 피고름이 묻은 속옷을 버리고 매일 속옷을 사 입지 않아서 좋다.

그런데 누군가는 지금 이 시간에도 그 상황을 견디고 있을 것이다. 우리 동기 중 누군가는 중환자실 환자 때문에 오늘도 집에 들어가지 못하고 당직실에서 쪼그리고 자고 있을 것이다. 또 누군가는 방금 전에 눈을 감은 환자를 떠나보내고 밤하늘에 담배연기를 길게 내뿜고 있거나, 천장으로 솟구치는 피를 덮어쓰면서 누군가의 배와 가슴, 그리고 머리를 열고 있을 것이다.

그래서 나는 지금 부끄럽다. 그들과 같이 밤을 새우지도 않고, 생사의 갈림길에서 한 사람이라도 더 살리려고 응급실 중환자실을 뛰어다니지도 않으면서 그냥 이렇게 하루종일 농담 같은 삶을 살고 있어서 그들에게 한없이 부끄럽다.

환자들을 괴롭히는 병마들과 씨름하는 것도 힘이 드는데,
우리나라에서는 의료보험제도조차 도움이 되어주지 않는다.
우리나라 의료행정시스템을 생각하면 가슴이 답답할 때가 많다.

일월산 닭구백숙

영양군 일월면 칠성리. 듣기만 해도 무엇인가 있을 것 같은 동네 이름이 아닌가. 나는 이 동네와 여러 가지 작은 인연이 있다. 먼저 이곳은 나와 절친했던 대학 동창이 군복무를 했던 곳이다. 당시 공군 군의관이었던 동창은 대한민국 군의관이 갈 수 있는 임지 중에서 가장 최악의 임지인 이곳으로 배치되었다.

원래 일월산은 마이산, 계룡산, 태백산을 능가하는 무속인들의 본향이다. 특히 신당을 차리고 손님을 받는 장소라기보다는 신내림을 받거나 모시는 신령에게 치성을 드리기 위해 무속인들이 자기 담금질을 하는 곳이다. 사실 신내림이나 무속 등을 믿고 말고는 개인의 취향일 뿐이지만, 그래도 오리지널 무속인들이 하나같이 영산으로 지목하고 은거하는 곳이니, 이곳의 분위기는 자못 신령스럽다.

이곳에 근무했던 동창의 얘기로는 영양 읍내에 있는 관사에서 부대 버스를 타고 일월산을 감아 올라가는 군사도로로 산 정상을 향해 올라가다보면 까마귀가 발밑에서 날고 구름도 발밑으로 휙휙 지나다닌다고 한다.

더욱이 겨울밤에는 그야말로 소름이 돋는 일이 한두 번이 아니라고 한다. 원래 일월산은 안개와 바람으로 유명하다. 정상에서는 건물과 건물 사이를 밧줄로 연결해두고 밧줄에 몸을 의지하고 걸어다녀야 한다. 워낙 바람이 세서, 겨울밤에 자칫 밖으로 잘못 나섰다가는 바람에 날려 쥐도 새도 모르게 사라져버리기 일쑤라는 것이다.

그런 일월산에서 혼자 살면서 더덕을 캐고 나무를 베는 일을 하는 아저씨가 계신다. 이 아저씨는 그야말로 범 같은 분이다. 얼굴에는 수염이 성성하고, 손바닥은 코끼리 같고, 어깨는 시베리아 불곰같이 쩍 벌어진 그런 산사람인데, 우리나라에서 가장 유명한 더덕산지인 이곳 일월산에서 더덕을 캐 생활하는 분이다.

원래 더덕은 영물이라 오래된 더덕은 산삼보다 더 귀한데, 그 중에서도 일월산 더덕은 산삼 열 뿌리하고도 안 바꾼다는 더덕 중의 더덕이다.

그런데 어느 토요일 오후에 이분이 실려 왔다. 산에서 도끼로 나무를 자르다가 넘어진 나무에 깔려 가슴을 크게 다친 것이다. 갈비뼈가 열 개 정도 부러지고, 가슴에는 피가 가득 고여 혈흉 상태인데다가, 혈압이 80/40 수준으로 그야말로 목숨이 경각에 달려 있는 상태였다. 종합병원으로 보내야 할 상황이었으나 주말에는 심장이나 폐에 문제가 있는 사람을 진료해줄 의사가 안동에는 우리 병원밖에 없어서 아예 이리로 바로 실려온 것이다.

그런데 동료가 진찰을 하고 사진을 찍고 나더니 머리를 흔들었다. 일단 응급조치로 대량의 수액을 쏟아 붓고 수혈을 시작했지만, 이 경우에는 급히 수술을 해서 출혈 부위를 제거하지 않으면 구할 수가 없다는 것이었다. 하지만 우리 병원에는 중환자실도 없고 마취과 의사도 없어서 그런 대수술을 감당하기에는 시스템상 불가능했다. 그렇다고 이대로 대구까지 후송하다가는 그야말로 가다가 앰뷸런스에서 사망할 것은 불을 보듯 뻔한 일이었다.

다행히 우리 병원은 어텐딩 시스템 시범 병원이었다. 이 시스템은 환자가 꼭 우리 병원 의사들에게 수술을 받고 싶지만, 수술실이나 기타 여건이 불가능할 때, 종합병원의 시설만 빌리고 수술은 우리가 하는 시스템이다. 물론 우리로서는 번거롭고 달갑지 않은 일이지만, 가끔은 꼭 그래야 할 경우가 있다.

어쨌든 동료가 수술을 하기로 하고, 인근 종합병원으로 신속히 환자를 이송했다. 환자는 가슴에서 배까지, 심지어 신장손상까지 의심되는 상황인데도 너무 급박해서 시티촬영조차 해보지 못하고 바로 수술로 들어가야 했기 때문에 나도 수술에 참여했다. 어디를 수술해야 할지도 모르는 채 일단 열고 봐야 했던 것이다.

급히 마취가 이루어진 다음 친구가 가슴을 열고 들어갔다. 그런데 가슴을 열고 피를 씻어낸 다음, 흉벽을 아무리 봐도 피가 나는 곳이 없었다. 분명히 가슴에 피가 엄청나게 고이고 피가 콸콸 쏟아지는데 폐도 깨끗하고 심장도 안전했고 종격동도 손상이 없었다. 그래서 폐를 눌러서 공기를 빼고 아래쪽을 살펴보니 아래쪽에서 피가 쑥쑥 올라오는 것이었다. 가슴을 짓누른 충격이 얼마나 컸는지 횡격막이 터져버렸던 것이다.

이렇게 되면 일이 심각해진다. 횡격막이 터지고 그쪽에서 피가 올라온다면 간이 파열된 것으로 봐야 하기 때문이다. 졸지에 집도의가 친구에서 나로 바뀌고, 일단 가슴 쪽에서 터진 횡격막을 꿰맨 다음, 가슴을 닫고 다시 배를 절개했다. 배를 열자마자 과연 피가 솟구치기 시작했다. 그러나 다행히 피가 나오는 속도를 봐서는 중요 혈관 손상은 없는 듯했다.

비릿하고 뜨거운 피가 수술 테이블을 적시고 수술복까지 스며들었다. 나는 석션기를 두 개나 가동해서 뱃속에 고인 피를 제거하고, 식염수를 5리터 정도 부어서 뱃속을 씻어냈다. 먼저 시야부터 확보하는 것이 급선무였기 때문이다.

그런데 그야말로 그 자리에서 주저앉고 싶은 일이 생기고 말았다. 찢어진 간을 봉합하고 이제 수술이 끝났구나 생각하는 순간, 후복벽에서 또 피가 배어나오기 시작한 것이다. 출혈 부위를 찾기 위해 소장을 밖으로 다 끄집어내고 대장을 젖히자, 신장 뒤편의 등쪽 후복벽에서 피가 올라오고 있었다. 그런데 이런 경우에는 방법이 없다. 간이든 신장이든 비장이든 창자든 간에, 부위가 명확하면 일단 그곳을 수술하고 결과를 보는 것이지만, 지금처럼 후복벽에서 나는 출혈은 잡을 수단이 없는 것이다. 그곳은 사람의 손이 들어가지 않아 절개를 할 수도 없을 뿐 아니라, 자칫 잘못하면 절개로 인해 더욱 심한 출혈을 야기할 수도 있다.

나는 고개를 들고 마스크 낀 친구의 얼굴을 쳐다보았다. 친구는 천천히 고개를 흔들었다. 어차피 이판사판이니 일단 열어보겠다는 내 생각을 읽었는지 만류를 하는 것이었다.

나는 친구의 의견을 따르기로 했다. 모험을 해서는 안 되는 상황이었다. 이 상태에서 수술을 마무리했을 때 후복벽의 출혈이 멈출 확률은 고작 1퍼센트에 지나지 않는다. 반면 후복벽을 열었을 때 환자가 더 나빠질 확률은 99.99퍼센트다. 우리는 일단 그 자리에 드레인을 걸고, 절개창을 닫았다. 드레인 호스가 환자의 가슴에 네 개, 배에 여덟 개가 끼워진 채 수술이 끝났다. 이제 드레인 호스를 통해 흘러나오는 피의 양에 따라 환자의 운명이 갈라지는 것이다. 만약 드레인을 통해 시간당 2000cc 이상의 피가 계속 나온다면, 수혈로 따라가는 데도 한계가 생긴다. 과도한 수혈로 응고기능이 제대로 작동하지 않고, 결국에는 생명을 구할 수 없게 되는 것이다.

환자는 중환자실에서 처음에는 시간당 150cc의 출혈이 계속되었지만, 다행히 시간이 지나면서 이틀 만에 30cc 이하로 줄어들기 시작했다. 아직 후복막의 출혈은 있었지만 인체의 조혈기관이 제대로 작동해서 스스로 지혈이 되기 시작한 것이다.

그렇게 해서 일월산 아저씨는 극적으로 회생했다. 나이가 오십오 세에다 워낙 손상이 심했기 때문에 우리는 거의 포기를 했었다. 그럼에도 기적적인 회복을 한 것은 분명히 일월산 신령님이 도왔거나, 아니면 그동안 섭취한 더덕의 힘 때문이었을 것이다. 그로부터 3주 후, 아저씨는 아주 건강한 모습으로 퇴원을 했다.

그리고 아저씨는 일주일 만에 외래진료를 받으러 왔다. 먼저 친구에게 들러 가슴사진을 찍고 갈비뼈가 시원하게 잘 붙었다는 확인을 받은 다음 다시 내 방에 들렀다. 이제 멀쩡한 상태에서 다시 보니 아저씨는 그야말로 완전한 건강체였다. 나이가 나보다 무려 십오 세나 많았는데도 벌어진 어깨와 튼튼한 근육, 황금색 이와 검붉은 피부까지 그야말로 자연인 그 자체였다.

그런데 아저씨는 진료를 받고 일어서면서 들고 왔던 라면상자를 내게 내미셨다.

"이거 잡숴보소. 첨 묵기는 좀 거북시러버도 몸에는 이利한 겁니더. 내 다른 거는 드릴 것도 없고 이 은혜를 우예 다 갚겠십니꺼. 너무 약소하지만 마음입니더. 옆방에도 드렸으니 같이 잡수이소."

그날 퇴근시간에 우리는 각자 더덕 한 박스씩을 안고 퇴근했다.

사실 아저씨께는 송구스러운 일이지만 나는 그 더덕을 한 어른께 선물을 했고, 친구는 주말에 본가 부모님께 전해드렸다(우리는 그것을 먹을 엄두도 내지 못했다. 보기만 해도 한약 냄새가 물씬 날 것 같은 엄청나게 큰 더덕이었기 때문이다). 내게 더덕을 선물받은 어른은 어디서 이렇게 귀한 더덕을 구했느냐며 내게 몇 번씩이나 고마움을 표시하셨고, 친구 어머니도 평생에 이런 더덕은 처음 구경한다며 이건 약으로 먹어야지 맛으로 먹을 것이 아니라고 하셨단다. 나는 일월산 더덕이 그렇게 귀하다는 것을 그때 처음 알았다.

 또 이런 일도 있었다. 어느 날 아침 출근을 해서 진료실을 들어갔는데 이상한 냄새가 났다. 가만히 보니 책상 옆에 웬 상자 하나가 놓여 있었다. 간호사에게 들으니 일월산 아저씨가 내가 출근하기 전에 새벽같이 오셔서, 대구에 더덕 팔러 가는 길이라 시간이 급하다면서 기다릴 시간이 없으니 우선 옆구리 실밥을 간호사들에게 좀 빼달라고 했다는 것이다.

 그거야 병원에서 온 전화를 받고 간호사에게 빼드리라고 지시를 했던 터라 이미 알고 있었는데, 아저씨가 이번에도 오시면서 무슨 선풍기 박스를 놓고 가신 것이다. 나는 이번에도 더덕이겠거니 하고 박스를 열어 보았다. 그런데 박스를 뜯자마자 정말 놀라운 일이 벌어졌다. 그 안에 커다란 닭이 산 채로 두 마리나 들어 있었던 것이다. 그렇게 크고 무섭게 생긴 닭은 그때 처음 보았다.

 덩치가 무슨 거위만한데다가 검붉은 몸 색깔, 거기다 붉은 벼슬까지 그야말로 위풍당당한 토종닭이 새끼줄에 다리와 날개를 묶인 채 들어 있었다. 아마도 영양에서 최소 두 시간 이상 그렇게 묶여 있어서 그런지 박스 안에서는 조용하다가 박스를 열자마자 묶인 날개를 푸드덕거려서 솔직히 무섭기까지 했다. 간호사는 비명을 지르고, 나는 나대로 어쩔 줄 몰라 하다가 남자 직원들을 불러 일단 사태를 수습했다.

 아저씨는 직접 인사도 못하고 간다고 내 책상 위에 쪽지도 하나 남겨 놓고 가셨다.

 "이 달구는 산에서 키운 달굽니다. 약 되고 몸에 이한 겁니다. 겨울

나기 전에 참쌀하고 인삼, 대추 조금 넣고 푹 꽈 잡수십시오."

우리는 고민에 휩싸였다. 병원 안에 저 푸드덕거리는 물건을 둘 데도 없고, 그렇다고 남 줄 수도 없고, 집에 가져간다고 해도 저걸 누가 잡을 것이며 등등.

결국에는 수술실에서 마취해서 목을 따자는 의견까지 나온 끝에 우리는 그놈들을 이진사댁에 보내기로 했다. 그곳은 우리가 가끔 토종닭 백숙을 먹으러 가는 곳인데 친구 아이디어로 이진사댁에 닭을 보내서 잡아달라고 부탁을 한 것이다.

퇴근길에 우리는 이진사댁에 들러 닭을 찾았다. 이진사댁 아주머니 말씀이, 그놈들은 약닭인데, 자기가 토종닭 장사 몇십 년을 해도 그런 닭은 구경하지 못했다는 것이다. 아무래도 더덕 먹고 자란 놈들이라 뭐가 틀려도 틀린 모양이었다.

우리는 검은색 비닐봉지에 아침과는 달리 발가벗은 토종닭을 한 마리씩 담아 보무도 당당하게 집으로 돌아왔다. 그리고 가스레인지 위 커다란 찜통에 인삼, 대추와 함께 그놈을 넣고 세 시간째 푹 '꽜'다. 먹음직한 냄새는 서재까지 구수하게 스며들었고 나는 얼마 후 잘 익은 닭백숙을 쭉쭉 찢어 소금에 찍어 먹었다.

하여튼 그해 겨울은 일월산 아저씨 덕분에 잔병치레 없이 건강하게 잘 보냈다.

"일월산 아저씨, 달구 잘 먹었습니다. 그리고 나도 고맙심더!"

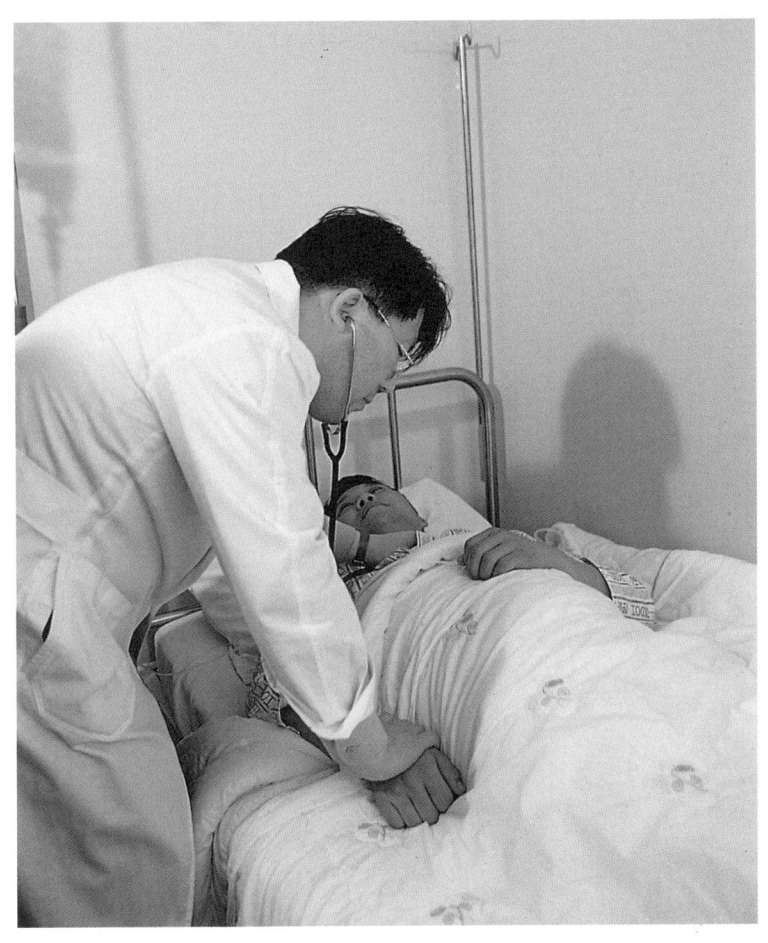

생각해보면 병원만큼 인간의 정이 많이 오가는 곳도 없다.
수술실에선 의사와 환자이지만, 회복 후에는 따뜻한 이웃이요 친구가 되어주는
이들 때문이다.

정미와 송이버섯

"정미……."

이 고운 이름은 추억 속에 남아 있는 애인의 이름이 아니다. 정미는 눈이 보이지 않는 엄마와 귀가 들리지 않는 아빠를 둔 초등학교 2학년 여자아이의 이름이다.

내가 정미를 처음 만난 것은 병원이 개원되고 서너 달 지나서였으니까 얼추 3년 가까이 된 것 같다. 12월의 어느 날, 마침 당직이라 혼자서 온갖 응급 환자들을 보고 있는데, 한 어린 여자아이가 삶에 찌들어 보이는 두 명의 장애인을 부축하며 진료실로 들어섰다.

여자아이는 내게로 오더니 "우리 엄마는요, 목이 아프고 기침이 많이 나고요. 아빠는 밤이면 열이 펄펄 끓어요."라고 말했다. 농아인 아빠의 수화를 시각장애인인 엄마가 볼 수 없으니 아빠의 입이 되어주고, 아빠가 없을 때는 엄마의 눈이 되어주는 기특한 아이였다. 그럼에도 무척 밝고 그늘이라고는 찾아볼 수 없는 얼굴이었다.

그러나 정미를 보는 내 솔직한 심정은 '아직 어려서 그럴 테지. 이 험난한 세상에서 앞으로 겪어야 할 고통과 좌절을 아직은 몰라서 그럴 거야. 이제 초등학생이 되고 서서히 사회를 경험하게 되면 저 아이의 아름답고 천진한 미소도 사라지고 말겠지…….'라는 측은함이 더 많았다. 그러고는 정미가 병원에 올 때마다 혹시 조금씩 달라져가고 있지는 않은지 애써 표정을 살펴보곤 했다.

"아빠가 말씀을 못하셔서 힘들지는 않니?"

"학교에 부모님이 가셔야 할 때는 어떻게 하니?"

이런 식의 질문을 해도 정미는 여전히 그 천진한 웃음을 지으며 대답했다.

"저 혼자서도 잘해요."

"동사무소 언니(사회복지사를 말하는 듯함)가 대신 와줘요."

작년 크리스마스 때는 소원이 뭐냐는 질문에 아이답지 않게 "화장실이 딸린 방에 살면 좋겠어요."라고 했다. 그래서 그것 말고 제일 갖고 싶은 것이 뭐냐고 다시 묻자 "컴퓨터……."라고 조심조심 말했다.

그해 크리스마스에 '그래도 아직 인간성이 꽤 쓸 만한' 동료들과 돈을 모아 컴퓨터를 선물하자, 아이는 "차라리 아빠 파카를 살 걸 그랬다."라고 말해 우리를 또 한번 놀라게 했다.

그후 나는 정미와 거의 열 달 만에 다시 만났다. 이번에는 아빠 엄마 없이 혼자였다.

"정미야, 어디 아파서 왔니?"

내가 묻자 정미는 어느새 꽤 어른스러워진 미소를 지으면서 무엇인가를 내게 내밀었다.

"이게 뭐야?"

"늦게 와서 죄송해요, 원장님 추석선물이에요."

정미가 내민 것은 '송이버섯'을 포장한 선물박스였다.

정미 아빠가 인근 봉화에서 송이작목 일을 하는데, 아마도 품삯의 일부로 받은 송이버섯을 내게 가져온 것 같았다. 과연 내 짐작이 맞았다. 그곳에서 일을 하는 인부들은 상품가치가 없는 송이버섯을 품삯의 일부로 받기도 하는데 그것들을 시장에 내다 팔기도 한다. 그런데 정미가 가져온 송이 정도면 몇만 원은 받을 수 있고, 그만한 돈이라면 정미네 집 형편에 큰 도움이 될 터였다. 그렇게 귀한 송이버섯을 선물로 주겠다고 가져왔으니 그 깊은 마음을 내가 모를 리 없었다.

그러나 나는 정미네 집 사정을 뻔히 알고 있었기에 송이버섯을 받을 수 없었다.

"정미야 이건 내가 받은 걸로 할 테니 아빠한테 고맙다고 전하고 도로 가져다 드려라."

그러나 정미는 한사코 내게 주고 가겠다고 고집을 부렸다.

"그동안 저희 아픈 거 전부 그냥 치료해주셨잖아요."

정미는 그렇게 말했지만 사실은 그렇지 않았다. 마치 병원에서 무료 진료를 받는 것 같지만 정미의 부모는 1종 의료보호대상자이기 때문에 정부에서 전액 의료비가 지원되고 있다. 더 엄밀하게 비즈니스식으로 말하면 오히려 정미네가 '고객'이지 우리가 '혜택'을 주고 있는 것은 아닌 것이다.

정미는 그걸 모르고 있다 해도 정미 부모는 자신들이 의료보호대상자라는 것을 알고 있을 것이다. 그럼에도 그냥 치료받는 것이 못내 마음에 걸려서 애꿎은 내게 감사표시를 하고 싶었던 모양이다. 나는 정미와 더 이상 실랑이를 할 수가 없어서 어쩔 수 없이 송이버섯을 받아들고 퇴근했다.

덕분에 며칠 동안은 송이버섯을 넣은 아침밥을 먹었고, 된장찌개에도 송이버섯 냄새가 물씬 피어올랐다. 그리고 먹거리로 장난친다는 눈총을 받을 수도 있겠지만 내가 아끼는 책들 사이사이에 송이버섯 하나를 가늘게 찢어서 넣어두었다. 그렇게 하면 1년 내내 책에서 좋은 냄새가 나기 때문이다. 더욱이 소중한 마음까지 함께 넣어두는 셈이니 그 향기는 어느 향기와도 비교될 수 없을 것이다.

이제 내게 큰 숙제가 하나 생겼다. 정미네 부모의 마음을 받았으니 나도 고맙다는 표시는 해야 하지 않겠는가. 그냥 감사히 받고 말기에는 그분들의 마음이 너무 예쁘다. 내 마음을 돈이나 물품으로 전하자니 그것은 도리가 아닌 듯하고, 그렇다고 그냥 있자니 내 마음이 허락지 않는다.

정미는 여전히 밝고 나는 며칠간 행복한 고민에 빠지게 될 것이다.

애달픈 내 딸아

최 간호사 어머니가 병원에 오셨다. 최 간호사는 오래전에 내가 서울에서 근무할 때 같은 병원에 근무했던 수술실 담당 간호사인데, 당시 그 병원에서 유일하게 고향이 같은 안동 사람이라 그곳에 근무하는 동안 각별하게 지냈던 사람이다.

안동에서 병원을 개원하고 몇 달이 지났을 무렵, 최 간호사의 부모님이 나를 찾아왔다. 서울에 있는 맏딸에게서 전화가 왔는데, 자기가 잘 아는 의사가 안동에서 병원을 개원했으니 앞으로 병원 갈 일이 있으면 거기로 가서 자기 이야기를 하라고 했다는 것이다.

사람의 인연이란 어쩌다 버스 옆자리에 같이 앉았던 사람을 다시 만나도 예사롭지 않은 법인데, 하물며 피가 튀는 수술실에서 나를 도왔던 동료직원의 부모님이야 두말할 필요도 없었다. 그래서 그분들이 병원에 오시면 나는 나름대로 많은 배려를 하려고 했다.

지난여름이었다.

최 간호사의 아버지가 갑자기 복통으로 응급실로 들어오셨다. 전날 이웃집에서 개를 잡아서 같이 먹었는데 좀 과하게 드셨는지 다른 사람들은 다 괜찮은데 자신만 토사곽란이 일어난다는 것이었다. 아버님은 이미 설사를 수십 번이나 해서 이마에 식은땀까지 흘리고 계셨다.

환자는 복통이나 가라앉게 진통제나 하나 놔달라고 하는데 상태가 심상치 않아 보였다. 대개 설사나 구토를 지나치게 하게 되면 몸속의 전해질이 빠져나가서 알칼리혈증에 빠지게 되는데, 이렇게 되면 칼륨의 농도에 문제가 생겨서 자칫하면 심장마비 등 심각한 합병증이 올 수도 있다.

겉으로 보기에는 일단 입원치료를 하면 될 듯도 했지만 느낌이 좋지 않았다. 그래서 양해를 구하고, 실시간으로 전해질 검사가 가능한 인근 종합병원으로 후송했다. 그런데 그 종합병원에서 다음날 전화가 왔다.

환자의 검사 결과가 여러 가지로 나쁘고, 어제 이후로 설사와 복통이 더 심각해져서 개고기로 인한 부루셀라 병일 수도 있으니 일단 대학병원으로 옮기는 것이 나을 것 같다는 내용이었다. 결국 환자는 딸이 근무하는 서울로 이송되었고, 나는 그곳 의사들에게 잘 부탁한다는 당부를 담은 편지를 보호자의 손에 쥐어주고는 그 일에 대해서 잊어버리고 있었다.

그런데 한 달쯤인가 지나서 어머님이 다시 나를 찾아오셨다. 내과 진료실에서 당뇨 약을 타고 내게 인사나 하려고 들르셨다는 것이다. 어머님은 내가 편지를 써주고 그쪽 병원 담당의에게 전화를 해준 것에 대해 감사하다는 말씀을 하셨다. 그래서 내가 "아버님은 이제 괜찮으신가요?"라고 물었더니 어머님은 예상 밖의 답변을 하셨다.

"아유, 원장님이 그렇게 애를 써주셨는데도 아직도 그러고 있니더. 내과에서 병명을 모르겠다고 다음주에 외과로 보내서 배를 째본다니더."

정말 의외의 답변이었다. 그곳 소화기 내과에서 치료를 하였으나 증상의 호전이 없고 상태가 계속 악화되었다는 것이다. 결국 아무리 검사를 해도 원인을 알 수가 없어서 의료진이 고민을 하다가, 일단 외과로 넘겨 진단적 개복술(배를 열어서 눈으로 확인하는 것)을 시행하기로 한 모양이었다.

나는 이래저래 걱정이 많으시겠다고 위로를 하고, 그래도 그 정도 병원에서 장염으로 잘못되지는 않으니 걱정하지 말라고 안심을 시켜드렸다. 그러고는 나도 은근히 궁금해져서 그쪽에 상황을 알아보려다가 괜히 별나게 간섭하는 느낌을 줄 것 같아 그만두었다. 게다가 어차피 최 간호사가 근무하는 곳이니 어련히 알아서 배려를 할까싶었다.

나는 다시 일상으로 돌아갔고, 또 그렇게 몇 달이 지나갔다. 그런데 최 간호사 어머니가 다시 진료실을 방문하셨다. 이번에는 혼자가 아니었다. 키가 130센티미터 정도 되고 얼굴이 아주 자그마한 여자아이를 데리고 오셨다. 아이의 눈두덩이 조금 찢어져 있었다. 나는 우선 드레싱을 하고 상처가 너무 적어서 봉합을 할까말까 고민을 했다. 그때 어머님이 "원장님, 어지간하면 그냥 꾸매지 말고 치료해주이소." 하서서 봉합을 하지 않았다.

그런데 약을 처방하려고 차트를 들여다보다가 나는 깜짝 놀라고 말았다. 아이의 나이가 무려 28세나 되었던 것이다. 나는 그때 처음으로 최 간호사 집안에 대해 좀 알게 되었다. 최 간호사네는 딸만 둘인데, 첫째 딸은 서울에서 간호사로 근무 중이고, 둘째 딸은 '터너 증후군'이라는 유전병을 앓고 있었던 것이다. 더욱이 둘째 딸은 뇌성마비까지 겹쳐서 130센티미터의 키에 얼굴마저 비정상적으로 작아서 마치 초등학생처럼 보였다.

나는 그날도 최 간호사 아버님의 건강을 물었다.

"어른은 이제 건강하신가요?"

하지만 돌아온 답변은 이번에도 놀라운 것이었다.

"우리 아저씨, 그 길로 갔니더. 결국 그래 갈 꺼 한두 달을 그렇게 생고생을 하다가 돈은 돈대로 직사게 깨먹고 그라고 가뿌렸니더."

최 간호사 아버지는 외과로 옮겨져서 수술을 받았다고 한다. 하지만 개복을 하고도 병명을 찾지 못한 채 배를 그냥 닫았다고 한다. 그리고 그로부터 한 3일 정도 지나서부터는 수술한 자리에서 고름이 흘러내렸고, 결국 다시 두 번의 수술을 더 했지만, 고름이 계속해서 줄줄 새고 나중에는 창자가 녹아서 장의 내용물까지 배의 상처로 흘러내렸다고 한다.

아버님은 그러는 동안 아무것도 먹지 못하고 정맥주사만으로 한 달을 끌었는데, 결국에는 패혈증으로 돌아가셨던 모양이다. 그래도 돌아가시는 마지막 순간까지 의식은 또렷했다고 하니 자신의 몸이 썩어 들어가는 것을 지켜보면서 서서히 죽어가야 했던 사람의 심정이 어떠했을지는 미루어 짐작이 가고도 남았다.

상황을 봐서는 원인균을 알 수 없는 고약한 종류의 '괴사성 장염'이었던 것 같다. 이 경우 배를 열었을 때 장 전체가 썩어 들어가고 있었다면 아마 수술은 불가능했을 것이다. 그리고 수술 후에는 괴사된 장의 일부가 녹아서 장 내용물이 흘러내리면서 복막염이 된 것 같았다. 아무리 현대의학이 발달했다고 해도 이런 경우는 거의 속수무책이다.

그런데 불행은 그것이 전부가 아니었다. 그나마 수술실에 근무하던 최 간호사가 쉴 때마다 아버지 수발을 도맡았는데(어머니는 둘째 딸 때문에 서울에 있을 수가 없었다고 한다), 어느 날 다리에 작은 종기가 생겨서 가볍게 짰는데 그 부위에 염증이 생겼다는 것이다.

병원 근무자들이 으레 그렇듯 스스로 항생제 주사를 맞고 며칠을 지냈는데, 상처가 점점 심해지고 붉게 변해서 정식진료를 받았더니 봉와직염이라면서 그 길로 입원을 시키더라는 것이다. 그러고는 오른쪽 종아리를 절개했는데 고름이 한 바가지나 나왔다고 한다.

최 간호사는 그후 하루에 두 번씩 상처에 베타딘 소독솜을 소킹하는 치료를 받았는데, 상태가 좋아지지 않고 오히려 염증이 허벅지까지 올라가서 다시 허벅지까지 절개를 하고, 그후에도 상황이 점점 더 심각해졌다고 한다.

졸지에 아버지와 딸이 나란히 종류가 다른 두 감염증으로 같은 병원에 입원을 하게 된 것이었다. 두 사람이 그렇게 입원을 해서 치료를 받다가 아버지가 돌아가시자, 최 간호사는 의료진의 만류에도 불구하고 퇴원을 해서 상을 치르고 뒷수습을 하면서 통원치료를 받았다고 한다. 그러고는 무리하게 정상출근을 해서 일하다가 일주일 만에 수술실에서 다시 쓰러져 입원치료를 하다가 얼마 전에 겨우 퇴원했다고 한다. 어머니는 그래도 서울에 있는 큰딸 병구완을 갈 수가 없단다.

둘째 딸은 그동안 집에서 키우다가 남편과 맏딸 병간호 때문에 인근 장애인학교에 보냈는데, 거기서 다른 애들에게 매일 얻어맞아서 할 수 없이 도로 데리고 나왔다는 것이다. 장애아들이 있는 학교에서는 아이들이 별 악의 없이 가장 약한 아이를 계속 때리는 경우가 있는데 둘째 딸은 아무리 교사들이 감시를 해도 기숙사에서 늘 다른 아이에게 맞아서 온몸에 멍이 시퍼렇게 들 정도였단다. 눈두덩이 찢어진 이유도 그 때문인데, 하도 속이 상해서 어머니는 학교에서 딸을 완전히 데리고 나왔다고 한다.

"원장님요, 내가 야 때문에 살기가 싫니더. 이미 저 세상 간 사람이사 지 명대로 간 기고, 아픈 년이야 우옛기나 그래도 병원에 있으니 우예든지 낫기사 안 낫겠니껴. 그런데 야는 이제 내 죽으면 끝이니더. 그나마 야 때문에 그동안 조금 해놨는 게 있었는데, 영감 가면서 그걸 전부 다 치료비로 업어가뿌렸니더. 지 언니사 우예던 살겠지마는 야는 불쌍해서 우야니껴. 나는 야만 생각하면 자다가도 벌떡 일어나서 가슴을 치니더."

그렇게 말하는 어머니의 표정은 결연할 정도였다. 그 지난 사연을 이야기하면서도 한 방울의 눈물도 흘리지 않으셨고, 올 한 해 동안 일어난 엄청난 고통에 대해서도 아무런 감정의 동요를 보이지 않으셨다. 다만 둘째 딸의 손만큼은 꼭 쥔 채 한번도 놓지 않고 계셨다. 어머니는 오로지 왜소증에 정신박약인 둘째 딸에 대한 집착과 연민으로 가득 차 있었다.

그렇게 말하는 마음이 어디 본심이겠는가. 더욱이 구실을 못하는 둘째 딸에게 오죽 한이 맺혔으면 저러시겠는가. 그동안 그 마음은 얼마나 갈기갈기 찢어졌을 것이며, 그 속이 어디 한 군데라도 성한 데가 있겠는가. 사람이 고통이 극한에 이르면 오히려 건조해진다는데, 최 간호사의 어머니는 어지간한 자극에는 반응조차 보이지 않을 정도로 감정이 메말라버린 듯했다.

"그래도 원장님 덕분에 간 양반도 좋은 병원 가서 치료를 원 없이 받아봤니더. 이래저래 너무 고맙니더."

그 상황에서도 어머니는 일어서며 내게 인사까지 차리신다. 이러한 모습이 여기에 사는 분들의 특징이다. 좋은 일은 전부 남 덕이고, 나쁜 일은 전부 자기 탓인 것이다. 그런데 고통은 왜 이토록 평범하고 순박한 사람들을 비껴가지 못하는가.

최 간호사 어머니는 둘째 딸 손을 잡고 나가면서도 혼잣말처럼 중얼거리신다.

"내 죽을 때 되마 야도 같이 죽어야지. 우짤 도리가 있니껴……."

아픈 사연들을 많이 간직한 사람들은 엄청난 고통에 대해서도
아무런 감정의 동요를 보이지 않는다.
하지만 그 마음은 어디 그러한가.
왜 이토록 고통은 평범하고 순박한 사람들을 비껴가지 못하는지…….

행복의 총량

우리 병원은 안동 시내 태화동 오거리에 있다. 이곳은 서울로 치면 종로쯤 되는 곳이다. 새로 개발된 옥동과 구도심의 중간쯤에 자리 잡고 있어 차량 통행이 많은 곳이지만, 그렇다고 주변 상권이 발달된 곳은 아니다. 그러니까 그저 지나치는 차량만 많고 괜히 분주해 보이기만 하는 그런 동네다.

병원 현관이 있는 길 건너편은 노동자 대기소다. 노동자 대기소란, 하루 일당을 받고 일하는 사람들이 새벽부터 나와서 줄을 서서 기다리다가, 일꾼이 필요한 사람들이 차를 몰고 와서 "미장 5만 원!" "중국집 주방 4만 원!" 하고 부르면 해당되는 사람들이 차에 올라타고 일하러 가는 그런 곳이다.

노동자 대기소는 대개 새벽부터 시작해서 오전 아홉시경까지 흥정이 이어진다. 경기가 한참 좋을 때는 내가 출근하는 여덟시 반이면 아무도 없었다. 그런데 작년부터는 아홉시가 다 되어도 일을 못 구하고 남아 있는 사람들이 꽤 있다. 요사이는 그 수효가 점점 많아지고 있다. 특히 최근 부동산 경기가 하락하고부터는 아예 그 수를 가늠하기 어려울 정도가 되었다. 경기가 어려울 때 가장 먼저 타격을 받는 사람들이 그분들인 것은 자본주의 논리로 보면 당연한 일이다.

그분들은 늘 고단한 삶에 찌들어 있는 모습이다. 그분들 중에는 아홉시까지 기다리다가 일자리가 없으면 아예 병원으로 자리를 옮기는 사람들도 있다. 대부분 생활보호대상자이기 때문에 2종의 경우 하루 천 원, 1종의 경우에는 무상으로 진료를 받을 수 있다.

병원에 오시는 분들 중에는 정말 편찮은 분들도 계시지만, 그렇지 않는 분들도 많다. 후자의 경우 어디가 편찮으시냐고 물으면 '찜질'하러 왔다고 하신다. 물리치료실에 가면 핫팩을 하고 초음파 전기치료를 할 수 있는데, 그것을 가리켜 찜질이라 하는 것이다. 특히 1종 대상자 분들은 일이 없으면 무조건 병원에 오시는 경우가 많다. 물론 노동을 하시는 분들이라 근육통이 많으시겠지만 이 경우에는 통제가 필요하다.

병원 입장에서야 무조건 진료를 해서 의료보험공단에 청구를 하면 수입이 되겠지만, 그래도 병원이란 곳은 질병을 치료하는 곳이므로 그럴 수는 없는 것이다. 그래서 가능하면 설득을 해서 의료재정이 남용(?)되지 않도록 해야 하는데 사실 쉬운 일이 아니다.

그런데 나는 요즘 병원 유리문 너머로 그분들을 보면서 삶의 철학을 배운다. 아침마다 창밖으로 그분들을 눈여겨보고, 또 최근에 진료실에서도 자주 만나게 되면서 한 가지 특이한 점을 발견하게 되었다. 그분들이 나보다 훨씬 많이 웃고 계시다는 것이다.

창을 통해 보면, 아홉시경까지 남은 사람들은 대개 일자리를 구하지 못한 사람들이다. 그런데도 담배를 피며 삼삼오오 모여 이야기를 하면서 늘 웃고 있다. 병원에 와서도 두세 분이 같이 오시면 예외 없이 대기실에서 서로 재밌는 얘기를 하면서 웃고 있고, 진료실에도 늘 웃으면서 들어온다.

진료를 하다보면 환자들 표정이 가지각색이다. 그런데 고학력에 생활수준이 높을수록 표정이 심각하고, 오히려 소외되고 어려운 분들이 병중에도 웃음을 잃지 않는다.

바람이 제법 찬 가을 아침에 일자리가 없어도 웃음을 잃지 않는 그분들의 모습에서 나는 많은 것을 배운다. 근사한 카페에서 코냑이나 위스키를 마시는 사람들은 표정들이 대개 심각하다. 그러나 안동 막창 골목에서 소주 한 병 시켜놓고 돼지 막창을 굽고 있는 사람들은 항상 떠들썩하고 유쾌하다.

이것도 분명 인간에게 주어진 정신적 엔트로피의 문제일 것이다. 엔트로피는 열역학법칙에 따르면, 폐쇄계에서 에너지를 계속 소모하면 결국 그만큼 쓰레기가 쌓이므로 외부에서 새로운 무엇인가가 지속적으로 공급되지 않으면 결국 수명을 다한다는 것이다. 예를 들어 지구에서 자체 화석연료를 계속 쓰면 언젠가는 쓰레기만 쌓여 지구가 종말을 맞이하게 된다는 그런 것이다.

그렇다면 인간의 감정은 어떨까. 소위 이성으로 해결해야 할 대단하고 복잡한 문제들의 포로가 되어 '고상한 척'하고 사는 사람들은 정신 에너지의 고갈로 뇌 속에 찌꺼기만 쌓여 있는 것은 아닐까. 반대로 솔직하게 노동하고 사는 사람들은 '이성적'이라는 이름의 '어색한 노동량'이 상대적으로 감소함으로써 뇌 속 기쁨의 센서가 낮게 세팅되어 있는 것은 아닐까. 만약 그렇다면 행복의 총량은 과연 어느 쪽이 더 많은 것일까.

물론 이런 이야기들을 그분들께 드리는 것은 모욕일 수도 있고 어쩌면 따귀를 맞을지도 모른다. 그분들의 상황은 스스로 좋아서 선택한 것이 아니기 때문이다. 그러나 오늘도 창 너머로 보이는 그분들의 웃음은 여전히 내게 많은 생각을 하게 해준다.

훌러덩 할머님들

하늘은 양이고 아버지며, 땅은 음이고 어머니다. 동양학에서 말하는 "아버지 날 낳으시고 어머니 날 기르시니."라는 어처구니없는 역설은 여기서 가능하다.

역에서 음과 양이란 대대관계에 있다. 다시 말해 음이 움직여 양이 드러나고, 양이 움직여 음이 나타난다. 태극의 문양을 가만히 살펴보면 뫼비우스의 띠처럼 생겼다. 태극이 시계방향으로 회전하면 푸른색과 빨간색의 반태극이 서로 위치를 바꾸게 되는데, 이것은 곧 음과 양의 공존을 의미하는 것이다.

그래서 "무극이 곧 태극이다."라는 말은 고요한 정靜의 세계에서 움직여 동動이 되면, 그것은 순양이고 양이 곧 음과 같이 물고 물리니 양은 음을 낳고 음은 양을 낳는 것이다.

음양의 이치에서 보면 우주의 생성과 하늘과 땅의 기원, 심지어 사람이나 생명마저도 양과 음의 대대관계에서 파악된다. 양이 움직여 음을 작용하니 양이 음을 낳고, 아버지가 나를 낳고 어머니가 나를 기르게 되는 것이다.

어쨌거나 아버지가 낳았든 어머니가 낳았든 간에 우리는 대개 어머니에 대한 애착이 각별하다. 그것은 동양학적으로 볼 때 땅을 디디고 선 자가 하늘을 바라보는 거리에 해당하는 것이기도 하고, 나고 죽어서 되돌아가는 자리이기도 하기 때문인데, 생물학적으로도 열 달씩이나 태아를 몸에 안아 낳고, 다시 1년을 내 몸에서 나는 것으로 먹인 어머니에 대한 각별함은 당연한 것이기도 하다. 그래서인지 나는 할아버지보다 할머니가 좋다.

지역 특성상 우리 병원에 오시는 분 중 반 이상이 노인이신데 그 중에 다시 절반 이상이 할머니시다. 그것은 할머니들이 오래 사시기 때문이기도 하지만, 시골 할머니들이 골다공중이나 기타 질환에 훨씬 많이 노출되어 환자가 많기 때문이기도 하다.

그런데 할머니들을 진료하다 보면 하루종일 웃다가 끝난다. 예를 들어 할머니들은 진료실에 앉으시자마자 관심이 다른 데로 샌다. 당신이 어디 아파서 온 이야기는 나중 일이다.

"원장은 몇 살인고?"

"집에 모친은 건강하신가?"

"본관은 무슨 박씬고? 나는 밀양인데?"

"아이구, 여기 원장은 퉁퉁하니 복 많게도 생겼네."

이 정도는 보통이다. 덥석 손을 잡으시고는 이렇게 말씀하신다.

"아이구, 이거 손바닥 두껍은 거 좀 보소. 이 손으로 돈을 쓱쓱 긁어 모아서 얼릉 부자되소."

또 갑자기 자리에서 벌떡 일어나서 내 귀를 쥐시기도 한다.

"아이구, 이거 오막귀라 복궐세."

하여간 대충 이 정도만 얘기해도 할머니들에게 내 인기가 하늘을 찌를 만큼 높다는 것을 알 수 있을 것이다. 사실 젊은 아가씨들에게는 전혀 어필하지 못하는 내가 할머니들에게는 인기가 만발이니 세상이 그리 불공평한 것만은 아니다.

그런데 여기까지는 사실 애교다. 할머니들을 진료하자면 처음에는 상당히 많은 마음의 준비가 필요하다. "할머니, 청진하게 옷 좀 올려보세요." 하면 할머니들은 바로 '홀러덩'이다. 예전에 새색시 때 탱탱하던 그 아름답고 수줍던 유방은 어디로 가고, 얼굴에 겹친 나이테만큼이나 축 늘어진 할머니 가슴이 눈앞에서 출렁이는 것이 안타깝기는 하다. 하지만 사실 이 정도야 지금 내 또래의 어느 누군가가 저 가슴을 통해서 양분을 얻었을 소중한 가슴이니 그 자체로 자연사 박물관에 모셔도 될 일이다.

요즘에는 별일이 아닌 것이 되어버렸지만 연세를 드시면서 중성화되신 할머니들의 이러한 모습에 처음에는 정말 당혹스러워했다. 더구나 내 전공이 항문과 유방인 탓에 웃지 못할 일이 종종 생긴다. "할머니 그럼 뒤좀 보게 침대에 올라가서 옷 좀 내리세요." 하는 말이 떨어지자마자, 논산 훈련소에서 군기가 칼같이 들어간 신병이 "옷을 내린다!

실시!"라는 명령에 "옙!" 하는 동작보다도 더 빨리 홀러덩 속곳을 내리신다. "아이구 할머니, 올라가셔서 뒤만 조금 내리시면 돼요."라고 말씀드려도 "아 거, 누버서 옷을 어떡케 벗어." 하시면서 허리 아래를 시원하게 노출하신 채로 침대로 올라가신다.

나는 이럴 때마다 우습기도 하고, 약간 송구스런 표현이지만 귀엽기도 해서 피식 웃는데, 어린 간호사들은 마치 자기가 홀러덩을 한 것인 양 얼굴이 벌게져서 어쩔 줄 몰라 한다. 하여간 할머니들의 홀러덩은 나로 하여금 여성에 대한 도저히 어쩔 수 없는 편견을 안겨주고야 만다.

며칠 전 또 홀러덩 할머니가 한 분 오셨다. 내과 진료실에 들르셨다가 친구에게 1차 진료를 받으신 다음 내게 넘어오신 할머니시다. 내가 "어디가 편찮으세요?" 하고 물으면 "똥 누면 피나!"라고 딱 한마디만 하신다. 그러고는 옷을 내리시라는 말에 그 즉시 홀러덩을 하시고는 "어디 올라가라구?" 하시면서 아예 홀러덩 하신 채 진료실을 한 바퀴 도신 다음 진찰을 받으셨다.

그런데 진찰을 다 해드리고 처방을 내려드린 다음 "잘 가세요, 할머니." 하고 인사를 드리는데, 할머니가 내게 한마디를 던지셨다.

"근데 아까 내과 보던 그 젊은 의사가 원장 아들인겨? 같은 박씨데?"

나는 그 말씀을 듣고 바로 쓰러졌다.

당장 염색을 하든지 흰머리를 홀라당 뽑아버리든지 해야겠다. 그러지 않으면 내가 사람이 아니다.

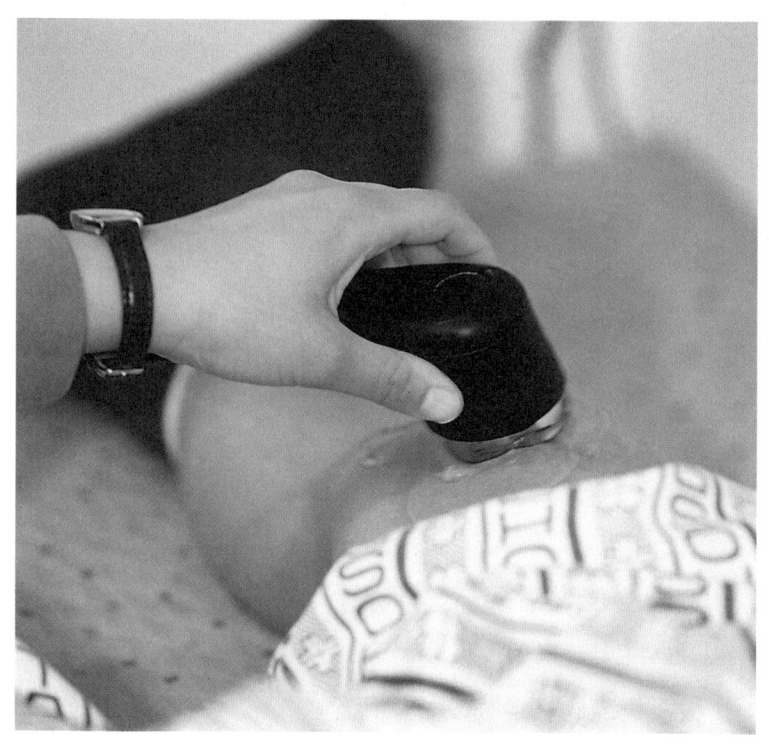

할머니들은 우리 의사들을 마치 자식처럼 생각하신다.
그래서 진료를 받으실 때도 부끄러움 없이 솔직하시다.
그런 모습을 보면 송구스럽게도 참 귀여울 때가 많다.

두주불사 스승님

의국동문회에서 전화가 왔다. 은사께서 정년퇴임을 하신다는 것이다. 영감(우리끼리는 이렇게 부른다)은 그동안 자신의 손으로 거의 수백 명의 새끼들(이것도 우리끼리 부르는 용어다)을 길러냈다.

우리는 영감 밑에서 (비록 실천을 못해서 송구스럽지만) 훌륭한 의사가 되는 법뿐 아니라, 제대로 된 인간이 되는 법, 사람이 사람답게 사는 법 등을 함께 배웠다. 영감은 정말 훌륭한 의사다. 내가 아는 한 그가 살린 환자들은 아마 트럭으로 실어 날라도 모자랄 것이다.

훌륭한 의사의 기준은 '다른 사람이 살릴 수 없는 환자를 살릴 수 있는 의사'다. 물론 거기에다 '환자를 내 몸같이 사랑하는 의사'라는 다소 상투적인 조건이 하나 더 붙어야겠지만 내가 아는 한 영감은 이 두 가지를 다 갖춘 완벽한 의사다.

영감은 정말 자신이 아니었다면 도저히 살 수 없었던 환자들을 수술해서 엄청나게 많은 생명을 구해냈으며, 대한민국의 외과 수술이 이 정도로 발전하는 데 초석을 놓은 분 중 한 분이다. 게다가 어쩔 수 없이 떠나보내야만 했던 환자를 위해서 뜨거운 눈물을 흘릴 줄도 아는 참의사이며, 인간으로서 스승으로서 존경받아 마땅한 어른이다.

그러나 그런 영감에게도 약점이 하나 있다. 그것은 바로 술을 너무 많이 마신다는 것이다. 영감은 도제교육을 받은 전형적인 외과 의사인데다, 한번도 개업이나 기타의 외도 없이 대학병원에서 진료와 연구를 하면서 오로지 후진을 양성하는 데만 전 생애를 바친 분이라 소위 '사나이' 기질과 의리를 대단히 중요하게 생각하신다. 그래서인지 영감은 술도 정말 호걸처럼 마신다.

내가 레지던트 시절 가장 힘들었던 것을 꼽으라면 의국의 회식자리였는데, 우리 의국은 영감의 영향을 받아 정말 두주불사형 술꾼들만 모여 있었다. 원래 외과 의사들이 피를 보는 직업이라 술을 가까이 하는 경향이 있기는 하지만, 우리 의국은 적어도 술로는 대한민국에서 최고일 것이 분명하다. 레지던트 시절의 회식자리에서 주임교수부터 시작되는 술잔 돌리기가 시작되면 제일 말석에 앉아 있는 1년차는 그야말로 저승문턱을 오락가락하기 일쑤였다. 심지어 수술이 늦게 끝나서 주니어 스태프가 아랫것들을 데리고 저녁식사라도 할 때면, 반주로 소주가 네댓 병 정도였으니 우리 의국의 주량이 어느 정도일지는 대충 짐작이 가리라 믿는다.

술 때문에 벌어진 해프닝도 한두 가지가 아니었다. 그 중의 압권은

10여 년 전 크리스마스 무렵에 일어난 아리랑치기 사건이었다.

영감은 퇴근을 하면서 그날도 예외 없이 병원에서 술친구들을 몰고 병원 앞 횟집으로 갔다(병원 내에 주임교수급 스태프들 중에 영감 동기가 많아서, 이래저래 술친구는 끊김이 없었다). 그러고는 당연히 소주에 히레정종을 섞어서 대취할 때까지 마시고는 횟집을 나섰다. 그런데 그날 새벽 두시가 되어도 영감은 집에 들어가지를 않았다. 늘 그랬듯 사모님께서 의국으로 전화를 하시고, 마침 당직하던 내게 영감의 종적이 묘연하다고 좀 찾아달라고 간곡하게 부탁을 하셨다. 그런 일이야 처음 있는 일도 아니라 나는 윗년차에게 보고를 한 후 인턴 선생을 데리고 영감의 종적을 찾아 밤거리로 나갔다. 몇 시간 영감을 찾으러 다니는 동안 병원일에서 해방되니 나야 오히려 감사한 일이었고, 영감을 찾으러 다니는 길에 맡는 민간의 공기도 그렇게 좋을 수가 없었다.

그런데 마지막으로 일식집을 나선 지가 벌써 두 시간이 넘었다는데, 그다음으로 갈 만한 포장마차와 자주 들리는 술집까지 모두 수색했지만 도저히 영감을 찾을 수가 없었다. 두 시간이나 길거리를 헤매며 파출소까지 가보았지만 영감의 행방은 묘연했다. 그렇게 이러지도 저러지도 못하고 난감해하고 있는데, 의국에서 삐삐가 왔다. '3577-8282' 의국으로 빨리 전화를 하라는 신호였다. 주변 공중전화를 찾아 의국으로 전화를 걸었더니 그새 엄청난 일이 벌어져 있었다.

내가 길거리를 헤매고 있던 시각, 술에 잔뜩 취한 채 길거리에 넘어져 있던 환자가 택시에 실려 응급실에 들어왔다. 환자는 응급실을 들어서자마자 알아듣지도 못할 말을 횡설수설하더니 이내 바닥에 쓰러져 잠이 들어버렸다. 환자는 술을 먹고 길바닥에 넘어졌는지 이마가 찢어져서 얼굴은 피떡이 되었고 입술과 볼은 퉁퉁 부어 있었다. 응급실 인턴 선생이 가장 싫어하는 주취자였던 것이다.

응급실 인턴 선생은 일단 얼굴을 꿰매려다 환자의 주정이 너무 심하자 오더리(남자 직원)를 시켜 격리베드로 옮겨 정신이 들 때까지 커튼을 치고 격리해버리기로 했다. 그러고는 사고를 방지하기 위해 간단한 응급조치 후 바이탈을 체크한 다음 사지 고정장치로 베드에 고정을 시켜두었다. 그리고 다른 환자에 정신이 팔려 그 자리를 떴다.

그런데 잠시 후 얼굴이 찢어진 환자의 상처를 봉합하기 위해 내려온 성형외과 레지던트가 막 환자의 얼굴을 봉합하려는데, 옆의 격리베드 쪽에서 어떤 남자가 고래고래 소리를 지르더라는 것이다. 성형외과 레지던트는 그저 응급실에서 자주 볼 수 있는 흔하디흔한 주취자라고 생각하고 넘어가려는데 그 고함소리 속에 "김현수 당장 오라 그래!"라는 말이 귀에 들어왔다. 김현수는 병원장이자 성형외과 주임교수의 이름이었던 것이다. 주취자의 입에서 병원장의 이름이 나오자 약간 의아하게 생각한 성형외과 선생이 커튼을 열고 들어가 보니, 어디서 많이 본 듯한 사람이 이마에 붕대를 칭칭 감고 팔에는 링거를 단 채 사지가 고정당한 상태에서 고래고래 소리를 지르고 있었다. 가까이 가서 살펴보니 맙소사! 그 사람은 외과 주임교수가 아닌가.

응급실은 곧 발칵 뒤집혔다. 응급실을 관장하는 외과의 주임교수이자 전임 학장인 영감을 응급실 격리베드에 묶어두었으니 말이다. 부랴

부랴 당직을 하던 주니어 스태프와 의국에서 초조하게 영감 소식을 기다리던 1, 2, 3, 4년차 레지던트들이 대거 응급실로 내려왔다.

우리는 일단 영감을 들쳐 업고 의국으로 올라왔다. 당장은 도저히 얼굴을 봉합할 수 없는 상태였다. 인턴 선생의 판단이 옳았던 셈이다. 영감의 얼굴은 퉁퉁 붓고 이마에서 흐른 피는 곳곳에 굳어 있는데다가, 코는 바닥에 갈아붙이고 옷에는 지갑마저 없었으니 신원파악도 되지 않았을 것이다. 당연히 응급실에서 영감을 못 알아볼 만도 했는데, 그래도 당사자들은 얼마나 송구한 마음이었겠는가.

우리는 영감이 정신이 들기를 기다렸고 아침이 되어서야 비로소 성형외과 당직의를 불러 당직실에서 몰래 영감의 얼굴을 꿰맸다. 그러고는 나와 치프가 잠이 든 영감을 다시 들쳐 업고 댁으로 모셔다 드렸다. 그날 이후 영감은 일주일간 병가를 내야 했다. 퇴근하는 4년차들이 밤마다 교대로 도시락(드레싱 세트를 양은 도시락에 담아 준비하기 때문에 우리는 도시락이라 부른다)통을 들고 영감댁으로 치료를 다녀야 했다. 그렇게 일주일이 되는 날 영감은 드디어 의국의 아침 컨퍼런스에 모습을 드러냈다. 아무래도 자기가 해야 할 수술을 일주일 이상씩 밀어둘 수가 없었기 때문이다.

영감은 이마와 입술에 검은색 블랙실크로 재봉틀이 지나가듯 꿰매진 상처를 대일밴드로 교묘하게 덮은 채, 하루에 네 건씩의 수술을 진행하는 고행을 열흘 동안이나 했고, 열흘 만에야 그동안 밀린 영감의 수술 스케줄들이 다시 제자리로 돌아왔.

우리는 그날 일에 대해 감히 묻지 못했다. 왜, 어디서, 누구와, 어떻게 하다가 그렇게 되었는지 궁금했지만 당신이 스스로 말씀하시기 전에 새끼들이 감히 여쭤볼 수는 없는 일이었다. 그러던 어느 날 의국 회의에서 영감은 드디어 침묵을 깨고 그날 일에 대해 한 말씀하셨다.

그날 스태프들과 약주를 하고 대취한 상태에서 한 명씩 택시를 타고 집으로 갔고, 마지막으로 남은 영감이 택시를 잡으려는데 갑자기 소변이 마려웠단다. 체면 불구하고 두리번거리면서 골목으로 들어서는데 갑자기 눈에서 불이 번쩍 하더라는 것이었다. 그러고는 그놈들이 상의와 지갑까지 홀라당 빼앗아서 달아났다는 것이다.

옆에서 이 말을 듣고 있던 넘버 2께서 한 말씀하셨다.

"그러니까 아리랑치기를 당하신 거군요?"

"얌마! 아리랑치기는 만땅돼서 뻗은 놈 벗겨가는 거고, 난 어디까지나 강도를 당한 거지!"

그것은 마지막까지 최소한의 자존심을 지키시려는 영감의 눈물겨운 발언이었지만, 다음 발언만은 안 하는 게 나으실 뻔했다. 우리는 영감이 이어서 덧붙인 한 말씀에 무엄하게도 전원이 입을 막으면서 큭큭 웃음을 터뜨리고 말았다.

"야! 내가 이만큼 다쳤으면 글마들은 우째 됐겠나!"

누구나 그렇지만, 의사에게도 훌륭한 스승을 만나서
가르침을 받는 것만큼 중요하고 또 소중한 일은 없다.
나도 다른 후배 의사들에게 좋은 스승이 되어줄 수 있으면 좋으련만.

아버지에게 진 빚

    사람이 한 40년쯤 살다보면, 그간 찍어둔 눈물겹고 한숨나는 드라마만도 수백 편은 넘겠지만, 그래도 그 중에 특별한 날이면 다시 꺼내서 틀어보게 되는 특별한 드라마가 하나씩은 있을 것이다. 내게는 1986년 10월 1일이 바로 그날이다.

    특별한 사람, 특별한 사건, 특별한 아픔, 특별한 사랑 등등 그것들의 항목을 리스트로 만들어보면 셀 수 없이 많겠지만, 그래도 가장 '특별한' 드라마는 역시 '특별한 사람'에 대한 기록일 것이다. 내게 가장 특별한 기억을 남겨준 분은 '아버지'다.

    누군들 부모가 그립지 않겠고, 누군들 돌아가신 부모가 절절하지 않으랴마는 내게 아버지라는 존재는 정말 특별한 기억으로 남아 있다. 아버지는 대단한 분도 아니셨고, 크게 자랑할 만한 업적을 쌓은 분도 아니셨고, 그저 한 집안의 평범한 가장이셨다. 요즘이야 다들 그렇게 키우지만, 아버지는 아들에게 일없이 매를 들거나 소리 한번 높이신 적 없었고, 한번도 못 보일 행동을 하신 적이 없는 그렇게 정이 많은 분이었다. 우리가 흔히 생각하는 이 세상의 아버지들처럼 따뜻하면서도 인자한 성품의 어른이셨던 것이다.

그런데 나는 아버지에게 '특별한' 빚이 있다. 이 빚은 내가 진짜로 진 빚일 수도 있고, 마음으로 진 빚일 수도 있는데, 내 일생을 지배하는 어두운 그림자가 되었다.

1986년 학부를 다니던 시절이었다. 대학에서 의학제가 열렸는데 그냥 일반 축제와 비슷한 행사였다. 대개 의과대학은 대학병원과 같이 있어서 캠퍼스가 본교와는 독립되어 있는 곳이 많았는데, 내가 다니던 대학도 그랬다. 때문에 우리 대학 축제는 의대 캠퍼스에서 독자적으로 열리는 축제였다.

나는 그 행사에서 '의학전시회'를 준비하는 소임을 맡았다. 의학 전시회는 축제의 하이라이트로서, 인체 표본에서부터 질병에 관련된 리얼한 자료들을 외부인들에게 전시하고 소개하는 행사였다. 이 행사 중에는 의과대학 내에 교육용으로 사용되는 실제 표본들이 전시되어 이 전시회를 보려고 몇 시간 전부터 줄을 설 정도로 일반인들에게 인기가 많았다.

그런데 전시회 전날 문제가 생겼다. 당시 사람들 사이에서 화제가 된 질병이 뇌졸중이었는데, 뇌졸중 표본이 수십 년 된 표본이라 일반인들이 포르말린 액이 담긴 병의 뇌 표본에서 혈관을 찾기 어려웠고,

앞으로의 신경 해부실습용으로도 부적당했다. 그래서 같은 행사를 준비하던 선배로부터 달갑지 않은 오더가 떨어졌다.

"오늘 밤을 새워서라도 새저틀sagittal 표본 새로 하나 만들어."

선배의 오더는 사체실에서 적당한 표본을 하나(송구스러운 표현이다) 골라 두부頭部를 분리한 다음, 그 부분을 정확하게 반으로 절단한 표본을 만들라는 것이었다.

나는 그날 아무도 없는 사체실에서(다들 자기가 맡은 일의 준비에 바빠서 도와주는 사람도 없었다. 선배는 두부를 몸에서 분리한 다음 나가버려 나만 혼자 남아 있었다) 머리를 중간으로 나누어 반씩 포르말린 병에 담고 표본을 만들어야 했다.

표현하기에 그리 유쾌하지 않은 내용은 생략하겠다. 결국 혼자서 전기톱으로 머리를 분리한 다음 반으로 절개된 뇌 속에서 혈관을 하나씩 잡아서 꼬리표를 달았다. "이것은 중뇌동맥입니다. 뇌의 중간 부위의 혈액을 공급하고 있으며 이곳이 막히면……." 이런 식으로 꼬리표를 다는 작업이었다.

마지막 연수 부근의 혈관을 잡아 꼬리표를 붙이면서 작업은 거의 끝나갔다. 그런데 "이곳은 숨골 부근입니다. 이곳이 고혈압이나 뇌혈관 동맥류 등으로 다치게 되면 뇌지주막하 출혈로 회생 가능성이 없습니다."라는 꼬리표를 달고 이마의 땀을 닦는데, 반으로 나누어진 표본의 눈이 떠져 있는 것이 아닌가. 순간 오싹하면서 기분이 좋지는 않았지만 작업중에 당겨져서 그랬겠거니 하고 대수롭지 않게 생각했다.

그러고는 찜찜한 기분을 덮어버리려고 "이 양반도 참, 댁은 어쩌다가 의대 시체실로 들어와 그나마 이 안에서 해부가 끝나 매장되는 것도 아니고, 이제 머리가 반으로 나뉘어서 수십 년을 표본실에서 있게 되었으니 영면도 못할 운명이 되었소."라고 혼잣말을 하면서 핀셋을 들어 눈을 감겼다. 소위 의대생이 사체 표본에서 섬뜩한 기분을 느낀다는 것은 자존심의 문제라고 생각했던 것이다.

그때 선배가 들어와 "야, 지주막하 출혈이 이슈잖아. 우리 병원에서도 요새 그게 많아졌다는데 거기 혈관 하나 짤라서 잘 보이게 표시해봐! 이왕 하는 거 잘 만들어! 앞으로 니 후배들도 그걸 보고 수십 년을 공부하는 거야!"라고 말해 그 부위의 혈관을 잘라 밖으로 돌출시킨 다음 '뇌지주막하 출혈'에 대한 설명을 다시 써서 붙이고는 집으로 돌아갔다.

그런데 집에 가보니 이상하게도 불만 훤하게 켜져 있고 아무도 없었다. 막 담을 넘어 들어가려는데 이웃에 사는 사람이 와서는 나더러 빨리 병원에 가보라고 했다. 아버지가 쓰러지셔서 우리 대학 병원으로 실려 가셨다는 것이었다.

눈앞이 캄캄해져서 그 길로 병원으로 달려갔지만 아버지는 이미 의식이 없으셨다. 그리고 그후 이틀 만에 눈 한번 뜨지 못하고 돌아가시고 말았다. 그날 아침을 함께 먹으면서 "어지간하면 이제 공부에도 좀 신경을 쓰지."라고 한마디 하시면서 어깨를 툭툭 쳐주신 것이 마지막이었던 것이다. 아침을 먹고 나는 학교로, 아버지는 성당에서 떠나는 '성지순례'를 가셨다. 그리고 내가 학교 실습실에서 이름 모를 누군가의 머리를 열고 뇌동맥을 자르고 있을 때, 아버지는 교우들과 성지순례를 다녀오시는 버스 안에서 노래를 부르다가 쓰러지셨다.

"사나이 우는 마음을 그 누가 아랴." 하는 '갈대의 순정'이라는 노래의 첫 구절을 부르시다가 갑자기 쓰러지시고는 의식을 회복하지 못하신 것이다. 병명은 '뇌지주막하 출혈'이셨다.

살다보면 로또에 맞을 확률도 있고, 번개에 맞아 죽는 확률도 있다는데, 아버지는 내가 하필이면 표본의 뇌혈관을 끊어내던 순간에 쓰러지셨다. 누구든 행운과 불운의 확률에 속할 수 있듯이 나 또한 그렇게 될 수도 있다. 그러나 나는 이 불운한 우연의 일치에 상당 기간 죄의식을 갖게 되었고, 그때의 일이 이후의 삶에서도 무의식을 지배하는 어두운 그림자로 남아 있다.

나는 그후부터 인간과 자연, 삶과 죽음, 영과 신 등에 대한 과학적인 시선을 거두어들였다. 그리고 가톨릭 교단 일부에서 진행되는 '성령쇄신운동'(당시에는 일종의 구마의식을 행하기도 했다)과 그 외 사람과 영이 교접하는 현상들 혹은 그렇다고 의심되는 모든 부분들에 예민하게 촉수를 세우고 그것들을 관찰해왔다.

그럼에도 나는 아직도 그때의 일이 어떤 인과관계를 가지고 있는지 결론을 내리지 못하고 있다. 어쩌면 죽을 때까지도 답을 찾지 못할지 모른다.

그러나 해마다 아버지의 기일이 돌아올 때쯤이면 빚진 마음의 내 열병은 깊어만 가고, 나이가 들수록 가신 분에 대한 그리움은 점점 더 가슴에 사무친다.

인생에는 오묘한 인과의 질서가 존재하는지도 모른다는 생각이 든다.
어쩌면 지금도 나는 보이지 않는 그 오묘한 질서를
찾아 헤매고 있는 것인지도 모른다.

나의 고모, 박애노파 수녀님

박애노파는 고모님의 본명(영세명)이다. 고모님은 아버지의 바로 아래 여동생이시고 올해 연세가 65세이신데도 아직 현역에서 흔들림 없이 꼿꼿하게 소임을 다하고 계시며, 지금은 부산의 갈멜 수녀원에서 살고 계시다.

당연한 이야기지만 수녀님들은 일생을 혼자 사신다. 꽃 같은 나이에 '종신서원'을 하고 일생을 '순명'하는 자세로 사시는 모습은 당신의 소신이지만 곁에서 지켜보는 가족들의 마음은 좀 복잡하다. 특히 신부님은 그리 쓸쓸해 보이지 않는데, 수녀님은 연세가 드셔서 은퇴를 하시면 곁에서 지켜보는 마음이 아무래도 조금 애절하다.

이제 고모님도 연로하시니 조만간 은퇴하실 연세가 되셨다. 고모님은 지금 내 호적에 올라 있다. 우리나라 호적제도상 할아버지가 돌아가시고 아버지도 돌아가셨으니 당연히 내가 호주가 된 것이다. 그래서 결혼을 안 하고 수녀님이 되신 고모님은 본인도 모르는 사이, 할아버지 호적에서 아버지의 그늘로, 그리고 이제는 장조카인 내 호적에 올라 계신다. 가끔 호적이나 제적등본을 뗄 일이 있어서 보면 이상하게 마음이 무거워지곤 한다.

지금도 고모님은 너무나 맑은 모습으로 청정한 삶을 살고 계신다. 그 모습이 놀라울 정도다. 무려 40년을 넘게 그렇게 사셨는데, 얼굴에서는 전혀 나이를 느낄 수가 없다. 그런데 그러한 삶을 살고 계신 고모님도 당신이 서원한 신과의 약속만큼이나 피붙이에 대한 사랑이 각별하시다. 어쩌면 출가자로서 세속의 인연은 적당히 정리되지 않았을까 싶은데도 고모님은 그렇지 않다. 특히 아버지가 돌아가신 후부터 내게 쏟으시는 정성이 더욱 남다른데, 마치 어머니와 아버지의 마음 같다.

일주일에 한 번씩은 꼭 '우리 원장'이라는 호칭을 앞세운 고모님의 전화가 내 휴대전화를 울린다. 가끔은 낮에 진료 중일 때도 "오늘은 우리 원장 축일인데…… 오늘은 우리 원장 생일인데……." 하며 전화를 하신다. 또 어느 날은 "내일이 우리 오빠(아버지) 생신인데……." 하시며 내내 나와 관계된 일들을 챙기신다.

얼마 전에는 낮 진료시간에 뜻밖에도 부산에 계셔야 할 고모님이 느닷없이 병원으로 찾아오셨다. 이틀 동안 충청도 어디로 피정을 다녀오시다가, 돌아가신 오빠 묘소에 들른 후 잠시 시간을 내서 '우리 원장'을 보고 싶어서 들렀다는 것이다. 아버지 산소는 경북 경산에 있는 가톨릭 묘원에 있고, 거기서 병원이 있는 안동까지는 무려 한 시간 반은 족히 걸리는 곳인데 '잠시 들렀다'고 말씀하신다.

나는 그런 고모님의 마음을 알기 때문에 그럴 때마다 마음이 아프다. 종신서원으로 일생을 하느님께 순명하기로 하셨지만, 그래도 오빠인 아버지를 믿고 많이 따르셨다고 한다. 우리 집안은 남자들이 명이 길지 않아 할아버지도 일찍 돌아가셨다. 그래서 고모님은 어린 시절에 오빠를 때로는 부모처럼 생각하고 의지하셨다고 한다.

아버지가 살아 계실 때, 나는 가끔 아버지와 함께 고모님이 계시는 유치원에 들르곤 했다. 그때는 고모님이 유치원 원장 수녀님을 하고 계셨다. 우리가 찾아가면 고모님은 항상 두 잔의 차와 작은 비스킷 두어 개를 찻잔에 얹어 내오시곤 했고, 아버지와 나는 수녀원 안에는 들어가지 못하고 늘 유치원 사무실에서 고모와 이야기를 나누다 오곤 했다(원래 수녀원이란 곳은 부모도 들어가지 못하게 되어 있다).

아버지는 집으로 돌아오실 때 "필요한 데 있으면 써라." 하시며 고모님께 돈을 쥐어드렸고, 고모님은 "저는 있는 돈도 쓸 데가 없어요." 하시며 난감한 표정을 짓곤 하셨다. 아버지는 늘 고모님을 측은해하셨던 것이다. 이제는 아득한 옛일이 되었지만 당시 돈을 쥐어주던 오빠의 마음이나 그것을 흔쾌히 받지 못했던 수녀님의 마음을 조금은 헤아릴 수 있을 것 같기도 하다.

아버지는 돌아가시던 해 추석에 할아버지 산소 성묘 길에서 뜬금없이 이렇게 말씀하셨다.

"이제 너도 나이가 스물이 넘었는데 내가 없어도 혼자 차례를 지낼 수 있겠지? 그리고 언제든 내가 죽더라도 네 수녀고모를 잊지 말고 잘

살펴드려라……."

사람들은 세상을 뜨기 전에 삶을 정리하는 여러 가지 모습을 보인다고 하는데, 아마 그해 아버지도 당신도 모르게 돌아가실 것을 그렇게 예감하고 계셨는지도 모르겠다.

아버지가 이렇게 늘 고모를 마음에 걸려 하셨으니 고모는 아버지가 돌아가시자 그 슬픔이 꽤 깊으셨다. 자식인 나는 처음에는 움막을 짓고 산소에서 3년상이라도 치를 것처럼 슬픔이 컸는데, 시간이 지나면서 점점 산소를 찾는 일이 뜸해지고 그나마 이제는 찾아뵙는 횟수가 한식, 추석, 설날로 점점 줄어들고 있다. 하지만 고모님은 아직도 아버지 묘원 인근을 지나치시면 꼭 그곳을 들러 가신다.

내가 어쩌다 무심코 아버지 산소를 찾아뵐 때면, 그 전에 다녀가신 고모님의 자취가 남아 있다. 비석 옆 꽃병에 꽂힌 꽃이나, 잡풀 하나 없이 곱게 자란 봉분의 잔디, 그리고 흙먼지까지도 깨끗하게 잘 닦여져 있는 비석과 상판들은 대개 고모님이 얼마 전에 다녀가신 흔적들이다.

이런 고모인지라, 아직도 크리스마스가 되면 내게 비스킷 선물세트와 수녀원에서 만든 크리스마스 카드를 보내시고, 매일 아침마다 조카가 별 탈 없이 오래오래 살라고 기도를 드리시는데, 특히 내 생일이나 축일 같은 날에는 성당에서 따로 미사를 드리시기도 한다.

얼마 전 병원에 오신 날도 고모님은 청원에서 부산을 내려가시다가 경산에 있는 산소를 들르시고 다시 안동까지 오셨다가, 오신 지 10분도 채 안 돼서 다시 황망히 돌아서시면서 부산까지 돌아갈 시간이 촉박하다고 하신다.

그렇게 금방 다시 돌아가시는 길에는 내 손을 잡고 "우리 원장 담배는 여전히 안 피지? 술도 안 마시고? 운동은 매일 하지? 여러 가지 신경 너무 많이 쓰지 말고……." 하시며 이런저런 당부를 잊지 않으시는데, 이럴 때는 또 영락없이 여염집 할머니들과 같으시다.

  그렇게 말씀을 다 하시고 돌아서시면 정말 뒤도 안 돌아보고 떠나신다. 어쩌면 내가 지금까지 무탈하게 멀쩡히 숨쉬고 사는 것도 고모님이 매일 기도를 해주신 덕분일지도 모른다.

  고모님께서 내게 들르시는 마음은 아마도 30년 전에 아버지가 고모가 계신 수녀원을 방문하셨던 그 마음일 것이다. 또 고모가 매일 나를 위해 기도하시거나 내게 하시는 당부는 아버지가 고모에게 돈을 쥐어주시던 그 마음과 같은 마음일 것이다.

  그러고 보니 나도 아버지처럼 마음밖에는 고모님께 달리 드릴 것이 없다.

사는 동안 내게 위안이 되는 몇 안 되는 소중한 선물이 있는데,
그 중에 제일 큰 선물은 가족이다.
그들이 없었다면 내가 어찌 웃으며 세상을 바라볼 수 있었을까.

봉정사 세 스님들

문인, 진홍, 희원. 이 폼나는 이름들은 안동 봉정사에 계시는 스님들의 법명이다. 가만히 살펴보면 가톨릭과 불교의 유사점은 너무 많다. 간혹 싱거운 사람들이 예수께서 인도를 여행했다는 설을 이야기하거나 반대로 붓다의 재현이 예수라는 등의 이야기를 할 때 "정말 그런가?" 하는 호기심을 갖게 되는 것은 바로 두 종교가 가진 공통점 때문이다. 불가의 법명이나 가톨릭의 영세명도 외국말과 한국말의 차이일 뿐, 그 의미나 수계 절차 등은 놀라울 정도로 흡사한 데가 있다. 어쨌건 이 법명들의 서열은 문인스님, 진홍스님, 희원스님의 순이다.

문인스님은 주지스님이시고, 진홍스님은 총무스님, 그리고 희원스님은 기도스님이시다. 그런데 이 세 분 스님들에게는 다들 재밌는 특성이 있다.

문인스님은 가는귀를 먹으셔서 방에서 법문을 듣는 일은 절대 피하는 것이 좋다. 우리가 이어폰을 끼고 얘기를 하면 큰소리를 지르는 것처럼, 문인스님은 방 안에서 대화를 하면 목소리 톤이 점점 올라가신다. 그래서 스님에게는 어지간하면 인사를 드려도 절 마당에서 드려야지 절대로 스님 방에 들어가서 드리면 안 된다.

절집 살림을 맡고 계신 진홍스님은 멋쟁이시다. 준수한 용모에 법문도 소박하시다. 가끔 법문을 들려주십사 청하면 손사래부터 치신다.

"에이, 법문은 무슨 법문, 사람 사는 게 다 법문이지."

이러시는데, 가만히 돌아서서 생각해보면 '사는 게 법문'이라는 그 말씀이 바로 '법문'이다. 또 스님은 차에 대한 식견이 높다. 대개 절집에 사는 분들이 차의 대가들이지만, 진홍스님의 차에 대한 시각은 독특하다. 스님은 무슨 다도를 따지거나 복잡한 이론으로 차를 말하려 하지 않으신다. 다만 딱 한 가지 말씀하시는 것이 있다.

"차는 기분에 따라 맛이 다릅니다. 차 마시기 전에 마음을 다스리고 마셔야지, 차로 마음을 다스리려 들면 안 됩니다."

일종의 역설인데 이러니 내가 어찌 진홍스님을 좋아하지 않을 수가 있겠는가.

희원스님은 아예 스스로를 일꾼이라 칭하신다. 봉정사의 어지간한 공사는 혼자서 다 하고, 심지어 절집 김장독 파는 것도 다리를 훌훌 걷고 구멍 난 러닝셔츠 바람으로 직접 하신다. 게다가 스님과 진홍스님은 아주 절친한 친구 사이다. 두 분이 원래부터 친구였는지, 아니면 도반으로 인연을 맺은 것인지는 모르겠지만, 두 분의 법명으로 보면 사형제간이 아님은 분명하다(희원스님은 충청도에서 수계를 하셨고, 진홍스님은 경상도에서 출가를 하신 것으로 알고 있다).

그런데도 두 분이 농을 주고받고 서로를 살피고 챙기는 모습은 여간 살가운 게 아니다. 시내에 볼일이 있어 나오시면 두 분이 같이 움직이시고, 두 분 중에 한 분이 아파서 병원에라도 오실라치면 꼭 바늘 가는 데 실 가듯 붙어 다니신다.

그런 희원스님이 어느 일요일에 갑자기 병원에 오셨다. 모처럼 주말이라 조금 늦잠을 자는데 병원에서 전화가 왔다. 스님이 많이 다쳐서 응급실로 오셨다는 것이다.

부랴부랴 나가보니 왼쪽 팔을 탄력붕대로 둘둘 감고 계신데, 잿빛 승복에 검붉은 피가 푹 젖어 있을 만큼 보통 다치신 게 아니었다. 아침부터 요사채 지붕을 고치려고 사다리를 놓다가 떨어지셨단다. 그런데 그 와중에도 스님은 나를 보자마자 농담부터 하신다.

"에이, 사다리를 제대로 잡아야지. 진홍스님이 일부러 엿 먹인겨."

희원스님은 이렇게 농담을 하시는데, 따라오신 진홍스님은 그야말로 얼굴이 사색이다.

"원장님, 피를 너무 많이 흘렸는데 괜찮을까요?"

그토록 침착하던 총무스님이 영 좌불안석이다. 동료의 우환에는 법력도 필요없나보다.

나는 일단 팔 위쪽을 압력밴드로 압박한 후, 다친 부위의 탄력붕대를 풀었다. 위쪽 동맥을 압박했는데도 풀자마자 상처에서 피가 쏟아지면서 내 상의를 피로 붉들였다. 지붕에서 떨어지면서 주변에 있는 기구에 팔이 깊이 찢겨 혈관을 다친 것이다. 부랴부랴 수술팀을 호출해 정신없이 겨우 상처를 수습하고 무사히 수술을 끝냈는데, 다행히 주동맥은 문제가 없었다. 다만 팔로 가는 작은 혈관이 하나 찢어졌고, 주변 근육들만 일부 찢어져 있었다.

희원스님은 혈관을 묶고 근육을 이은 뒤 한 2주간 매일 치료를 받으러 병원에 다니셨는데, 그때부터 엄살이시다.

"아이구, 이거야 팔을 들 수도 없네. 손가락도 못 움직이는데 진홍스님이 밥도 안 떠멕여주고, 저래가지구 무슨 중노릇 한다구. 아이구."

그럴 때마다 진홍스님은 그냥 사람 좋은 웃음만 흘리시는데, 두 분 도반의 이런저런 모습은 보기에 여간 아름다운 게 아니다.

어느 날 나는 중요한 결정을 앞두고 생각 좀 하려고 낮에 봉정사를 잠깐 들렀다. 봉정사는 원래 〈달마가 동쪽으로 간 까닭은〉이라는 영화 촬영장소로, 엘리자베스 여왕 방문으로 유명해진 절인데, 사실 유명해지지 않았더라면 하는 게 여기에 사는 사람이 갖고 있는 솔직한 독점욕이다.

어쨌든 혼자서 조용히 산길을 좀 밟다가 가려고 했는데 내려오는 길에 절 마당에서 희원스님께 그야말로 '딱 걸렸다'.

"원장님, 점심은 드셨소?"

스님은 "공양은 하셨느냐?"라고 묻지 않는다. 그냥 중생의 근기에 맞춰서 쉽게 "밥 뭇나?"라고 물으시는 것이다. 그냥 잠시 들른 거라고 말씀을 드렸지만 "아, 그러면 진홍스님이 섭섭하지." 하시며 진홍스님 방으로 가자신다.

생각지도 않게 진홍스님께 폐를 끼치게 되어(주말에는 손님들이 많아서 바쁘시다) 예의 차를 한잔 얻어 마시는데, 희원스님께서 누룽지를 들고 들어오신다.

"이거 먹어보소. 이건 저 아래 사람들은 구경도 못하는 희한한 맛이지."

정말 그렇다. 절밥의 누룽지는 별식 중의 별식이다.

결국 조용히 생각 좀 해보려고 떠난 걸음이 녹차에 버무린 누룽지 정식까지 받아먹고, 그것도 모자라 저녁에 절밥까지 얻어 먹고서야 일어섰으니 그야말로 소크라테스가 되려던 발걸음이 졸지에 돼지로 둔갑해버린 셈이었다.

그래도 어쨌거나 하루종일 무겁던 마음은 두 분 스님 덕분에 훌훌 날아가버리고 나중에는 깃털처럼 가벼워졌으니, 이 모두가 두 분의 법력 덕분이 아니겠는가. 그러니 나그네 마음도 두 분 도반이 나란히 함께 깨달음의 길로 드시기를 합장으로 빌어드릴밖에…….

나무 관세음보살…….

가만히 생각해보면 '사는 게 법문'이라는 그 말씀이 바로 '법문'이다.

에필로그

아침 안개가 걷히길 기다리며

"선생님께서 쓰신 글은 왜 늘 이렇게 암시적이고 모호한지 모르겠습니다."

칼럼원고 청탁 건으로 만난 모 일간지 경제부 차장은 나의 원고를 받아들고 안타까운 눈빛으로 물었다. 나는 이런저런 이유를 들어 설명 아닌 설명을 하려다가 그만두었다. 그리고 조금만 쉽게 써달라는 부탁을 그 자리에서 정중하게 거절함으로써 그 신문사에 경제 칼럼을 기고하려던 계획을 철회하였다. 그것은 나의 자존심과는 결코 상관없는 일이며, 다만 내가 할 수 있는 일이 아니기 때문이었다.

내게 세상은 짧은 기호들로 가볍게 읽히지 않는다. 나는 내가 듣지도 보지도 못한 것, 혹은 알지도 못하는 것들을 약장수처럼 떠벌려 팔러 다닐 생각은 없다. 스스로도 책임질 수 없는 달콤한 말로 소위 '전망'에 대해 목말라 하는 이들의 목을 축여줄 용기도 없다. 지금껏 내게 주어진 삶은 언제나 만만치 않았고 여러 가지 시험들을 피해가기에도 숨이 턱밑까지 차는데, 어찌 다른 사람들에게 세상이 만만한 것이라고 말할 수 있겠는가?

내 전공은 의학이다. 하지만 사람들은 엉뚱하게도 나를 재테크 신神으로 여긴다. 그들은 내가 재테크와 주식투자의 골수를 깨닫기 위해, 혹은 엄청난 수준의 부를 손에 넣기 위해, 혹은 그것을 자랑삼기 위해 이렇게 죽치고 있는 줄 안다.

하지만 나는 내가 발붙이고 살아가는 세상을 보고 싶을 뿐이다. 다만, 그것이 늘 불분명하기에 여러 가지 현상의 돋보기들을 잠시 빌려 쓰고 있는 것뿐이다. 그나마 그것을 통해서야만 커튼 속에 가려진 세상의 속살을 겨우 살짝 훔쳐볼 수 있다. 하지만 사람들은 모두 내가 들고 있는 돋보기에만 관심을 가질 뿐, 그것을 통해 보이는 세상에는 조금도 관심이 없는 듯하다. 주식투자를 하건, 강의를 하건, 책을 읽건, 혹은 책을 쓰건 그 어느 한 가지도 내 삶의 목적이 아닌데도 말이다.

그래서 나는 사석에서 이런 것들을 화제에 올리는 것 자체를 싫어한다. 나는 정말이지 무언가를 얻기 위한 일들을 하고 싶지가 않다. 또 사람들이 무언가를 쉽게 얻기 위해 불나방처럼 뛰어드는 것이 보기 싫어서 하루에도 서너 편씩의 글이나 그림을 중세의 암호처럼 네이버 블로그에 올렸다.

이 글도 그 중의 하나이다.

나는 이 책을 읽는 여러분이 이 이야기를 단순한 병상르뽀나, 투병일지가 아닌 다른 '무엇'으로 받아주기를 소망한다. 그리고 좀 엉뚱하지만 이 책을 읽은 후 조금은 당혹스러워지기를 바란다. 어쩌면 나는 35편의 이야기를 통해, 나의 '모호성'을 다시 한번 과시하고 싶었는지도 모른다. "그냥 병원 이야기를 통해 아름다운 사람들의 이야기를 담앉으면 됐지, 무슨 '암호장치'나 '암시' 따위가 필요하냐."고 묻는다면 나는 사실 할 말이 없다. 그리고 더 이상 아무 말도 하지 못할 것이다. 그것을 독자의 몫으로 떠넘기고 홀연히 모습을 감추는 저자를 탓해도 좋다.

이곳 안동에는 벌써 몇 달째 아침마다 짙은 안개가 계속되고 있다. 안동댐이 생기고 난 후부터 겨울이면 날이 향로봉만큼 추워지고, 이른 새벽에는 짙은 안개로 길이 보이지 않는다. 사실 그 시간에 밖에 나다니는 것도 아닌데, 나는 늘 안개가 빨리 걷히기만을 손꼽아 기다린다. 단지 안개가 끼는 날에는 천식 환자가 많아서일까?